文明
研究

7

河南师范大学
语言与文化研究文库

再造文明

阮炜 著

Civilizational Studies

巨变时代的
文化主体性问题

上海三联书店

总　序

近二十年来，随着中国的崛起，"文明"成为一个高频词。而讲到文明，又很难避开"文明的冲突"这个话题。东方与西方的冲突、中国与美国的冲突、伊斯兰世界与欧美社会的冲突等，更不用说非常容易使人兴奋的贸易战、科技战、金融战等，统统属于文明冲突的范畴，是国际政治、国际经济和军事学的研究对象。文明研究明显不同。它固然对形形色色的文明冲突感兴趣，但也关注文明概念的含义、文明的起源、文明间的力量消长及原因、各文明的精神形态和基本特质。它一直采用一种后来被称为"全球史"的进路，一直重视文明间从古到今的联系和互动。它甚至关注各大文明的未来走势。为此目的，将使用"文明规模""文明力""文化—技术能力"，以及"基本特质"等概念。[1]

贸易战、科技战式的文明冲突（遑论所谓"文明大战"）当然更能吸引眼球，但文明研究不能一味蹭热点，而应有更大的视野、

---

[1]　关于"文明规模""文明力""文化—技术能力"，参见本书"释义"部分的相关条目。

更大的格局。几千年来，各文明之间一直发生着和平交流——技术、理念、习俗和宗教层面的种种交流。这不是热点，不太可能引人注目。但正是在这种交流中，一个文明借鉴并吸纳其他文明的长处，以弥补自己的短板。也正是在这种交流中，人类总体生存状况不断得到提升，得以演进至当今形态。所以，文明研究不同于通常意义上的历史研究、哲学宗教研究、民族史研究、民俗研究、国际政治、国际经济或文化研究等，而是一种跨学科和比较性、综合性的学问。它是长时段的，考察从古到今各大文明的历史、哲学、宗教、社会、政治、文学艺术等的总体状况，或者说，基于既有理念框架，对这一切加以总体性的分析、鉴别和评判，包括价值评判。它当然会利用各领域具体研究的成果，但是主要关注各大文明的基本特质、规模性、从古到今的互动，尤其关注文明要素的扩散、文明间的关系及其对历史大趋势的影响，从中揭示出规律。

很明显，文明研究的根本目的是鉴古知今，使日益走向世界的中国人对世界有一个更深入、更准确的认知和把握。文明研究若能使一特定文明更清楚地认识其他文明，并以之为鉴更清楚地认识自己，丰富自己，提升自己，最终丰富乃至提升人类精神和物质状况，它的目的就算达到了。文明研究也许不像贸易战、科技战等那么刺激，那么直截了当，那么容易把握，而是更深沉、宏阔。但这并不代表它与当下无关。既然中美之间会发生贸易战、科技战，甚至全面"脱钩"的新型冷战（不排除军事冲突甚或"文明大战"的可能性），而这正是其考察对象，它怎么可能与现实无关？刚刚相反，文明研究与当今每个个人及其子子孙孙的生命息息相关。

可是，"文明"究竟为何？它既是一种跨世代的思维—信仰模式，也是一些秉有特定思维和信仰模式的人类集群。换言之，不仅有生命形态的文明，更有共同体的文明。文明是人类进入城市生活阶段的产物，往往有辽阔的疆域、庞大的人口和经济规模，涵括多个族群、多种语言，有发达的宗教、哲学、文字、文学、艺术、科技（不一定是现代科技）传统，更有发达的政治形态、法律体制、经济组织、社会组织和军事组织，以及与这一切相对应的物质表现形式。文明有其意志要表达，有其使命要完成。任何一个文明都有其优长和短板，都应给予恰当评价。现存文明都是一些庞然大物，都由较小的文化—政治实体融合而成，甚至会表现出一种整合为更大的共同体即地缘共同体的趋向。

风物长宜放眼量。判断一个文明的格局大小，不能以一时成败论英雄，而更应看其规模性和潜在力量。曾几何时，亚述人、迦勒底人、马其顿—希腊人、罗马人、匈奴人、蒙古人所向披靡，威震八方，可这并不代表这些民族拥有真正的文明规模和巨大的潜力。作为历史文化共同体的西方固然拥有强大的力量，其军力在 18 世纪初至 20 世纪中叶一度大大超过非西方社会，有大量殖民地、多个殖民帝国，攫取了整个美洲、澳大利亚和非洲、亚洲很大一部分土地。甚至直至今日，其基于先进科技的军力仍相当强大。但是，这一切并不意味着今日西方不处在相对衰落、东方不处在持续上升的通道中。今天，历史上存在过的文明大多已不复存在，而更多"原始社会"尚未演变为文明便消失了。我们不可以将它们视为失败者。作为经济、政治和文化实体，它们固已消亡，但其曾经的经济政治活动和文化创造，已然给人类总体演进打上了不可磨灭的印记。甚至在种族意义上，它们也没有真正死去，而仍然活在后起的族群中。在文化和种族的双重意义上，那些看似已不存在的文明或历史实体，实已为人类总体演进做出了重要贡献。没有这些贡献，当今人类和当今世界将面目全非。

尤其不可假定"修昔底德陷阱"不可避免,文明之间、中美之间必有一战。预言往往会自我实现,非常可怕。从人类前途着眼,中国与美国乃至其他国家只能合作,不能翻脸,尤其不能大打出手,鱼死网破。大国之间若彻底撕破脸皮,确保相互摧毁,就是人类末日。人类进化了数百上千万年,创造出了无比辉煌的文化和科技,最终归宿竟是在一场旷世冲突中种属灭绝?地球生态圈及其中的智慧生命如此悲催,发展出了如此神奇的技术,最终命运竟是一触按钮,便自我毁灭?人类竟无一种更高远的使命,如向地外星体扩散,利用目前根本无法想象的恒星能量,形成一个太阳系文明,甚至一个跨星系文明?对于这些问题,文明研究不可能提供一个确切的答案,却能起到警醒作用。

读者也将发现,所谓"文明研究"很大程度上也是"西方研究",或"西方学"。西方学术语言中有"东方研究""汉学""中国研究"等说法,可迄今为止,汉语中仍不见相对应的"西方研究""欧洲学"或"美国学"等概念的流行。这不公平。之所以如此,最根本原因在于,迄于今日,东西方之间力量仍不对等;也在于新文化运动以来,西方思想及学术大举进入汉语世界,西方观点、方法、价值观被用来观照、阐发和研究中国问题,大大改变了汉语世界的既有认知主体,既扩大了汉语世界中人的思想视域,深化和扩展了其认知框架,也削弱了其本有的精神特质,因而使主客关系发生了混淆和紊乱,以至于时至今日,当西方及其思想、学术比以往任何时候都更应被当作认知客体来对待,比以往任何时候都更不应该被顺从、盲信时,竟难以做到。兹举一例:外国文学研究界的西方文论究竟应是一种基于自身主体性来译介、利用的学术成果,还是汉语世界的一部复读机，变着法子复述西方话语？这里主客关系是不清不楚的，本应该是客体的东西僭居主体地位。

正是在此，"西方研究"这个概念的价值突显出来。西方研究是基于汉语世界中人的认知框架来认识、研究西方及其思想、学术的学问，与产生于西方，貌似客观，却携带着西方价值观、立场、观点和方法的西方思想及学术大异其趣。当然，呼吁使用"西方研究"这个概念，并非意味着在此之前，我国学界不存在这种学问，或者说晚清以来，中国学人从来就没能把西方及其思想和学术当作认知对象来对待，从来就缺乏主体意识，从来就甘当西方话语的奴隶。至少至21世纪初，无数中国学人所做工作大体上仍是基于自身主体性的西方研究。中国学人对西方哲学、宗教、历史、文学、语言、政治、社会、经济、法律和艺术等方方面面的考察、分析，包括笔者本人长期从事的英国小说研究等，正是这样的学问，因认知上的误区，也因国别分类和学科方向等缘故，才未获得"西方研究"之地位。应看到，晚清至民国再至新中国，尽管汉语世界中人的认知结构和知识视域发生了天翻地覆的变化，其精神自主性大体而言是强健的，西方知识大体而言是被置于客体地位的，但大概自21世纪肇始以来，因实行对外开放的总国策已有二十几年，再加上"入世"等因素，国门越开越大，学界（尤其是外国文学研究界）对西方学术话语的接受、认可乃至拥抱也渐渐达到了一种荒谬可笑的程度，以至于全然混淆了主客之别，全然忘记了自身的主体地位，全然忘记了对中国人而言，西方及其思想和学术终究只是认知对象。

所以，从业者不可忘记，西方及其思想和学术终归只是认知客体，只是学习、研究和借鉴的对象，甚至还可不分国别、学科，将其作为一个整体来研究。虽只有入乎其内，才能超乎其外，从业者却不可以在吸纳利用西方思想和学问的过程中，丧失自身主体性，沦为此认知客体的俘虏，而应切实将其作一个对象来对待，对之进行从微观到宏观的解析、观照和把握。从业者尤其不可以价值中立，对认知对象不作价值判断，而应基于中国文化既有的理念和认知框架，对之加以阐释、鉴别和评判，包括价值评判。在国力迅速上升的情况下，这应该不是什么难事，至少比相对孱弱时期容易。这里，宋明新儒家是榜样。周敦颐、张载、程颢、程颐、朱熹、陆九渊、王阳明等出入佛老却不为佛老所制，而是统摄佛老为我所用，借此建构起"新儒学"即理学心学，对后来中国乃至整个东亚思想产生了重大影响，在现代化运动中发挥了关键性作用。总之，从业者要强化自身主体性，要强化自身主体性，又必须切实地把认知对象当作一个对象来对待。但只有切实地把对象当作一个对象来对待了，才能真正强化自己的主体性，提升自己的精神水准，自立于世界学术之林。

目　录

释　义

文明

既指一特定人类集群，也指该人类集群所特有的生活方式。具体说来，文明是人类进入国家阶段和城市生活的产物，不仅有特定的社会政治形态、哲学、宗教、语言文字、文学艺术、建筑、习俗等，而且往往拥有较大的人口、经济和疆域规模，往往涵括多个较小的政治实体。

文化

一特定人类群体的生活方式，包括其世界观、信仰、文学艺术、习俗制度、社会规范等。

文明规模

也称"文明的规模性"，指一个文明基于特定自然条件和地理格局所拥有的人口数量、经济体量、疆域面积之可计量的规模性，与其精神成果积累、社会政治整合力、科技创造力和军事力之种种文化一技术能力（详下）的总和。

人口规模

影响一个文明的规模性和总体能力的关键要素；从严格意义上

讲，指在相同或相似价值观和社会政治认同的基础上形成凝聚力的大量人口，而非处在一强权国家的统治下、价值观和社会政治认同并非一致的巨量的"臣民"。

文化—技术能力

指一个文明的精神成果积累、社会政治整合力、科技创造力和军事力的集合，与一个文明数字意义上的规模性即人口数量、经济体量、疆域面积相对。

文明力

指一个文明的规模性中所蕴涵的一种类似于"综合国力"的总体能力；意味着其长时段的和潜在的总体力量，不可与表现在特定历史时期的文化—技术能力相混淆。

希伯来主义

英文为 Hebraism，也译为"希伯来精神"，指古代希伯来—犹太人、三大经书宗教的信徒所特有的思想、精神和行为倾向，包括严格的唯一神信仰、强烈的道德意识、唯我受上帝眷顾的"选民"观，以及相应的非此即彼的思维倾向和真理独占的心理倾向。

叙利亚宗教

也称"叙利亚社会"，历史哲学家汤因比首先使用，藉以纠正"希伯来文明"这一不太恰当的概念。为何是"叙利亚"而非"希伯来"或"犹太"？因为在"希伯来文明"背后，是一个比希伯来人之单一民族更宏大、更深厚的文明。该文明有"叙利亚""黎凡特""闪米特""巴勒斯坦""迦南""近东""中东"等诸多名称，并非单单是由希伯来或犹太民族创造，而是在长期社会历史演化中，在汲取此前整个西亚北非世界两千年文化成果的基础上，由多个民族共同造就的。在这些民族中，不仅有讲闪米特语的亚摩利人、迦南人、腓尼基人、亚兰人、希伯来人、亚述人等，也有在血缘上与闪米特族，语言上与闪米特语毫无关系的非利士人、撒马利亚人、埃及人和赫梯人等。叙利亚文明的地理范围也不仅仅是现叙利亚，而是历史上的大"叙利亚"或"叙利亚－巴勒斯坦"地区，包括现以色列、巴勒斯坦、约旦、叙利亚和黎巴嫩等地。但这还只是"叙利亚"本土。广义的叙利亚文明的覆盖范围还可包括埃及（尤其是尼罗河河谷和尼罗河三角洲地带）、小亚细亚南部沿海地区、塞普路斯岛，西西里岛，甚至现突尼斯沿海地区（汤因比：《人类与大地母亲》，上海人民出版社，1992 年，第 156—157 页）

绪 论

19世纪40年代以前，中西文明各自都是独立演进的。1840年以后最初几十年，西方人借一系列战争敲开了中国的大门，使其蒙受割地赔款的巨大屈辱。华夏文明遭遇如此严峻的挑战，在其数千年历史上是第一次。随着时间推移，中国人逐渐认识到，要在这个弱肉强食的新世界生存，非得全面引入西方文化不可。文明巨变的序幕由此拉开。

至19世纪60年代，华夏精英分子意识到中国所遭受的不仅仅是割地赔款之屈辱，文化及种族的存续（"保文保种"）都已受到严重威胁，第一波现代化运动开始了。回头看，这场运动可谓头痛医头，脚痛医脚，以为一旦有了洋船洋炮洋枪便能抵御外侮，自强自立，可经过了几十年的"师夷之技以制夷"，即通过造船造炮造枪来装备并训练新军的"洋务运动"，清朝仍在1894年的甲午战争中，以大得多的军舰吨位败给日本这个从前的学生。日本之所以能以小克大，以弱胜强，是因为早在四十年前便开始了明治维新，一场全面植入西方制度、理念而非单纯造船造枪炮的现代化运动。

甲午战败导致了比中英、中法战争更大更惨的割地赔款，民族生存危机达到了无以复加的地步。先进分子终于认识到，西方的优势不仅在于坚船利炮，更在于其政治、经济、军事等方方面面的有效制度。于是发生了戊戌变法运动。如我们所知，这场旨在全面引入西方制度以迅速实现现代化的改革运动以失败告终，领袖人物康有为、梁启超逃亡海外，"六君子"即谭嗣同、康广仁、林旭、杨深秀、杨锐、刘光第则喋血街头。

清朝当局虽然将戊戌变法残酷镇压了下去，但大半个世纪以来在应对西方和日本挑战与国内危机上的种种无能，至此已暴露无遗，继续执政的合法性已丧失殆尽。这就是为什么在辛亥革命之前若干年，清政府尽管已推出比戊戌变法力度更大的改革措施，包括拟实行对国体作出重大调整的君主立宪制，却无力回天，根本不能阻止革命爆发。这也很大程度解释了这场革命何以相对顺利，武昌首义期间及之后几乎没发生什么像样的战斗，清朝皇帝便在手握重兵的袁世凯压力下逊位了。

清朝覆灭了，国家"共和"了，可政治危机、文化失序仍在加重，中国不仅没能因此立即强大起来，反而在依样画葫芦的议会政治的争吵中继续衰弱下去，甚至上演了袁世凯和张勋恢复帝制的闹剧。在第一次欧战结束后的 1919 年巴黎和会上，中国作为参加协约国一方的"战胜国"，却不能保护本国的核心利益：协约国列强竟要将战败国德国在山东的殖民权益转交给另一个"战胜国"日本。是可忍孰不可忍！巴黎和会上中国被列强出卖的消息一传回北京，立即引爆了五四运动。延续新文化运动，这场由列强引起的思想文化革命迅速扩大到社会政治领域，更迅速从北京扩散至全国。

相比之前，新文化运动、五四运动所代表的这场思想文化革命更注重现代理念的引进和普及。随着运动的蓬勃展开，科学、民主、自由、平等之现代理念得到了迅速传播，仁义礼智信以及忠、孝等传统理念受到了极严苛的批判和审视，最终在现代条件下被赋予明显不同于以往的新内涵。传统中国人将成为"新民"，即现代化了的新型中国人，整个文明将在全面深刻的现代转型中焕发出新生命。以今日立场观之，此即文明再造。

再造文明的直接动机可以说就是"保种保国"。这似乎是一个无可置疑、至高至上的动机。既然如此，便百无禁忌，没什么话不能说，没什么事不能做。文化激进主义兴起了。回头看，不得不承认这是一场至为深刻的思想文化革命，呼唤一种全新的政治形态（而非民国初年依样画葫芦式的议会闹剧）和全新的政治主体、社会文化主体的兴起，[1]中国文明便将在此过程中获得新生。但运动旗手们以"反封建"的名义激烈否定一切传统价值观，难免造成新的结构性问题。"去礼""非孝"，打倒一切，砸烂一切，摧毁一切不说，更有"打倒孔家店""反对吃人的礼教""将一切线装书丢进茅厕里"等无比决绝的口号。

很难说，晚至21世纪的今日依然盛行的"宁左毋右"思维与此无关。这种决绝的激进主义、彻底的造反精神不仅大行其道于20世纪前三十年，在之后大半个世纪也一直支配着中国人的头脑，直至1976年"文革"结束，1978年十一届三中全会召开，拨乱反正了一二十年以后的20世纪90年代，才有所收敛。当时的知识人为什么要将"保种""保国"与"保教"即保存传统文化的精髓不可调和地对立起来？为何不旗帜鲜明地将传统文化中的"糟粕"即不具有永恒价值的要素与"精髓"即具有永恒价值的理念作一个切

---

[1] 章永乐：《旧邦新造：1911—1917》，北京：北京大学出版社，2011年，第12页。

割？为何不能像明治时期的日本那样，该改变抛弃的就改变抛弃，该保存发扬的就保存发扬？

在这场根本否定自身数千年传统的巨变中，正由于这种彻底的造反精神，才出现了社会结构坍塌、文化心理失调的局面。这就是为什么清末至今，中国人一直面临一个文化主体性孱弱、文化自信残缺的难题。西方文化既被全面肯定，传统文化既被全面否弃，则何为"中国文明""中国文化"，甚至何为"中国人"必然成为问题。此问题不仅一直伴随中国人，困惑中国人，甚至在国家崛起、文明复兴的21世纪今日，也仍未能得到根本解决。今天，崇洋情结多少仍是一种由里到外、或暗或明的处处可见的中国现象。

很清楚，19世纪中叶以来西方对中国的挑战是一种全面而深刻的文明挑战。为了应对挑战，为了救亡图存，西方要素被大规模吸纳接受，传统政治、社会和经济体制经历了剧烈的振荡、失序和转型，不仅器物层面的火车、轮船、军舰、火枪火炮、种种现代机械及相关科技理论被系统引入，现代军队、现代教育、现代工业、现代交通、现代商业、现代金融以及现代邮政等方方面面的新理念、新体制在一个较短的时间里统统被移植到中华世界。实行了一千多年的科举制被一道诏书废止，实行了三千多年的君主制在一夜间被废除，尽管照抄西方议会制作业的早期"民国"（亚洲第一个西方式共和国）很快又被权力更集中、效率更高的政治样式取代。大约与此同时，裹脚、纳妾、贞节牌坊等陋习也很快被废弃，太监制、衙门酷刑及不人道的行刑方式更是早在二三十年前便已废除。

但回头看，文明重建的根本内容不仅仅在于上述"硬性"层面即工业、农业、国防和科学技术的现代化，而且在于思想观念、政法商制度以及思想文化上的根本变化。因为"四个现代化"绝不可能凭空实现，而必得伴之以诸多方面的"软性"变化。事实上，这两种变化是相辅相成，互为前提的，时间上难分先后，逻辑上难分因果，重要性上难分伯仲。20 世纪中国经历了以下制度层面和思想文化观念的根本性变化。

一，经历了数千年未有之政体变动。旧时代一家一姓（至少形式上如此）的君主政制被现代共和制取代，甚至建立了亚洲第一个共和国。与此同时，开始摸索一种比王朝时代更有效的权力制衡机制，不无变通地引入了能对公权力进行更有效监督制约的理念及制度。毋庸讳言，迄于今日，公权力制衡问题仍未得到根本解决，甚至可以说仍任重道远，但大体而言方向明确，走上了一条正确道路。这在旧时代是完全无法想象的，中华文明规模和总体文明力[1]因之得到了巨大提升，随着时间推移，还将有更大提升。

二，引进了现代政党理念，一个强有力的执政党兴起了。在共产国际的指导帮助下，中国共产党于 1921 年 7 月成立。这是一个影响至为深远的事件，从根本上改变了中国文明的命运乃至世界格局。与其他政党尤其是国民党相比，中共在进行社会革命、土地革命、农村革命、工业革命方面的决心更大，组织效率和行动能力也更强。由于中共的作用，中国真正结束了长达一个多世纪的外侮内乱，在现代条件下重新建立了稳定的社会政治秩序；1949 年以后虽经历过严重挫折，有过沉重教训，但在维护国家主权完整，实现四个现代化方面所作之贡献无可否认。今日中国之所以已成为一个能与欧美平等博弈的超级大国，执政党的强力领导是一个关键因素。

三，引入了现代个体主义以及相应的现代权利意识、自由平等

[1] 参见本书"释义"部分"文明规模"和"文明力"词条。

观念。不用说，这些源自西方的现代理念的移植必然伴以调适和变通，方能在迥然不同的国情民风中落地，取得使旧国民焕发新生命的实际效果。但可以肯定，基于权利意识、自由平等观念的现代个体主义与基于大家族传统的旧式个体主义接轨后，很大程度上将个人从家族集体主义的束缚中解放了出来。[1] 自此，个人享有比先前明显更大的自由，个人主观能动性能够在更大的程度上发挥出来。这对于文明重建的意义之重大，怎么估计也不过分。

四，传统社会"一盘散沙"的状况被彻底终结。在一波又一波建设现代国家，改造民众意识，树立民族主义思想、爱国主义意识[2]的运动中，"国"之地位大大加强了，"家"之观念在相当大程度上被淡化了，旧时代对王朝甚或君主的"忠"[3]大体上已转型为现代国家情怀或对国家的忠诚；旧时代对家族、父母的"孝"，相当大程度上已转变为对国家、社会的责任感，民族凝聚力、社会凝聚力因之得到了非常大的提升。与此对应的是，传统"香火"意识越来越淡漠，宗祠文化"花果飘零"，后继乏人。今天，中国以一个装扮成超大国家（显非欧洲式"民族国家"所能比拟）的文明屹立于世界民族之林，对全球地缘政治格局已产生了巨大冲击，未

---

[1] 王朝中国有着悠久的家族主义传统，旧式个体主义因而也是一种基于家族式集体主义的个体主义。相比之下，西方式的个体主义是一种不受家族式集体主义羁绊的个体主义。这两种个体主义既相似又相异。清末民初以降，中国式个体主义迅速向西方式个体主义靠拢，迄于今日，与西方式个体主义已无本质区别。参见《文明研究》系列之《文明的命运》上编《如何看待中国人的个体主义精神》一文的相关讨论。

[2] 参见本书第二章"从'天下'到'国家'：现代中国民族主义"之相关讨论。

[3] 在王朝时代，地方精英阶层的社会责任感及奉献精神，对于地方秩序的维系以及兴文办学、修路、架桥及赈灾等公益事业至关重要。这也许不宜视为对皇帝或王朝的"忠诚"，但无疑是一种传统意义上的"忠"。

来必将产生更大的冲击。

五，清廷一纸诏书废除了科举制（1905 年），导致读书做官这一独特的中国传统一朝崩溃，从书生-士人阶层中迅速分化出了一个由科学家、教师、实业家、政治人、军人、工程师、医生、律师、法官、检察官、文学家、音乐家、艺术家等构成的新阶层，一个现代国家建设所急需的职业人阶层，[1]中华社会历史悠久的官本位心态开始进入瓦解模式。尽管迄于今日，许多国民的最高人生追求仍受传统思维束缚，彻底铲除官本位情结仍尚待时日，但书生-士人之迅速转化为现代职业人，无疑是文明再造工程的一项关键内容。

六，从清末修律（1901—1911 年）起，开始了从传统法制向现代法制的转型。尽管王朝时代的法律体系并非不具有效力，但较之现代法制，不仅有道德主义的倾向，严重忽视最重要的法律主体即个人的权利，更有"诸法合体"或者说无宪法、刑法、民法、商法、诉讼法等区分的严重缺陷，完全不能适应建设现代国家的需要，故而引入现代法制理念和制度极为关键。新中国前三十年的一个明显失误，是继续用革命激情、运动心态搞国家建设，忽视了法制进步。改革开放后，现代法制建设再次步入快车道，现已取得了可观的进展。今天，尽管仍然存在不少问题，但法制建设一直在或快或慢地推进。长远看，中国文明的总体表现必将因法治国家的建成得到进一步提升。

七，汉语发生了划时代的深刻变革。从 20 世纪 20 年代起，普通人能讲能写的白话文取代了之前被精英阶层垄断的文言文，由来

---

[1] 见本书第七章"乾嘉考据学的现代品质"的相关讨论。

已久的语言与现实严重脱节的难题获得解决。与此同时，数量巨大的新词汇从外部输入或被创造出来，汉语的丰富性和表达力由此得到了空前提升。与此相应，旧时代精英阶层偏重感性故而理性不彰的文艺式旧思维被更为合理化的科学式新思维取代。从晚清算起，这一过程大约花了半个世纪即大致完成。这并非意味着中国人一下子变得聪明了，而意味着注意力发生了转移。语言转型大致完成后，中国在技术方面有了突飞猛进的发展，目前正处在奋力追赶美欧日的过程中。

八，全面引进西方哲学、文学、视觉艺术理念、体育文化和芭蕾舞的同时，全盘引入了西方音乐文化，包括音乐理念、音乐教育体制、记谱法、作品、乐器、乐团、音乐厅和演出机制等在内的一整套现代音乐生产机制。在此之前，中国虽有非常发达的视觉艺术，在世界上独树一帜，但较之西方，我们的音乐文化是羸弱的，音乐生活是贫瘠的，甚至可以说 20 世纪以前我国国民音乐生活处于大体上缺失的状态。整体性地引入西方音乐文化后，我们的音乐生活发生了翻天覆地的变化，国民士气得以大大提振，民族精神得以大大丰富，包括汉族在内的各民族音乐传统都得到了有效保护和发扬，国民的音乐敏感性有了显著提升。大体而言，今日中国已融入人类音乐文化主流。

从今日中国人的眼光看，晚清以降植入种种西方式现代要素的过程，就是中华世界在器物层面以及社会、政治、法律、思想意识和文化等层面发生翻天覆地变化的一个过程。中华文明由此浴火重生，脱胎换骨，转变成一个与旧时代既接续又明显不同的全新的历史文化主体。这是一个崭新的文明。代表这个文明的国家是一个与旧中国迥然不同的新中国。回头看去，在这一再造文明、重建国家的宏大过程中，中华世界无数个人的世界观、政治观、社会观、人生观发生了巨变，获得了一种迥异于王朝时代，故而能够适应世界、甚至可能引领世界的深度和广度。其实，新时代、新国家里的这种新型个人，正是梁启超当年所呼吁和憧憬的"新民"[1]，一种迥然有别于旧时代的新型中国人。

可以肯定，晚清以来中华世界发生的上述变化是必须的、应该的——不如是，民族便不能重生，文明便不能复兴，中国便不可能在一个弱肉强食的世界发展壮大。不仅如此，较之其他非西方国家，尤其是较之文明的巨大体量和悠久历史而言，这种变化是相对迅速的。这种种变化之所以能够在如此有限的时间中完成，根本原因在于，"前现代"中国与西方在社会经济发展程度方面有一种根本的同步性。[2] 姑不论早在西方人进入之前，中华世界一直以来就拥有受教育水平较高、劳动技能较高的大量人口（这对于中国文明的现代转型是一种极大的优势）。早在明末清初，中华世界就出现了堪比西方 18 世纪启蒙运动的思想潮流。[3] 早在清中期乾隆时代，便兴起了一种基于科学实证精神的学术话语及相应学术体制，转变成现代教育体制与现代职业人阶层比通常想象的容易得多。[4]

但是，中华民族也为其思维转型、社会重建、文明复兴付出了巨大代价，那就是，在全面移植现代文化理念和制度的同时，不必要地、决绝地否定传统文化，摧毁传统文化，从而导致长时期的政

---

[1] 当然，梁氏新民说的"新"大体上是作动词使用的：使旧国民变为新国民。
[2] 参见《文明研究》系列丛书卷一《文明理论》，第六章"文明的多样性与历史的统一性"的相关讨论。
[3] 参见本书第六章"明清启蒙话语的现代性格"的相关讨论。
[4] 参见本书第七章"乾嘉考据学的现代品质"的相关讨论。

治振荡、社会混乱、道德失范、秩序缺失，致使中国人的文化自信直至今日也难以恢复。这是在重新"崛起"的今天，仍不断提"文化自信"口号的根本原因所在。文明再造工作成果丰硕，文化主体性重建仍任重道远。

尽管在经历一次又一次的改革、革命、战争和运动后，中国重新站立了起来，甚至迅速崛起为一个全球性强国，但如若文化主体性缺位，作为 21 世纪最大的经济体，中国在文化上、精神上是不可能真正自立于世界民族之林的。如若文明自信得不到重建，作为一个经济总量跟西方大致相当且科技发达的未来超级大国，中国仍不可能在文化上真正站立起来。而在文化上真正站立起来，不仅对于维护国家利益至关重要，对于维护世界和平，增进全人类的根本利益，同样至关重要。因此，摆在当今中国人面前的一个巨大的时代课题，便是在文明磨合与全球整合的大形势下，重建文化主体性，即便这是一种混合式的文化主体性。在此过程中，中华世界定将重获历史上曾经有过的那种文明自信。

第一章　文化主体性的崩溃与重建

一　引言

除非采取一种极端西化立场，除非坚持一种彻底的历史虚无主义态度，对清末至今的每个中国人而言，国家、民族乃至个人的文化主体性一直是一个问题。现代中国的文化主体性问题肇始于西方对中国文明的全面挑战，确切地说，肇始于鸦片战争以后传统价值理念、社会政治架构、文化体制的全面坍塌。传统精神文化的崩溃在新文化运动、五四运动中达到了第一个高潮，在"文革"中达到了第二个高潮，而80、90年代的反传统文化运动则可视为其余波。如果把19世纪60年代开始的洋务运动作为起点，把标志中国重新崛起的2008年北京奥运作为终点，则这一过程持续了约一个半世纪。但很难说2008年是真正的终点。今日中国人中仍普遍存在崇洋情结。一个最明显的例证是：发表任何一篇论文，不论研究纯粹中国问题还是外国事物，都得有个英文标题和英文摘要，似乎不如此便得不到外国人认可，即使绝大多数外国人根本不可能阅读绝大多数中文论文，也如此。

二 何为文化主体性问题？

究竟什么是中国文化主体性？要问答这个问题，还得对历史作一个简单回顾。从 19 世纪中叶起，西方人的坚船利炮开始摧毁传统社会政治秩序，迫使中国人走上"师夷长技以制夷"的道路。甲午战争后，中国人更是深切意识到中国文明正遭遇一场前所未有的危机，一种三千年未有的严峻挑战，明显不同于此前发生过多次的异族入侵及统治，更非农民起义所导致的改朝换代所能比拟。同样，从意识到这种根本性挑战到旧有文明秩序的轰然崩溃——不妨以 1905 年废除科举，全社会兴办现代学校为标志——只有短短几十年时间。在人类历史上，这只是一刹那。历史上的正统王朝并非没有遭受过割地赔款的屈辱，甚至经历过更严重的"亡国"（实为改朝换代，并非"亡文化""亡天下"），但文明的精神与制度根基并未受到动摇，国家虽亡，文明仍在，社会秩序仍存，更一次又一次同化了征服者。

很清楚，中国所遭遇的巨大危机，不仅意味着一种前所未有的文化巨变，而且是一种实实在在的民族生存危机。在割地赔款之巨大危机面前，头脑清醒的文人士大夫看到了一个铁的事实，从古到今被认为无足轻重的那个东洋小国，只因全面采用了西方制度，全面引进了西方理念，在短短二三十年内就取得令人艳羡的成就，不仅打败了同样搞现代化即"洋务"运动的亚洲第一强国中国，更打败了俄罗斯这个白人大国。[1] 在经济、军事乃至文化层面，日本

---

[1] 1905 年，日本在日俄战争中战胜了俄国。在当时一些非西方国（转下页）

迅速拉开了与中国的差距。精英们现在也终于觉悟到,西方甚或日本在政治、军事、经济方面对中国的全面优势并非无源之水、无本之木,而有着深厚的文化根基。这意味着在深重的民族生存危机背后,是空前的文化危机、文明危机;也意味着,十多年后发生的新文化运动、五四运动式的文化革命并非一个该不该发生的问题,而是一个何时发生、如何发生以及会产生何种后果的问题。新文化运动、五四运动式激进主义的直接后果是,传统文明的大厦摇摇欲坠,"亡文化"——具体表征是,一个绵延数千年的社会政治体系迅速崩解,一个代代相传、生生不息的历史文化实体的精神资源迅速流失——的利剑高悬在每个中国人头上。与此同时,西方制度及理念以罕见的速度、广度和深度被吸纳进来。这必然导致全新的政治、社会和经济结构等迅速生成。

将这一情形视为"文化碰撞"也好,文明的"交遇""融合"也好,"西化"也好,"现代化"也好,"自强运动"也好,无论怎样表述,无论使用什么概念,清末民初的中国人意识到,他们遇到了几千年来从未有过的巨变,面临着祖祖辈辈从未遇到过的一种既有文化死后重生为一种新文化的问题。回头看,有点不可理喻的是,与那些有着相似经历的民族如俄罗斯人、日本人、土耳其人、伊朗人等相比,大变局中的中国知识人将"保种保国"与"保教"(维护并发扬传统文化中具有永恒价值的精神要素)对立起来,似乎不彻底否定传统文化便完全不能引入新文化,便要"亡国亡种",

---

(接上页)家的舆论中,这是黄种人第一次打败了白种人。但这并不符合事实。郑成功早在 17 世纪就打败了荷兰人,收复台湾;在 1219—1260 年这四十多年间,蒙古人曾大规模西征,以少胜多大败匈牙利、波兰等东欧国家的封建贵族军队,若不是因为后方大汗去世选举新汗之事而撤军,甚至可能征服整个欧洲。

由此表现出一种人类历史上可能独一无二的极为强烈的精神弑父情结，或者说在摧毁自家文明——一种儒家理念为核心，包容其他信仰体系和物质文化，维系并壮大中华共同体已有三千年多年的文明——方面表现出了一种异乎寻常的激情，及至后来，这种激情更演变为一种十足的自贱自虐。既有文化被否弃之决绝、之急速，新文化被接纳之囫囵、之迅猛，在人类文明史上实可谓罕见。只是，这一破一立的过程远非顺畅。所谓不顺畅，就是新旧文化要素并未能像其被迅速丢弃和吸纳那样，得到了同样迅速而有效的调适与整合。换句话说，先前富于成效的精神结构和社会政治体制崩溃了，却没能随之产生一个运作顺畅而且同样富于成效和生机的新文化有机体。很明显，中国经历了严重的文化失调。

这种文化失调或文化主体性危机一直伴随着中国人至今，而并非如近年来某些学者所说的那样，是改革开放后知识分子经济和社会地位下降，出现了所谓"人文精神"危机，尽管这的确加深了一直存在的文化失调。在一定程度上，晚清以来中国人所经历的文化失调也是一种世界性现象，或者说，是一种普遍的现代性现象。西方各国是借一种"以动力横绝天下"（梁启超语）的性格在其内部乃至全世界推行现代化的，以国际关系上的权力逻辑而言，西方的现代化运动必然迫使世界上其他所有文明、所有民族开展同样或者类似的现代化运动，不如此就必然是一种彼为刀俎，我为鱼肉的结局，必然是死路一条。事实的确如此。但在现代化（一度被称作"西化"）运动中，西方与非西方元素不可能不发生冲突，而这些冲突又不可能不导致社会失序、文化失调，不同之处只在于程度和形式。问题是，尽管近代以来其他主要民族为了生存发展，都对自己文化中的非本质要素进行了不同形式和程度的否弃，但他们同时也尽可能多地保留了本民族传统的根本元素。

　　不妨以日本为例。19世纪下半叶，日本人曾把世界各民族的文明程度分为三等。思想家福泽谕吉在其《文明论概略》（1875）一书中说："现代世界的文明情况，要以欧洲各国和美国为最文明的国家，土耳其、中国、日本等亚洲国家为半开化的国家，而非洲和澳洲国家算是野蛮的国家"，而且认为这种看法"为世界人民所公认"。[1] 基于这样的划分，日本人之高调主张"脱亚入欧"就不是什么怪事了。值得注意的是，福泽喻吉这么做的同时，也表现出了一种比新文化运动以降中国知识人更为明显的儒家式中庸精神和实事求是精神。一方面，他充分肯定西方文明的成就，甚至认定其高于亚洲文明；另一方面，他也清醒地认识到了西方文明的缺陷乃至野蛮性：

　　　　现在称西洋各国为文明国家，这不过是在目前这个时代说的话，如果认真加以分析，它们的缺陷还非常多。例如，战争是世界上最大的灾难，而西洋各国却专门从事战争；盗窃和杀人是社会上的罪恶，而西洋各国盗窃和杀人案件层出不穷；此外，西洋各国还有结党营私争权夺利的，也有因丧失权力而互相攻讦吵嚷不休的；甚至在外交上要手段，玩弄权术，更是无

　　[1] 福泽谕吉：《文明论概略》（北京编译社译），北京：商务印书馆，1995年，第9页。这里所谓"为世界人民所公认"，明显只是福泽为加强语气而使用的修辞手段。但如果要让当时以天朝上国自居的中国士大夫将世界上的文明分为三等，心安理得地将自己置于第二等，是荒谬的。今天看来，他们的立场虽然有一定的合理性，但未能充分承认西方文明的优长这一点也很明显，其后果不用说，是后来激烈反传统主义的一个直接肇因。此后，我们似乎一直在为先辈们与日本人之间的这种认知差距付出代价。由于该做而未做的工作，迟早要付出代价，迟早是得补做的。

所不为。只是从大体上看，西洋各国有朝文明方面发展的趋势，而决不可认为目前已经尽善尽美了。假如千百年后，人类的智德已经高度发达，能够达到太平美好的最高境界，再回顾现在西洋各国的情况，将会为其野蛮而叹息的。[1]

有这种合乎事实的观察、客观平实的判断，自然不可能掀起一场全盘彻底否定民族文化的激进主义运动。事实上，日本人很快发展出了一种以本土精神为本的神道，以之作为现代化运动的思想根基。尽管神道（尤其是国家神道）有明显的帝国主义、军国主义内涵，但在维系世道人心、动员社会力量方面，发挥了有效的意识形态作用则无疑。另一方面，日本人在积极引入并实践西方文化的同时，也大力保护和发扬民族文化——不仅是精神层面，而且是物质层面的民族文化——并取得了有目共睹的成绩，以至于当今中国人要研究中国古代建筑、宗教、文学、艺术甚至历史，往往得利用日本保留下来的中国文化信息。

西方文明进入后，韩国人的精神历程与日本人相似。他们也曾认为，凡是西方的东西都是好的，甚至以一种举世罕见的姿态主动邀请传教士来韩国传教，结果现在高达三分之一的韩国人口是基督教徒，或有着基督教背景的儒家信徒，汉城的教堂似乎比任何一个欧美城市还要多。可与此同时，韩国在坚守民族文化传统方面，尤其是在继承发扬本民族文化尤其是儒家文化之基本理念方面，做了很多有价值、有意义的工作，取得了举世瞩目的成效，以至于今日中国人要深入研究儒家典籍和思想，还得留学韩国，拜从前的学生为师。

---

[1] 福泽谕吉：《文明论概略》，第10—11页。

中国情况大不相同。由于中国在历史上大多数时期为亚洲乃至世界头号强国，一直以来中国人以天朝上国自居，拥有貌似不可动摇的文化权威和自信，故在西方人用大炮轰开国门，继而西方物质、制度和精神文明大举进入之后，文化失序问题尤其严重。回头看，有点不可思议的是，中国一而再、再而三被西方、日本打败后，长期以来貌似不可动摇的文化自信竟在一夜之间转化成自卑自贱，更进而转化成一种价值理念层面的自虐自戕。在史无前例的"文化大革命"中，中国人这种自我否定达到了登峰造极的地步，所造成的巨大危害一直持续至今。从世界范围的现代化运动来看，虽不乏像 20 世纪中国人那样大规模吸纳异质文明的事例，却鲜有像 20 世纪中国人那样如此决绝地否定传统文化的。或可以说，这么做是不可避免的，甚至是必然的。可是，能否在引入西方要素的同时，对传统文化仍抱有一种最起码的温情和敬意，能否不那么自卑自贱、自虐自戕，不那么决绝？

无论如何，最终结果是，从新文化运动起至 80、90 年代，中国人高调地抛弃祖先传下来的文化，彻底打倒以儒家思想为内核的精神权威——两千多年来中华文化之命脉就是用这种精神权威来维系的；与此同时，我们又大规模吸纳西方文化和制度要素。现在，中国人所认同的，究竟是一种什么文化？或可以说，五四以降，中国社会虽然引进吸收了大量西方要素，经历了可谓天翻地覆的巨变，但在某种意义上，中国文化仍然是主导文化。至少，我们自己乃至其他文明中人都不会认为，今日中国人已变为一种徒有中国人外表的西方人。可以肯定，在长达一个世纪的剧烈文化碰撞、磨合中，中国文明在摧毁既有观念、体制及习俗的同时，又重建了某种新的文化主体性。职是之故，今日中国人依然是中国人。中国人而非中国人，是什么人？但无可否认，今日中国人的文化主体性已迥异于清末之前。正面积极地看问题，它已演变为一种植入了现代权利意识、自由平等理念、法制思想以及其他诸多现代元素的新的文化主化性。正因为如此，极大程度上也因为剧烈的政治动荡和社会失序，抗日战争、国内革命战争、大跃进、文革等的影响，比之以君臣、父子、夫妇"三纲"为重要内核故而相对平衡、稳定的传统价值体系及相应的文化主体性，融入了大量现代元素的新的文化主体性是不稳定、不平衡、不完整，甚至可以说是不健全的。不难想见，在相当长一段时间里，这种状况仍将继续。这种情形的根本原因在哪里？这当然要到晚清以降的大变局中去找，到既有秩序突然之间被全面否定和摧毁中去找。

应当看到，这种新的文化主体性——即便迄于目前，这可能仍是一种不健全的文化主体性——之所以成为可能，最主要的原因在于，从古到今，作为一个超大国家，中华世界的整合程度非常高，政治统一意识早已刻写在中国人的基因里。这是其他任何非西方社会——如伊斯兰世界，印度，非洲，16世纪以前的美洲——都不能比拟的。政治统一意味着政治独立和自主。这显然有助于那种原本有之，且表现优异的文化主体性的承续，有助于改造并发扬这种文化主体性。除此之外，还有另一个关键因素，即儒家思想。这里，一个最大的悖论是，新文化运动与五四运动虽然貌似要无比彻底地否定传统文化，首先要打倒忠和孝，其次要打倒贞节，[1] 再其次

---

[1] 陈独秀：《陈独秀文选：德赛二先生与社会主义》（吴晓明编选），上海：上海远东出版社，1994年，第79、121页；吴虞：《家族制度为专制主义之根据论》，载《新青年：民主与科学的呼唤》（王中江、苑淑娅选编），郑州：中州出版社，1999年，第169—170页。

狭义的"仁"或仁慈被斥为虚伪、残忍的"吃人"，[1]但仁（广义的仁）、义、礼、智、信之"五常"，以及忠、恕、恭、宽、信、敏、惠、智、勇、悌、友等基本价值理念是不可能被揪出来加以系统批判并彻底抛弃的。这些价值观是永恒的，早就内化在每个中国人的灵魂里了，不会因时移世易而失效或过时。

当然，传统儒家思想作为一种操作性极强的价值体系并不是完美的。在理论上，在实际操作中，完美的思想体系从来都是不存在的。更何况即使作为一个历史悠久、极其成功的思想体系，儒家的权威性（尤其是社会政治层面的权威性）也并非不具有历史相对性，并非不可以受到挑战，甚至受到某种根本性挑战。至于用儒家理念维系起来的政治、社会、经济结构及习俗等，就更不能指望达到（遑论长久保持）某种十全十美的状态了。然而新文化运动和五四运动的做法，是根本、决绝地否定中国传统文化，几无保留地拥抱西方文化。从本质上看，这不啻是要以一种精神上近于自杀的行为来换取民族生存和尊严，以抛弃两三千年来一直坚固强健的文化主体性为代价，来"保种保国"。

不仅可以对激烈反传统，几无保留地拥抱西方文化的新文化运动、五四运动作如是观，在较小程度上，对康有为、梁启超、严复式的反传统思潮，也未尝不可以作如是观。但是这些思潮或做法的背后虽有某种不可抗拒的外在情势，或者说某种必然性，从结果上看，却不可能不造成一种异常严重的文化失调、精神失衡。另一方面，中华世界的收获似乎也不小。经过一个世纪的努力，中国在主

---

[1]　鲁迅：《狂人日记》，载《新潮：民初时论选》（张骏严编选），沈阳：辽宁人民出版社，1994年，第150—161页。

权方面早已收复了失地。[1]"二战"结束之际，中国甚至成为"四强"之一，与美国、苏联、英国一道发起成立了联合国，甚至成为安理会常任理事国即"五常"之一。在经济方面，中国也大体上也取得了独立。中国甚至在朝鲜战争中与世界第一军事强国美国打成了平手。但毋庸讳言，这一切都是以清末民初以降激烈的自我否定所造成的严重文化失调之高昂代价换来的。

相比之下，明治维新时代的日本思想界对西方文明的看法更平实、温和、客观。既然如此看待西方文明，对本民族文化自然也就能作一种更平实、温和、客观的观照，不至于发展到全盘拒斥、根本否定的地步。后来情形表明，新文化运动及五四知识人的激进主义所造成的负面影响不仅非常严重，而且相当持久，很可能要在21世纪某个时候再进行一次彻底的反向精神运动，方可消除。总之，"保种保国"既已不再是问题，以救亡图存的名义全盘否定传统文化的基本理念及实践，也就不再具有正当性。故此，恢复传统文化之基本理念应是新世纪的一个重大议程，尽管何为传统文化基本理念仍是一个问题，其在新形势下应具有何种内涵也是一个问题。

---

[1] 费正清、赖肖尔：《中国：传统与变革》，南京：江苏人民出版社，1995年，第455—456页。按，及至1929年，国民政府在国际上已获得广泛承认："在那些曾主要留学西方的新一代'留学生'的领导下，政府努力增强国力，废除不平等条约。主要列强虽仍享有治外法权，但南京颁布了新的法典，并达成新的条约，从而将许多较次要国家的国民置于中国的司法权之下。关税自主到1933年已完全实现。此外，对海关、盐务稽核所和邮政局的控制权也全部收回。外国租界从三十三个削减到十三个。"此后至1949年，由于抗日战争、中国国内战争而无暇顾及其他不平等条约，但1949年中国共产党统一中国后，随即收回了所有外国租界，治外法权亦自动废除。只是出于策略的考虑，才将收复香港和澳门推迟于1997年和1999年。

三 何为中国文化之基本理念？

这个问题，或可用不同的方式来问：何为中国文化之本？或者说何为中国文化的究极"根性"？中国文化的源头活水在哪里？[1]

中国文化之本，中国文化的源头活水，应到先秦诸子（甚至之前）的思想和生命态度中去寻找，尤其是到孔子的思想与生命态度中去找。这意味着，每个中国人都应以一种现代人的身份体认儒家的基本理念。这里要特别注意的是，对儒家思想的体认并不意味着儒家思想是世界上唯一正确的思想，或者说唯有拥有儒家信念或具有儒家文化背景的中国人才占有真理；重新倡导儒家信仰，目的只在于确立一种更适于中国人的信仰。这意味着，中国人应有一种生命信仰的承诺，一种价值担当的勇气；在一个价值多元的世界上，尤其不要惧怕被人贴上似乎早已被批得体无完肤的"形而上学"标签。近代以来知识论占据上风的西方思想历程表明，对认知性真理的探求虽已大致达到了启蒙的目的，使人们很大程度摆脱了蒙昧和狭隘，却一直未能圆满解决人生意义这一根本问题。更糟糕的是，迄于今日，西方文艺复兴以来的知识论导向已导致工具理性或技术理性的膨胀，带来了前所未有的社会道德危机。一个越来越清楚的事实是，无法得到实证支持的存在论（或形而上学）在现当代社会仍然具有不可取消的意义；而对价值论的探讨和发扬，对于维系现当代社会的伦理道德秩序更是不可或缺。

---

[1] 关于"文明"与"文化"概念的重叠和区别，参见《文明研究》系列卷一《文明理论》第二章"缠绕'文明'的三个概念"的相关讨论。

但这并不意味着，先秦诸子思想由于含有一些形而上成分，就一定是形而上学的。实际上相对于同一时期其他文明的精神形态乃至某些近现代哲学思想而言，先秦诸子思想较少玄观色彩。当然，先秦诸子也是在前人长期思考与探索的基础上才得以体悟真理，达到一个相当高的认知水平的。中国文明从巫觋文化的夏进于祭祀文化的商，再进于礼乐文化的周，是一个漫长的摸索、演进的过程。在周时代，中国文明发生了某种深刻转型，甚至可以说发生了某种质的变化。周的礼乐文化是一种有着强烈理性精神的文化。用社会学家马克斯·韦伯的现代性理论以及近几十年某些西方学者的研究来观照，周文化是一种"理性化"或"脱魅"程度极高的文化。周人所信奉的宗教（如果仍可称之为"宗教"的话）已是一种本于理性精神的伦理宗教，已大大超越了蒙昧迷信的巫术宗教。在周文化中，终极实在与社会价值之间已建立起了某种根本联系，天人之间的隔膜已被理性精神打破了。

"仁"，既是这一理性状态的表征，也是达到这一状态的精神路径，或生命原则、存在方式。孔子一生所身体力行、谆谆教诲的仁，便是这种贯通天人的生命原则和存在方式。孟子所谓"仁义礼智根于心""尽其心者，知其性也，知其性则知天""仁，心也"，以及宋明儒者的大量有关言论，便是对这一生命原则和存在方式的发展。仁之概念的最终确立意味着，价值理性或以礼为规范的政治、社会和道德机制在周人生活中已经建立了起来。祭祀虽然仍在发挥重要的社会功能，但先前盛行的诸多禁忌已被打破。事实上，周人所表现出来的理性化程度之高，是启蒙时代前的西方人所不能比的；后来孔子"不语怪力乱神"的生命态度就连现代人也会惊诧不已。尽管周人表现出了高度的理性精神，但这并非意味着生命中的神圣维度被抛弃了。只不过，神圣性已从神秘乃至迷信中抽离出来，被加以礼的社会规范，往下落实为人的生命本身的神圣性，即对人的尊重，对人类生命的尊重。仁的观念在春秋战国时期的流行，便是对人的尊重的最佳写照。

仁以其所具有的尊重人之生命本身这一根本内涵，使人的内在精神得到了前所未有的高扬。"仁也者，人也"的命题，将仁提到人之所以为人的存在论和价值论的高度。人从先前的卑下的生存状态被提升到一种超拔的生命样式中。事实上，包括孔子在内的先秦诸子所表现出来的种种根本性的价值理念、人生理想和生命态度，完全可以用"仁"来概括。在此后两千五百多年的历史发展中，这种思想形态从根本上形塑了中国文明精神。直到今日，即使经历了西方文明的剧烈冲击，即使经历了"文革"，中国人仍然保持着先秦诸子所奠定的基本文化精神，或者说直到现当代，中国文化一直在先秦诸子设定的道路上前进。职是之故，仁居于中国人精神生命的根源之处，是中国文化之本。

仁虽然具有存在论意义上的神圣性和超越性，但是在更为具体的层面，也给生命以"道德要求和规定"。[1]在伦理道德的意义上，仁的根本内涵即为"爱人"："樊迟问仁，子曰'爱人'"，而"爱人"之仁的具体表现，又是"己所不欲，勿施于人""推己及人"，以及"己欲立而立人，己欲达而达人"。用现代语言讲，即是仁爱，博爱，爱他人，为他人着想。但伦理道德并不是人的一种孤立意识和行为，而是有着究极的根据；"爱人"之"仁"也不是孤

---

[1]　徐复观：《中国人性论史》。参见黄克剑、林少敏编：《徐复观集》，北京：群言出版社，1993年，第246—248页。

立的，而是可以推衍到终极的天道天理。因此，在贯穿着"爱"的个人与个人的交往中，有限与无限的鸿沟可望最终被跨越，终有一死的个体与永恒实在可望最终融为一体。在此意义上，所谓"天人合一"不仅是一种存在论和工夫论意义上的最高人生境界，也可以说是一种道德实践意义上的个人选择。

当然，在特定历史条件下，但凡符合血缘宗法制度的礼之行为皆为仁——"克己复礼为仁"即可视为这样一种情形。这个意义上的"仁"只具有相对意义上的历史价值。在《论语·颜渊》中，齐景公问政于孔子，孔子对曰："君君、臣臣、父父、子子。"这里，孔子所关注的主要是社会政治秩序，而非单纯的为人之道。这是他在特定历史条件下对自己心目中理想的社会政治秩序的理解，故而只具有相对的历史价值。谭嗣同以及五四一代人之猛烈抨击纲常名教，其所针对的，便是儒家学说中这种只具有历史相对性的部分。可五四运动以来，很多人显然未能将儒家学说中只具有历史相对性的要素与具有永恒价值的元素区分开来。与梁启超相比，这是一种退步，尽管梁启超的反传统主义在逻辑与现实操作两个层面都为新文化运动和五四运动作了准备。[1] 在先秦诸子中，除孔子外，孟子也说过"亲亲，仁也"之类的话。这里，"亲亲"的内涵可以讨论。这似乎意味着，仁的现实效用被限定在家庭或家族这一狭小的范围以内，因而可能妨碍民族思想和国家意识的形成、社会公德心的培养（在现代条件下，有着基督教本色——对唯一神的信仰——的西方式个人主义当然更有利于个体的自由发展，但同时也有利于民族大我意识的张扬，但问题是，几百年过去了，这种个体主义已

---

[1] 参见本书第四、五两章的相关讨论。

使西方人走到家庭解体的另一个极端，所以又出现了回归家庭、重新重视集体的主张；这其实是对过分伸张的现代个人主义的纠正）。

但孟子在此所说的仁，仅限于社会政治层面。如果以此否定仁，甚至使用新文化运动式的激烈语言（如仁或仁义道德就是"吃人"[1]）来根本否定仁，就会导致严重后果。历史已然证明，新文化运动和五四一代人以现实需要来决绝地否定传统文化的态度有严重问题，不利于现代中国人对真理的探求，其所造成的苦果，直到今天中国人仍在艰难地吞咽，尽管当时知识分子的本意可能并不在于否定儒家文化的根本理念，在唤醒麻木的大众与引入现代政治、经济、社会、文化观念方面功不可没。因为伦理道德意义上的仁具有超民族、超历史、超地域的永久价值，并不会因为西方人以坚船利炮打败了中国，中国人为了"保种保国"必须发奋自强，便得断然否弃。因此可以说，五四以来我们所犯的一个根本性错误，便是将儒家思想的两个重要维度即伦理道德维度和社会政治维度混为一谈了。不言而喻，前者具有永恒价值，而后者只具有相对价值。

在一种更为重要的意义上，仁具有某种终极的超越性，代表了一种相对于个人有限性的无限性，意味着一种"无限的展开"，一种永远敞开、永无终结的无限真实。往下落实，不妨将仁视为"使人之所以为人的最根本的规定"。[2] 更具体一点说，仁是有着天命、天道之根据的人性，以仁爱（爱人）、忠、恕、恭、宽、信、

———————

[1] 按，鲁迅的《狂人日记》（1918）中有一段广为人知的话，现录于此："古来时常吃人，我也还记得，可是不甚清楚。我翻开历史一查，这历史没有年代，歪歪斜斜的每页上都写着'仁义道德'几个字。我横竖睡不着，仔细看了半夜，才从字缝里看出字来，满本都写着两个字是'吃人'。"鲁迅，《狂人日记》，载《新潮：民初时论选》，第153页。

[2] 徐复观：《中国人性论史》，第260页。

敏、惠、智、勇、孝、悌、友为根本属性。在此意义上，仁也是
"天命之谓性"的"性"。但是"性"与"仁"一样，除表现为自然
之人的喜怒哀乐、饮食男女之感性欲求外，还有着一种与终极实在
相贯通、相连接的本质属性，或生存论意义上的必然性，即所谓
性，也是究于天人之际的性。在"仁义礼智根于心"或"仁，心
也"之意义上，性显然又内在于心，故而"尽其心者，知其性也，
知其性，则知天"。但是，"心"并非一种纯粹的主观状态，而是一
种与天道、天理或终极实在相贯通，无主客之分的实在。用当代新
儒家的话来说，这就是"尽内在心性……以达天德、天理、天心而
与天地合德，或与天地参"。[1] 在此"心"与"性"的意义上，仁
不止是"与天道上下贯通"，[2] 即，不仅是超越的，而且是内在
的。当然，仁的内在性并非为孟子所发明，在孔子的时代便已显露
端倪。在"仁远乎哉？我欲仁，斯仁至矣"以及"为仁由己，而由
人乎哉"之类的话中，便可清楚地见到贯穿在整个中国思维中的仁
的内在超越性了。

　　究于天人之际的仁，既是先秦诸子藉以体悟终极实在之"道"
或"方法"，也是其所把握的那种终极实在的一个符号。仁并非创
世论意义上的终极实在本身，更非道成肉身的逻各斯（耶稣基督），
但确然是有限的存在者所建立的一种与无限实在的究极联系。仁非
现象后面那不可企及、不可把握的最高、最后的本质，而是一种虽
与终极实在相通，却无不体现在人伦日用中的道德律令。即所谓
"仁者爱人"。与此同时，仁以"仁者爱人"而非单纯的"克己复

_____

[1] 牟宗三等：《为中国文化敬告世界人士宣言》，载《当代新儒家》（景海峰
编），北京：三联书店，1989年，第21页。
[2] 徐复观：《中国人性论史》，第261页。

礼"之内涵，也可以是"天下归仁"意义上的一种终极理想，或一种至大至上的生命境界。在此意义上，仁既是已然发生过的可谓仁之行为的究极本源，也是其最终归宿——"舍身成仁"；既是其所终极指向者，也是其所欲最终达至者。

展开于具体层面，终极性的仁便落实为物质外化意义或者说符号意义上的儒家文化，而中国文化正是以儒家文化为主体的。仁的符号化意义上的具体表现，是那些维系和传承儒家文化命脉的儒家典籍（经史子集）、信仰、道德以及与之相关的礼仪、制度、行为、民俗、传说、医学、文学、艺术、语言、文字等文化现象，当然也就是渗透在这一切中以及体现在古圣先贤身上的思想、行为和生命态度。尽管这些信仰、伦理、礼仪、制度等也需要佛家、道家、伊斯兰教甚至基督教（明末徐光启就试图以"天学"即通过基督教传来的西方科技、宗教理念和人文学术来"易佛补儒"）的学理和制度资源来补充，但中国文明无疑是一种以儒家思想为核心，包含多种其他宗教-文化要素的生命形态。

既然仁具有这种终极性，便必然分享古今中外各主要宗教-文化类型——如三大经书宗教-文化（基督教、伊斯兰教、犹太教），印度宗教-文化，中国佛教和道教等——所最终依凭的那种难以言说的终极本质。换言之，以仁为核心的儒家文化并非独占真理，其他宗教-文化也有自己领悟真理的独特路径和方法。不同文明中的人们都有对终极本质作各自不同的理解和界说的权利，其所认知的终极本质在其宗教-文化中也的确有各自不同的表达形式。这里有一个共性与个性的关系问题。但是，儒家对于仁的体认方式有其鲜明的个性，与圣书型宗教-文化强势的物质表达大为不同。圣书型宗教的一个重要特点，是其强烈的外在表现性或符号性。在在有之、历久不隳的宗教建筑与大量宗教象征物、艺术品等无不清楚地说明了这一点。相比之下，儒家即便也有其外在表现性或符号性，与圣书宗教高耸入云、富丽堂皇的教堂、清真寺、会堂（犹太教教堂）相比，文庙、宗祠、祖先牌位等显得寒碜。在现代性条件下，这并非有利于儒家文化身份的表达和延续。

儒家文化对仁的体认的外在表达虽然较弱，但它禀有一种"圆而神的智慧"，一种"温润而恻怛或悲悯之情"，一种和合而非对抗的人生智慧。[1] 很大程度上正是因此，儒家文化提倡一种基于文化认同的种族平等，一种"有教无类"的机会平等，一种基于个人努力而非血统的社会平等，一种中庸或中道的生命精神。在历史的长河中，儒家尤其表现出一种非凡的合理性和一种兼收并蓄的恢宏气度，即便在与外部世界较少接触的情况下，也对异质文化要素采取了一种开放、包容和接纳的态度。与此相反，赋予西方人以文化规定性的基督教，以其过于强烈的符号性，有一种非此即彼、非是即非的排他性倾向，有一种唯我独占真理的自我中心情结。此即希伯来主义。[2] 事实上从古到今，西方基督教的这一短板尤其明显。启蒙运动之前的西方各国表现出任何中国式的海纳百川的胸襟、兼容并蓄的精神，让大量犹太教徒、穆斯林、印度教徒、佛教徒等和平地生活在基督教徒当中吗？众所周知，两次欧洲大战（被误称为"世界大战"）主要发生在基督教国家之间。此外，直到今天，欧美主流族裔对犹太人的迫害也很难说已结束，遑论曾发生过针对犹太人的骇人听闻的种族灭绝。

---

[1] 牟宗三等：《为中国文化敬告世界人士宣言》，载《当代新儒家》，第43、45页。

[2] 参见本书"释义"部分的相关词条。

四　文明互动中的中国性

早在 20 世纪 20、30 年代，中国作为一个主权国家，其政治主体性便得到了很大程度的恢复；1949 年以后，政治主体性更是得到了飞跃的提升，自此政治主体性不再是问题。然而在 1978 年以后的改革及对外开放运动中，因经济发展压倒一切，西方文化再次大举进入中国人的精神世界，遍体鳞伤的文化主体性的重建问题受到忽视，而自晚清以来，文化主体性危机一直如影随形伴随着中华国家和文明——如果工商制度、科学技术、法律法规、哲学、文学、艺术乃至日常生活用品，什么都是外国的好，什么都得学外国的，甚至月亮也是外国的圆，那么从古到今的中华文明不就一无是处了？显然，这个问题若得不到解决，全球化语境中的中国人将无文化主体性可言，即使仍有某种文化主体性留存，那也是严重缺钙，患有佝偻症的主体性。如是，中国人的生命将无以安立。不仅晚清至今，就在可见的将来，中国人也将无以安身立命，遑论走向世界，引领世界。因此，寻求解决之道是这一代人不可推卸的责任。这一问题的本质是：要本着那种被生生不已地传承、被地理自然环境所给定的究极根性，确立一种新的文化主体性，创造出一个生机勃勃的新文化自我。[1]

这里，"究极根性"无疑具有首要性（不言而喻，这种"究极根性"不是绝对的；即是正在政治、经济、科技、军事上全面复兴的新世纪中华文明，也唯有在吸纳一切合理要素的前提下，重返其究极根

---

[1]　参见《文明研究》系列卷一《文明理论》第四章"文明的基本特质"之相关讨论。

性，方能不断充实、加强、提高自己，创生出一个生机勃勃、健动精进的新文化自我）。实际上，无论中国文明有着何种优长和短板，它也终究无法逃脱那种本于其究极根性而确立起来的一种新文化自我的前景。这是一种不以个人意志为转移的究极情境。在这种情境中，中国文化乃至中国文化中的个人并无选择余地。事实上，一百多年来，任何一个中国人都不可能逃脱其文化身份究竟为何这一问题，任何一个中国人都不可能摆脱使他成其为中国人的历史文化给定性，并在此前提下吸纳新文化元素以重建一个新文化自我的处境。无论是极端守成的"东方文化派"，还是貌似激进的"全盘西化论"者，无论是 20世纪 80 年代末 90 年代初激进的基督教救国论者（认定中国文化有本质缺陷的少数学者），还是 20 世纪 50 年代以来以承续中国文化命脉为己任的港台新儒家和大陆新儒家，无论是正统马克思主义者，还是"正宗"自由主义者，所有中国人统统无法逃脱这一处境。

但重建文化自我，必得以中国人是中国人这一事实为前提，前者是为后者所决定的。因此，从个人安身立命的角度来看，传统中国思想不仅是一个学理问题，而且很可能是一个信仰问题。早在1958 年，牟宗三、徐复观、张君劢和唐君毅便在《为中国文化敬告世界人士宣言》中告诫中国人，若要"客观"或正确地了解中国文化，就"必须以我们对所欲了解者的敬意，导其先路。敬意向前伸展增加一分，智慧的运用，亦随之增加了一分，了解亦随之增加一分"。[1] 这里，对中国文化的"敬意"实际上包含一种浸润到灵魂深处的体认，一种贯注全副身心的信仰，尽管在新时代中国文化

---

[1] 牟宗三等：《为中国文化敬告世界人士宣言》，见景海峰编：《当代新儒家》，北京：生活·读书·新知三联书店，1989 年，第 9 页。

究竟为何仍是一个问题。晚清以来，一种基于传统中国文化，吸收了大量西方、日本要素的新文化究竟还是不是中国文化？在此问题上，牟、徐、张、唐四位先生用力不深。

有一点可以肯定，即无论在多大程度上认同于这种或那种现代意识形态，每个现代中国人都应主动将四位先生所理解的中国思想、中国文化视为自己的生命之本。当今世界，思想样式可以不断翻新，文化情感却是一个恒久不变的常数。离开了文化情感，与林林总总的现代意识形态的"复合"或"共生"便无从谈起；而离开了这种思想意识的复合或共生，任何一种现代意识形态都不可能持久产生效力。一个中国人可以信仰马克思主义，可以信仰三民主义，可以信仰某种西方式的"正宗"自由主义，也可以信仰某种科学主义，但与此同时，他在自我深处不可能不承载某种传统样式的中国文化精神。既然如此，在日常行为和行动中，他不可以也不可能不表达某种传统样式的中国精神或中国文化态度。这里，"不可以"是一个价值论问题，"不可能"则是一个认识论问题。就是说，中国形态的思想和文化早已先天性地融于每个中国人的血液，无论时势如何变化，无论外来要素多么强势，都不可否认，不可抹杀。中国人身上的中国性是与生俱来、不可取消的。

在全球化语境中，这种不可取消性就更显而易见了。生而为 21 世纪的中国人（或居于海外的文化中国人或"海外华人"）显然处在这种终极情形中，即无论愿意或喜欢与否，他们的血液中、文化身份中都带有中国性。这种中国性是没法选择的。中国人之所以为中国人，除了有特定的生物学含义，还意味着在他们的头脑中，存在着一套使他们成其为中国人的不可取消、不可逃避的集体记忆。这种集体记忆源自他们的文化根性，而这文化根性又是特定自然地理环境的产物。也可以说，他们的思想意识中存在着仁性的规定性。正是这种仁性的规定性赋予中国人的集体记忆以一种不可取消性、不可逃避性。暂且撇开文化本质主义与多元主义的纠葛不谈，在人类不得不用俄罗斯人、日本人、英美人、法国人、德国人、苏丹人、印度人、尼日利亚人、墨西哥人、巴西人、阿拉伯人、伊朗人、埃及人等来界定自己文化身份的当今世界，中国人不得不是中国人。这是因为，自"轴心时代"[1]以来成形的各大文明体系无不具有坚实的精神内核和鲜明的外在文化表征。在历史上，这些文明体系的外在文化表征成分虽可能发生这样或那样的变化，其本质却无可更变。事实上，除了极少数例外，在长达两千五百年左右的时间中，近代之前各主要文明的核心价值观几无实质性变化。这就意味着，晚清以降，中国文明与包括西方文明在内的其他文明虽能开展对话，并在对话中求得互识、互谅、互鉴，但很大程度上，文明间的根本差异是不可能取消的。换句话说，即使在这个高度全球化的、跨文明—跨区域整合迅速推进的时代，各别文明及文化之间仍然存在很大程度的不可通约性。因此也可以说，中国人身上的中国性，是被不同文化之间依然存在的差异性甚至不可通约性所界定和决定的。

尽管许多中国人或"华人"生活在中国大陆，或其他华语国家或地区之外的地方，甚或已取得了所在国的国籍，但从理论上讲，

----

[1] "轴心时代"（公元前 8 世纪至公元前 2 世纪）成形的各大文明体系都具有坚实的文化内核。在历史进程中，这些文明体系的边缘成份虽然可以发生这样或那样的变化，其内核却无可更变，事实上也几乎没有发生任何本质性的变化。近代以来，基督教文明的全球扩张只是其世俗性现代要素的传播，而其核心的宗教要素却并没有被非基督教文明大规模吸纳。在这方面，基督教文明与大致同一时期或稍早以传统方式在非洲和东南亚扩张的伊斯兰文明相比，要逊色得多。

他们血液中的"中国性"仍是不可取消的，甚至可能反而因身处异质文化的包围中，与异质文化不断交遇、碰撞而得到加强。异质文化的挑战使很多海外华人更强烈地感到了维护自己文化主体性的需要，而从前在家乡，在祖国，这个问题大体上是不存在的。结果是，在所谓"文化熔炉"中，百年如一日地存在着众多"唐人街"或"中国城"。吊诡的是，这些"唐人街"或"中国城"不仅保留着较多的传统中国文化特质和个性（当然，这种现象未必应毫无保留地予以肯定，梁启超曾对此深感忧虑），而且迄于今日，数量似乎仍在增加，规模仍在扩大。同样，生活在中国大陆或其他国家或地区的中国人已不再是从前意义上的中国人，可是在一种历史、文化、血缘乃至政治经济的实存意义上，他们毫无疑问地不同于西方人、印度人、非洲人、拉美人、日本人、阿拉伯人等。换言之，他们不可能不是中国人。尽管当代中国人乃至海外华人的文化主体性一定程度上仍然是一个问题，这种文化主体性中的文明特质早已被不可取消的历史文化根性所规定了。[1]

五 真理的本质性与多元性[2]

当今中国人的文化主体性虽由其身上的中国特质来规定，这并非意味着，他们身上不存在诸多中国文化原本并不具有的现代元素在发生作用；更非意味着，他们不应继续对外来文化要素采取一种

---

[1] 关于海外华人身上的"中国性"，参见《文明研究》系列卷一《文明理论》第四章"文明的基本特质"之相关讨论。

[2] 参见《文明研究》系列卷一《文明理论》第六章"文明的多样性与历史的统一性"之相关讨论。

开放的态度。换言之，决定现代中国人文化身份的，除既有的中国性外，还有现代性与世界性。但现代性和世界性并不能等同于西方性，而是各大文明体系在前现代及现代条件下所共同创造的一种综合性特质。[1] 五四时期及后来的全盘西化论者的一个根本偏颇，便在于把西方性等同于现代性与世界性。相当大程度上，当今中国人仍然在重复着五四时代的偏颇，而早在 20 世纪最后十年，形势的发展便越来越清楚，现代性和世界性的内涵不仅包括各主要文明所固有的合理因素，也包括这些文明在现代转型过程中汲取西方文化要素后对人类所做出的新的政治、经济、科技和文化贡献。

从西方人方面看，他们的近代文化历程大体上可以这样描述，即从一种单一的、本质主义的真理论转型到一种多元主义的真理论，并逐渐摈弃唯我独占真理的错误认识。随着西方经济文化的相对优势的丧失，这种转型将变得更为深刻。[2] 在这一情势中，全球范围内的文明对话是不可避免的，而在这种文明对话中，多元论的真理论之取代本质论的真理论，也是不可避免的。要指出的是，在文明对话中，"多元性""多元主义"或"多元论"虽是一些重要的概念，但与它们相对应的"本质""本质性"或"本质论"同样也是一些重要的概念。另一个在内涵上与后一组概念有所重合的概念是"普遍主义"或"普世主义"（universalism）。这也是近代以来

---

[1] 参见《文明研究》系列卷一《文明理论》第五章"世界体系中的现代性"之相关讨论。

[2] 在现代西方知识界，最早认识到西方文明的基本价值理念只具有相对性，或世界其他主要文明的价值理念也有其内在真理性的，并非是提出"轴心时代"概念的卡尔·雅斯贝斯，尽管雅斯贝斯把这种观念表述得最系统、最清楚。如果不只在宗教思想里找原因，则不妨把启蒙时代哲学家如伏尔泰，有着犹太教背景的卡尔·马克思，甚至麦克斯·缪勒等人视为先驱。

文化对话和文化比较研究中的重要概念。

多元性可能意味着相对性，真理或领悟体认真理的方式对不同文化、不同思想体系只具有相对的价值。也就是说，此者以为是真理或具有普遍价值的，彼者不一定认为是真理或具有普遍价值，甚至可能认为是谬误。例如，对于大多数基督徒来说，耶稣是基督或救世主，是神，神有圣父、圣子、圣灵三个位格，三个位格同时又为一体，这样的看法为真，但对于其他圣书宗教的信徒，如犹太教徒和伊斯兰教徒，他们并不认为耶稣是基督或救世主，更遑论三位一体。对于信奉儒家思想（或者说辅之以佛道的儒家思想）的中国士大夫来说，把耶稣视为上帝本身，或一位至上的人格神，则更是不可理喻。即使有超验的神性，那也应在自我修养或内在心性中去开掘。既然神性是内在的，既然人性秉有善之天理，那么人的本质罪性便是不可能的，如此一来，就无所谓"拯救"，尽管这并不妨碍宋儒用"气质之性"来解释现实生活中的个人何以有善与不善、圣愚贤不肖之区别。

这并非意味着，一种在本质意义上超越各别文化之具体表现形式，并在一种隐而不显的层次为各种族、族群所共同体认的终极真理，是绝对不存在的。在某种深层次的意义上，人类的认识结构具有超文化、超族群的共性或普遍性。文化间的对话和理解，胡塞尔现象学意义上的文化的主体间性，或伽达默尔所谓的"视界融合"，在现实文化互动格局中之所以是可能的，就是由于这种隐而不显的超文化、超历史的认知结构的存在，尽管这种共同的认知结构并无共同的外在符号表现。可以说，这种不同文化、族群所共有的深层认识结构也是为什么近代以来各别民族、文化在维护其文化个性的同时，也表现出强烈的普遍主义诉求的根本原因。但如果采用一个不同的视角，人类文化的共性与个性的关系也可能呈现出一种完全相反的面貌。一个文明在精神上虽然分享那本质层面的超文化真理结构，但其在现实生活中的具体符号性表现，却完全可能像历史哲学家阿诺德·汤因比所说的那样，只是本质层面真理的"非本质连生物"。[1] 如果说，"仁亦即爱人"对中国文明而言属于本质层面的真理，那么五四运动以来中国人所迅速丢弃的太监、衙门酷刑、小脚、姨太太、贞节牌坊等就完全可以视为中国文明的"非本质连生物"。

　　然而，人类思维和人类事务的复杂性，远不是用简单的理论述说所能概括的。人类所面临的问题，远非简单地在逻辑上勾勒出一个两难困境（这甚至可能有取消问题之嫌），进而采取一种中性或"客观"的立场就能解决的。人类总是需要而且也应该用某种信仰、信念、思想体系或意识结构来证明自己存在的合理性，来安身立命，否则便完全可能坠入虚无主义之深渊。因此，人类目前所可能采取的最恰当态度是：在某特定时期、地域、社会群体、认知或论说领域中谈论真理。甚至更进一步，持这种立场，即不采取这种态度便不能谈论真理。这里，米歇尔·福科的社会认识论的相关性突显出来。他把知识的产生过程视为权力的形成过程，这种对西方中心论具有消解和颠覆作用的社会认识论就其本身而言，当然不失为一种有价值的理论发明，但也未尝不可视为对世界各大文明、各主要民族近代以来所一直坚持的多元主义真理观的间接承认。这种多元主义的真理观的具体表现形式往往是：虽不否认存在一种普遍有

---

[1] 汤因比对宗教的"本质"与"非本质连生物"作了区分，并进行了详尽的阐述。参见阿诺德·汤因比：《一个历史学家的宗教观》（晏可佳译），成都：四川人民出版社，2003年，第286—307页。

效的真理，但是在现实操作层面，由于这种普遍性真理所不可避免地暗含的权力性或压迫性，不得不将其悬置起来，存而不论，同时坚持符合各自文化传统所固有的、适用于种种具体情境的真理性。

当然，在具体的历史和现实意义上，真理的本质性和多元性的关系也可以表述成"世界主义"（cosmopolitanism）和普世主义（ecumenism）与民族主义的关系。在近代以前，世界各主要文化体系都在不同时间、不同程度上表现出了一种超越种族、地域和各别文化形式的趋势。不仅发源于地中海地区的基督教文明如此，华夏、伊斯兰和印度文明同样如此。可及至近代初期宗教改革运动，教宗统领下貌似天下一家的"基督教世界"（Christendom）分裂了，后来甚至发生了两次"欧洲大战"（就两次大战主要在欧美国家间进行而言）。这不能不说是普世主义的一个大挫折。资本主义的现代科技工商文明当然可视为一种普世文明，但至少迄于目前，仍不具有本质意义上的正当性，必得加以根本改造。19 世纪后期至 20 世纪中期的世界共运所要实现的目标，也可视为一种世俗性的现代普世文明，但遗憾的是，苏联国家利益支配了这一运动，使之半途而废。

相比之下，在特定历史条件下，郡县制中国的普世主义理念和实践比其他主要文明得分更高。郡县制中国不仅是一个巨大的历史文化实体，也是一个巨大的政治经济实体。就此而言，历史上曾经存在过的（貌似统一的）"基督教世界"、南亚世界和伊斯兰世界都不能与之相比。因为，除了在个别时期和个别情况下，它们大体上只是一些宗教-文化实体，而非同时也是一些高度整合的政治经济行为体。能够与郡县制中国相比的，也许是罗马帝国，因为它同时既是文化实体，又是政治经济实体。但是罗马帝国在基督教合法化、国教化（这发生在公元 4 世纪末，此时帝国已处在不可逆转的衰落中）以前，其压倒性的意识形态是国家诸神崇拜。这种崇拜与基督教、伊斯兰教、佛教或儒家等伦理宗教大为不同，而伦理宗教是世界上任何一个现存文明的最具本质性、最关键的特征。尽管斯多亚主义哲学在罗马帝国发挥了某种伦理宗教的作用，但这种哲学除了在少数上层人士中流传，并没能真正进入广大中下层民众的信仰。一定程度上，中央集权的东正教俄罗斯也勉强可与强盛期的郡县制中国相比，但俄罗斯帝国的内部整合性明显不如中国。这从 1990 年其继承者苏联突然解体，沙俄帝国以来的准普世主义遗产立即毁于一旦不难看出。

另外值得注意的是，"二战"后七八十年来，在贸易、金融、医疗卫生、体育、环保等方面，人类组建了若干全球性的协调管理组织。它们的作用不仅具有体制意义上的普世主义性质，而且具有文化意义上的普世主义性质。联合国对人类普世主义文明的贡献尤其重大。它代表了人类有史以来第一次联合起来，进行自我管理的普世主义努力，是世界上各主要文明和国家基于人道主义、人权、平等、自由、民主、和平、正义、国家主权和领土完整不受侵犯等共同接受的价值理念，在历史上第一次组建一个世界政府或世界性政治管理组织的努力。目前，联合国虽尚未发挥足够大的实质性作用，如"二战"结束后未能阻止历次大规模局部战争，如朝鲜战争、五次中东战争、印巴战争、越南战争、伊拉克战争、波黑冲突以及俄乌冲突，等等，以实力说话的局面在短期内尚无法改变，因此尚不能被当之无愧地称作人类大家庭的称职家长，但它在促进世界各国的经济、教育、文化、科技发展方面，在赈灾济困方面已做了大量有益工作。在波黑冲突中，联合国的表现不尽人意，但在束埔寨、索马里、安哥拉、莫桑比克、卢旺达、海地等国维和行动方面，却功不可没。因此，至少就一个可操作的世界政府的架构而言，联合国对于巩固、发扬一个普世文明的价值观，对于促进该文明在全球经济成长和治理改善中发挥重要作用，是大有裨益的。有着两千多年普世主义传统的中国以其和平主义的文明特质，在以联合国为主要架构的普世主义文明的未来成长中，必将发挥越来越重要的作用。

六　在文明磨合中返本开新

既然中国文明在与其他文明、文化相对隔离的情况下，也开出了一种发达的普世主义传统，那么中国人在各大文明彼此交流、相互借鉴、磨合交融的 21 世纪，只能努力发扬光大这一光荣传统。这意味着，中国人不应过分执著于中国人之为中国人这一事实，或过分地坚持自己的中国特质或品性，即便中国人的中国特性是一种无可置疑、也无可逃避的究极情形。如果说中国人之为中国人是一种不可逃避的究极情形，那么中国人在全球化情境中重建文化自我，同样是一种不可逃避的究极情形。但是，重建文明，首先应当做的一件事，便是弄清楚中国文化的根本是什么，并在此基础上开出一种既能坚守中国文化的根性，又能时刻对异质要素敞开自己的新文化。除此之外，别无他途。要完成这一使命，吸收新儒家的学理资源，发展新儒家的基本思想理念，不失为一种正确选择。

使用当代新儒家的语言，可以将返回以仁为核心的本质性、本真性的中国思想形态，建立一个新文化自我这一意向，叫做"返本开新"。事实上，"返本开新"是当代新儒家的一贯立场。当然，当代新儒家所欲开之"新",其内涵大体上是"民主与科学",即与五四一代人的思路基本一致。但他们对"民主与科学"的内涵本身未能作适当的梳理,甚至他们在如何开新方面也无太多理论建树。但他们那种坚持中国文化之本,用生命体认中国文化的态度,却是文化重建所必需的一种态度。这种态度具有如下蕴涵:只有返本,才能开新;返本是开新的前提,不返本则无本可依,则无以开新。但不仅在理论上,而且在具体文化活动中,返本与开新都是不可以也不可能分离的。换句话说,二者在本质上是互为前提、互为依凭、相辅相成的。返本与开新都是当今中国人不可逃避的责任。

那么"返本"究竟有何内涵?简言之,就是回到源于先秦诸子以仁为核心的价值观,不仅以之作为个人安身立命的根本依凭,而且以之作为中国人作为一个"民族"自立于世界民族之林的精神特质;不仅藉以救治当前严重的文化失调、精神失衡,增强文化凝聚力,而且以之作为在可见的将来开创一个具有大国风范的文化新局的前提。更重要的是,不要重蹈五四时代急功近利的全盘西化倾向的覆辙,即功利主义地对待回归文明的基本理念,将其用作一种祛除当前流弊的权宜之计,而是要从改造很多人不正确的思想意识,重新确立正确的生命态度这一高度来看问题。怎么强调也不过分的是,"返本"的根本目的,是恢复儒家思想的一些基本理念,从而使不那么正确的价值取向发生改变,却决非意味着对现代文明、现代教育理念及体制发起挑战,像某些儒家原教旨主义者所希冀的那样。毕竟,儒家主导中国文明的方方面面——尤其是政治——的时代一去不复返了。那是另一个时代的风景。现在,儒家应像基督教那样,退至私人领域、精神领域。

具体说来,如何返本?可以在大学哲学系把儒家经典开设为各专业方向——如西方哲学、马克思主义哲学、伦理学、分析哲学、科学哲学等——的必修课程，然后向其他文科以及理科、医科、商科、工科等拓展，然后再有限度地、以适当的形式恢复中小学生的经典学习。当然，几步走也可以合为一步走。这又涉及如何使"读经"活动融入现代科技工商文化和现代教育之大生态的问题。毕竟，时移世易，中国文明经历了一个半世纪的沧桑巨变，正以全新的面貌重新站立起来，要再用儒家思想来全面取代既有意识形态是不可能的；而要把儒家思想当作一种官方意识形态，用以指导当今工商事业和科学研究中的具体活动，更不可能。但是，儒家思想并非不可以充当现代工商科技活动中无数个人的人生哲学，正如基督教、犹太教、佛教、道教等正充当着现代工商科技活动中无数个人的人生哲学那样。因此儒家与现代科技工商文明的关系，不是一种相互排斥的关系，而是一种互利互补、相得益彰的关系。这显然是一项极复杂而艰巨的工作，不仅需要精心挑选并阐释儒家经典，更得尽力培养儒学人才，甚至并非不可以像某新当代新儒家学者所主张的那样，编写一套适用现代生活的儒学手册，将其当作跟《圣经》《可兰经》等可比的精短经书。毋庸讳言，即便是私人领域、精神领域的有限复兴，也需有执政党和政府的大力支持。

与之相配合的是，重建儒家符号体系或外在表征体系，因为符号是文化自我藉以保存自己的依凭。从世界上大多数文化现代转型的情形来看，传统文化的内涵虽可能发生较快的变化，但承载这种内涵的外在物质表征却不那么容易改变。在大多数情况下，一种文化的外在表征体系是有助于恢复该文化已被湮没的基本理念的。具体说来，应重修文庙，甚至像三大圣书宗教修建当代样式的教堂、清真寺和犹太会堂那样，用当代建筑语言重建文庙，与此同时，要恢复使用文庙，以适当的方式恢复相关文化活动。20 世纪初以来，文庙之被拆除或挪作他用，或可视为儒家文化"花果凋零"的一种外在表现，但也并非不可以作如是观，即在现代化之压力下，儒家体制能够灵活迅速地实现现代转型。尽管如此，应看到，即使在"后现代"，任何一个西方城市都仍然耸立着大大小小的教堂，以坚实美观的物质实体清晰地传达着基本文化信息，虽然这并非意味着传统宗教能藉以免遭现代性的侵蚀。与此同时，还需进一步发扬光大传统文学、音乐、舞蹈、绘画、书法、医学、体育和建筑文化，正是这些文明元素构成了儒家基本理念赖以发挥效力的精神生境。最后，还应调动一切社会、政治和经济资源，加强已经被种种新设立的节庆边缘化了的传统节庆意识与活动。

如此这般，假以时日，传统儒家思想或可望以一种强劲的姿态，以一种与现代文明相配合、相调适的新形式，重新进入中国人的精神世界，中国文明的基本理念或可望在新时代中国人的生命中重新确立其位置，严重的文化失调和身份错乱问题或可望基本得到解决，未来中国人或可望重新获得一种本真的中华生命特质。

"开新"又意味着什么？简言之，这不仅是在单纯的意义上继续实践种种现代价值理念以及与之紧密关联的信息和人工智能时代的工商业、法制、教育、医疗、卫生等方方面面的理念和制度，而且是在"大国崛起"的条件下，继续吸纳包括西方国家在内的各国的优秀文化元素，如严肃的音乐、舞蹈、绘画等，以及进行这种文化生产的制度要素，而非不加区别地拥抱一些商业气味过浓的流行音乐或其他文化。还应继续吸收当代哲学、社会学、人类学、宗教学、心理学、语言学和文学等方面的优秀成果，但应尽可能以一种本于儒家基本理念的批判眼光来学习这些东西，而非像五四时代的偏激人士那样，实行一种生吞活剥的"拿来主义"。更重要的是，要在开新中选择性地消化和整合优秀的外来要素，而非在一种新的囫囵吞纳中加深既有的文化失调，再次造成精神失衡。

那种赋予中国人以文化特性的精神特质，那种使中国人成其为中国人的文化根性存在于我们的集体记忆里。历史业已表明，这集体记忆本身以其本质属性，是不会让中国人一成不变的，而总是使他们敞开自己，吸纳新文化养分，中国文明便在此过程中不断演进，不断发展壮大；[1]与此同时，在适应不断变化的环境的过程中，这种集体记忆本身也不断变化和丰富。事实上，像其他任何富于生命力的文化那样，中国文化从来都是一种时时刻刻对外开放，吸纳域外物质和精神要素，不断变化、生成和发展着的文化。中国文化对于异质要素从来都采取出一种兼容并包的态度。在早期中华典藉《周易》中，就有"一致而百虑，殊途而同归"之语。这完全可以视为后来中国文明兼收并蓄、不断吸纳利用外来要素的文化基因。这意味着，根性层面的中国文化决非某种一成不变的固有特质，而是一种在葆有坚实自性的同时不断敞开自己，不断生成新要素、新品质的精神体系。因此也完全可以说，开放性和生成性本身便是中国文化之本。[2]

事实上，东汉至魏晋南北朝，至隋唐，中国文化对佛教进行了深度的融摄；整个唐代（以及之前的隋代、北魏等）都对西域音乐、舞蹈和艺术进行了大规模吸纳；宋儒和明儒创造性地吸收佛学

----

　　[1]　参见《文明研究》系列卷一《文明理论》第四章"文明的基本特质"之相关讨论。

　　[2]　同上。

要素，以加深和扩展儒学的学理体系；明末清初，中国即已开始引进和消化西方的科学技术；晚清以来，中国文明更是在大规模吸纳西方要素的基础上发生了结构性改变，尽管在这种大调整或转型中出现了严重的文化失调。在此意义上，"返本开新"其实也包含着"返本纳新"的意蕴，即只有"返回"中国文化的源头活水处，才能更自觉地理解其他文明的长处，才能把这些长处更有效地融入那永远开放、不断成长壮大的文化自我中；只有以全副生命来体悟自己的文化之本，才能更好地理解和吸纳他者文化的优秀要素，才能更好地将这些要素整合到既有文化自我中。当然，也可以反过来审视这一情形，即只有带着一颗开放的心灵，同情地了解他者文化，自觉地吸取能够补充、丰富和深化自身文化的合理成分，才能更好地体悟自身文化之本，才能更好地强固自身文化之本。这或可以叫做"开新返本"。也就是说，只有开新，才能返本。

这里重要的是，在21世纪的今日，如果仍只将"返本开新"视为极少数人的一种思想主张，而非将其视为即将在世界舞台上发挥重大作用的中国民族的一种责任，那么晚清以来无数屈辱和挫折便失去了意义。更重要的是，如何将思想层面的"返本开新"落实为具体的社会文化行动。当代新儒家中的某些专业人士可能将哲学的作用夸大了，而对于如何将思想落实为行动则用力不够。他们中最有影响者，如冯友兰、熊十力、牟宗三等，就把纯粹哲学在当代社会政治中的功用看得过高。相比之下，影响稍小的徐复观、张君劢并非如此，唐君毅一定程度上也非如此。因为，20世纪后期乃至21世纪早已不是西方启蒙思想家开启的"后神学"时代，甚至"哲学时代"也已成为过去。世界正处在一个形下日张，形上日蹙的"后哲学时代"。在这个时代，所谓"哲学"的传统功能正日益被实用性更强的学科如法学、政治学、管理学、社会学、人类学、心理学、宗教学等所取代，而且这种局面今后只会更甚，而非相反。因此，最应当做的事，便是在继承新儒家事业的基础上，将其精密、玄远的思辨落实到现实层面的政治、经济与社会文化生活中。

六 "仰视"变"平视"

以上讨论表明，今日中国依然存在的一些问题的根本原因，在于清末民初以来吾人对传统文化的否定过了头。否定过头的征象可说比比皆是。如无处不在的崇洋之风，肇始于 20 世纪 20、30 年代，1949—1979 年间暂停了三十多年，改革开放后又死灰复燃，直到新世纪国家迅速崛起才有所收敛。这种风气可用"臭名昭著"来形容。不仅普通中国人如此，就连许多高级官员也如此。不仅文盲半文盲如此，就连许多知识分子也很不清明。不仅新商标要取个洋名或不洋不"土"、不伦不类的准洋名，而且已有的中国品牌也得换个洋名以除去"土"味。改革开放以降，更有越来越多的父母给孩子取一个"玛丽""维廉"之类的洋名。出国理所当然被视为光荣，甚至社会地位的象征。出国定居更是格外光荣，身份自动上升。未能出国或虽然出了国却未能取得"绿卡"甚至"国籍"，在某些人眼里不啻是人生的失败。学成归国者，在很多情况下不被认为是为了报效祖国，而被认定在外混不下去。不可否认，国人的崇洋情结有深刻的社会经济甚至地缘政治根源，但新文化运动和五四运动对传统文化的否定无疑是一个重要原因。

在此，不妨将犹太人与中国人作一个对比。犹太民族自罗马帝国初期起便失去家园，经历了两千年的迁徙和客居（Diaspora）。但这只是身体和地理意义上的散居，因为犹太人是一个以宗教、文化传统紧密凝聚起来的民族。犹太文化凝聚力之强举世罕见，近代以来的世俗化潮流（这意味着文化融合）对其冲击虽然很大，却未见得被削弱了很多。在全球性的客居中，犹太文化虽与形形色色的他者文化有接触甚至冲突，却能成功地将其基本价值理念或文化根性保存下来。在历史上甚至在当前，犹太文化总是能在保存其基本精神特质的前提下，[1] 不断吸收、利用其他民族的文化要素，对之加以筛选、调适和改造，从而成为一种从古到今延续了三千多年、依然葆有其同一性的文化。换言之，犹太人虽经历了两千年的迁徙和客居，在精神上却从未松懈、怠惰、自暴自弃，更没像新文化运动以来的中国人那样，在文化上和精神上大搞自虐、自戕。随着现代以色列国家的建立，之前并不在日常生活中使用（至少对大多数犹太人而言如此）的古希伯来语也被恢复，成为以色列国家乃至全世界诸多犹太人的日常语言，故而至少在形式上和象征层面，犹太人的客居已告一段落。

相比之下，中华民族的主体说虽未经历过身体和地理意义上的客居，但自清末便开始了一种精神上的客居，而且晚至今日，也不能说这种状态已然结束。当然，超多人口统一在一个超大政治实体之内这一事实，对精神客居的中国人未尝不是一种补偿。此外，即使国力仍然有限，中国从 20 世纪 50 年代起，就开始扮演一个重要的国际角色。不能不说，这是超大统一国家所赋予它的一种崇高地

---

[1] 关于文明的"基本特质"，参见《文明研究》系列卷一《文明理论》第四章之相关讨论。

位。20世纪90年代后，随着国力的迅速增长，超大国家的作用更显突出。问题是，若崇洋情结仍然深入国人骨髓，若中国人在精神上仍然自虐自戕，文化主体性的重建从何谈起？中国人如何真正在精神上重新站立起来？是一个超大国家又怎样？所以，超大国家的崇高地位只能视为一种有限的补偿。也应看到，在改革开放的新形势下，中国人正在为崇洋情结付出新的代价。市场经济形式的现代化意味着全球经济一体化的程度越来越高，随之而来的是西方低俗的商业文化、流行文化对传统文化基本理念的进一步侵蚀。若不自觉加以抵制，一百多年的精神飘泊不会结束，还可能会更严重。

好在20世纪90年代末以来，尤其是进入新世纪以后，晚清以来的文明再造工程的成效开始显现，国人的文化主体精神开始复苏，"仰视"西方或盲目崇洋者正在大幅度减少，"平视"西方、理性地看待西方文明的优长和短板的人越来越多。正是在这种形势下，中国人对新文化运动以来激进主义的自我否定开始进行认真的反省。照此发展下去，激烈反传统话语之被修正乃至被摈弃，是迟早的事；传统儒家思想核心理念——仁、义、礼、智、信，以"仁者爱人"即忠、恕、恭、宽、信、敏、惠、智、勇、孝、悌、友等为本质内涵的仁，而非衙门酷刑、太监、小脚、三妻四妾、三纲五常（甚至割肉孝亲）、功利主义、官本位心态等"非本质连生物"[1]——在中国人的心灵中回归其应有位置，指日可期。很清楚，传统文化的基本价值理念一日不恢复其应有的地位，中国人的文化佝偻症就一日得不到治愈，就一日不会确立其真正的文化主体

---

[1]　参见汤因比：《一个历史学家的宗教观》，第286—307页。

性。正是在此意义上，当代新儒家所做工作虽有不足，但无疑具有方向上的重要价值。实际上，这是解决清末民初以来传统文化理念遭受全面打压这一难题的一个极其重要的路径。

（本文初稿于 1996 年 10 月，修订于 2023 年 2 月。）

第二章 从"天下"到"国家"：现代中国民族主义

一 引言

对任何一个现代国家而言，公民的民族主义（nationalism，也译为"国族主义"）亦即爱国主义觉悟非常重要，无此思想意识及相应个人情感，现代国家便无以立身。这一点几乎不言自明。可是清末民初的中国是这样一个现代国家吗？显然还不是。经过近一个世纪的屈辱及困厄，中国虽不再以天朝上国自居，虽不再自认即"天下"自身，却显非一个通常意义上的国家，而仍代表了一个文明，一个装扮成民族国家的文明，甚至是一个有着悠久历史、众多人口与广袤国土的超大文明。回头看，在列强横行的世界，这个超大文明不得不向小国寡民的欧洲式"民族国家"（nation state）看齐，混同于人口及国土面积至多相当于中国一个省的欧洲式"民族国家"。

与此相应的是，"中华民族"的称谓开始流行，虽从世界范围看，中华民族显非一个通常意义上的民族，而是一个以汉族为主体整合了满、蒙、藏、回等几十个少数民族的超大"民族"。这个超大民族背后是一个超大文明。这个文明如此之大，在旧时代甚至被认为代表"天下"本身。可现在，这个超大民族、超大文明竟摇身一变，成了一个"民族"或"民族国家"。这不是放低身段、降贵纡尊，是什么？只是历史悠久、雍容大度的天下主义也随之降格为一种流行于欧洲乃至全世界、颇有点小家子气的民族主义。在数千年未有之大变局下，这几乎是一种必然的选择（也是文明再造与"新民"工程题中应有之义）。不如此，便无以在世界民族之林求生存、求发展。经历了大半个世纪外敌入侵、国内动乱、民生凋敝，中国能否顺利地转型成为一个现代"民族国家"至关重要；重新实现统一和稳定，在政治、经济、军事、科技、文化等方方面面重新站立起来并持续发展壮大至关重要；每一个个人的国家意识、民族意识、爱国主义觉悟的培养至关重要。

在王朝或郡县制时代，只有在全部人口中占极小比例的官员或精英有一种对皇帝或朝廷的个人效忠。既然皇帝-朝廷代表国家、民族，至少理论上如此，那么这极少数精英或官员对皇帝-朝廷的个人效忠便多少可以视为对国家民族的效忠，或对国家民族效忠的一种替代品。然而现在，在国际国内形势逼迫下，在全世界通行观念刺激下，除极少数精英外，全部人口中还得有非常大的一个比例——或可高达百分之六七十——培养起一种国家民族忠诚，即前所未有的、大规模的、现代条件下的国家民族忠诚。不言而喻，只有破除了旧时代那种仅仅忠诚于自己所属家族或乡里的情结，才能树立起国家民族意识和爱国主义觉悟；只有树立了这种意识和觉悟，方可能培养现代的国家民族忠诚。而只有首先有了这种超越家族主义、地方主义的国家民族忠诚，方谈得上保家卫国，振兴中华。因此，对现代中国民族主义的来龙去脉及表现形式作一个探讨,很有必要。[1]

二 何为"民族主义"?

要讨论现代中国民族主义,首先要弄清楚"民族主义"为何。而要知道"民族主义"为何,又要先弄清楚"民族"(nation)的含义。

所谓"民族",指一个拥有共同地缘—血缘、共同语言、共同神话-宗教、共同记忆-遗产和共同符号的人类群体。[2] 在 20 世纪中国语境中,这是所谓"中华民族",一个超大的人类集团,一个超越了对个人所属家族、乡里(以及县、省)效忠的超大人类集团。这个意义上的民族与民族国家是水乳交融、不可分割的。而"一旦'民族'概念脱离了'民族国家'这个实体,就会像软体动物被从其硬壳中扯出来一样,立即变得歪歪斜斜、软软绵绵"。[3]事实上,在现代情境中,民族总是与其在法律上所属的国家紧密捆绑的;未能与国家紧密结合甚至与之离心离德的群体,至多只能算族群。

但在大多数情况下,民族是指一个超越了上述种种共性的政治-法律共同体,而在现实情境里,民族的政治-法律"疆界"往往又很难确定。一个民族的政治-法律疆界可能并不包括相关民族的

---

[1] 也可参见本书附录《文明互动中的民族主义》的相关讨论。

[2] 安东尼·D. 史密斯:《全球化时代的民族与民族主义》(龚维斌、良警宇译),北京:中央编译出版社,2002 年,第 117—118 页。

[3] 埃里克·霍布斯鲍姆:《民族与民族主义》(李金梅译),上海:上海人民出版社,2000 年,第 222 页。

全体成员，可能除该民族全体成员外，还包括一些异族；很可能未能包括本民族全体成员，却也包括一些异族。还可能出现这种情况：一个"同文同种"的族群分居多个国家，却不与外族混居，结果是没有一个国家可视为其所属的民族国家。[1] 若要给一个简明的界定，或可以说"能够把社会、文化和国家统一起来"的概念就是民族。[2]

"民族主义"是从"民族"概念延伸出来的。它首先是指一个政治原则，意味着政治单位与民族单位应是一致的、重合的。[3] 既然如此，对本民族生存发展的追求便是题中应有之义。政治必然涉及法律，所以也可以说，民族主义首先是一个政治-法律原则。这个意义上的民族主义源于 18 世纪后期的欧洲，尤其是大革命时期的法国。但是，除血缘地缘、政治-法律内涵外，民族主义也指一个人类群体基于共同的神话-宗教、共同的记忆-遗产以及共同的符号而对本群体历史文化传统的认同，这又必然涉及基于历史文化认同上的对于本民族的情感认同。缺乏这些认同，一个人类群体是很难凝聚在一起的。缺乏这些认同，对本群体生存发展和繁荣兴盛的追求就无从谈起。

在今日汉语和西方语言中，"民族主义"虽然仍能中性地使用，但在很多情况下，已是一个贬义词，与"爱国主义"（patriotism）有明显的区别。爱国主义无论在现代汉语还是西方语言中，都被赋

---

[1] 埃里克·霍布斯鲍姆：《民族与民族主义》，第 1—2 页。按，分属土耳其、叙利亚、伊拉克的库尔德人就是这样一个族群。

[2] 徐迅：《民族主义》，北京：中国社会科学出版社，1997 年，第 136 页。

[3] 厄内斯特·盖尔纳：《民族与民族主义》（韩红译），北京：中央编译出版社，2002 年，第 1 页。

予完全正面的价值。需要注意的是，在现代中国，严格意义上的民族主义、爱国主义都是现代概念，用以指涉一种清末民初即已出现、一直持续至今的社会、政治和文化心理现象。尽管为群体做贡献、甚至为群体牺牲自己也是一种古老且普遍的人类美德，无此美德，人类不可能进化至今日的水平，但只是在现代交通及传播手段兴起，现代民族国家形成故而社会动员能力大大提高以后，才谈得上民族主义。这种民族主义，其实是一种现代意识形态。

　　为什么这样讲？这是因为民族主义所产生的民族，是现代意义上的民族，而现代意义上的民族又是虚构出来的。需特别注意的是，现代条件下的人类集群将自己虚构成一个自我划界的群体，一个以特定人群和特定地域为界限，拥有主权（不同于某种宗教对教民拥有的精神上的领导权，也不同于某个王朝对臣民拥有的某种若即若离的统治权）的群体，也就是说，把自己虚构或"想象"为一个"共同体"。[1] 难道古代民族不能想象，或无需想象？古代民族不也是想象的共同体吗？古代人们当然也能想象。作为一个物种，人科人属一个最突出的能力便是虚构或想象；离开了虚构或想象，人科人属就不可能进化到目前状态。[2] 但古代人类虽能虚构或想象，却远未达到现代人类的程度。古代民族通常体量很小，无需太多想象就能维系起来。不仅如此，大多数古代民族更多是靠个人及家族间的接触、合作、结盟等结成一个个政治团体，相应地也有对部落、部落联盟等的效忠。

---

　　[1] 本尼迪克特·安德森：《想象的共同体：民族主义的起源与散布》（吴叡人译），上海：上海人民出版社，2003 年，第 6—7 页。
　　[2] 尤瓦尔·赫拉利：《人类简史：从动物到上帝》（林俊宏译），北京：中信出版集团，2017 年，第 98—105 页。

不难想见，在这种情况下，很难培养起个人对一个规模大得多的共同体即民族国家——甚至可能是现代中国、印度或俄罗斯式的超大"民族国家"——的认同和忠诚。这不仅是因为在古代，现代性、规模性的民族国家尚不存在，而且是因为现代性的人口规模和交通传播手段的缺位。缺乏这种种现代条件，个人的想象力再强也有限，最多只局限于对家族、部落、部落联盟的效忠，尽管少数个人也可能发展出一种对于王朝的效忠，甚至发展出一种对于整合了多个重要民族如汉、满、蒙、回、藏的超大王朝的效忠。具备了上述种种现代性条件，再加上相关意识形态的刺激和强化，个人完全能够想象出一个规模远超家族、部族、部族联盟等，拥有数百数千万甚至十几亿人口的大型历史文化共同体，并在理智和情感上将自己与其相捆绑，与之同声同气，同心同德，心甘情愿地为之奉献，甚至为之牺牲。即使群体中有相当大比例的人们与他并非"同文同种"，即使"每个民族内部可能存在普遍的不平等和剥削"，个人都愿意将民族设想为一种充满了"深刻而平等的同志之爱"的共同体。[1] 这就是民族主义。

对家族、部落、部落联盟甚至王朝的传统效忠或可以视为一种准民族主义。之所以称之为"准民族主义"，是因为虽因现代国家、现代交通及传播手段缺位，相关群体的个人之间的联系有限，信息分享有限，利益关联度有限，甚至不同民族如汉、满、蒙、回、藏等之间利益也不尽一致，故而建立有效的群体认同亦即个人将其所属的群体想象为一个政治、社会和历史文化共同体的能力也就有限，其认同和效忠于其所属群体的程度及质量就必然大打折扣。但

---

[1] 安德森：《想象的共同体：民族主义的起源与散布》，第 7 页。

是，由于前现代时期有限国家（王朝）的存在，有限交通通讯手段的可及，具体说来由于清朝中国已实现了汉、满、蒙、回、藏等几十民族较高程度的整合，文人-士大夫阶层一员的个人仍具有某种想象一个类似于现代民族国家的共同体的能力。例如，英国对中国发动了鸦片战争之前、期间及之后，包括林则徐在内的大多数清朝官员都有效忠于朝廷即"忠君"（大致相当于今天的"爱国"）的表现。但仅此而已。四亿平民百姓对于这场战争是无动于衷的。这是"官家"的事，是朝廷和官人们的事，于我何干？梁启超有这样的观察："我国国民，习为奴隶于专制政体之下，视国家为帝王之私产，非吾侪所与有，故于国家之盛衰兴败，如秦人视越人之肥瘠，漠然不少动于心，无智愚不肖，皆皇然为一家一身之计。"[1]很明显，这种仅少数官员忠于朝廷、普通民众置身事外的情形只能称之为"准民族主义"。

不过，有准民族主义强于无。准民族主义转变为现代民族主义并非难事，对于中国这样的在政治整合、民族整合方面表现优异的文明尤其如此。至 20 世纪 20 年代末，国民党刚刚大致统一了全国，王朝时期即已存在的准民族主义遂迅速转变为现代民族主义。正是基于这种现代民族主义思维，国民政府强行收回了大多数租界，单方面废除了清朝与西方列强签订的绝大多数不平等条约，以至西方人直接称"国民党"为"Nationalists"，即"民族主义者"

---

[1] 参见梁启超：《梁启超文选：国性与民德》（1903）（王德峰编选），上海：上海远东出版社，1995 年，第 88 页。陈独秀有相同的观察："国家何物，政治何事，所不知也……干预政治，非分内之事；国政变迁，悉委诸政府及党人之手；自身取中立态度，若观对岸之火，不知国家为人民公产，人类为政治动物。"陈独秀：《吾人最后之觉悟》（原发表于 1916 年 2 月 15 日《青年杂志》第 1 卷第 6 号），载《新潮——民初时论选》（张骏严编），沈阳：辽宁人民出版社，1994 年，第 17 页。

"民族主义党"。之前若非一直存在某种基于王朝传统的准民族主义，国民党式的现代民族主义不可能在如此巨大的一个国家如此迅猛兴起。这从大量发展中国家因缺乏国家传统、王朝传统及相应的准民族主义传统，至今仍未完成国家建设（nation building）之任务，部族整合和社会整合仍然处于不发达状态，是不难看出的。

三　民族主义类型

最近二十年来，学界对 20 世纪中国激烈的反传统主义进行了反思和批评。但鲜有人注意到，反传统主义很大程度上是政治性民族主义的一个结果；也鲜有人注意到，反传统主义的一个重要肇因，是政治民族主义与一种本应健康发展、却未能得到健康发展的文化民族主义之间的严重失衡。以下拟对民族主义作一个简单的类型描述与梳理，在此基础上对其在现代中国语境中的表现作一个讨论。

在类型或形态方面，并非不可以将民族主义辨析为一般意义上的民族主义、文化民族主义、政治民族主义、地方民族主义（或曰地方主义）、经济民族主义、语言民族主义甚至体育民族主义等类型。一般意义上的民族主义，指人们在信念、态度和情感方面对其所属的民族国家（nation-state）的忠诚，其他类型的民族主义可顾名思义。这里主要讨论政治民族主义和文化民族主义。

尽管民族主义的核心原则是政治性的或政治-法律性的，但并非不能将政治民族主义挑选出来，单独加以讨论。若要做一个比较，则政治民族主义指个人、团体在政治上对所属国家、民族的一种强烈——或许过于强烈——的认同（文化民族主义则侧重于在文化上对所属国家民族传统文化和基本价值观的认同），一种可能是超乎寻常的强烈认同。顾名思义，政治民族主义可能不那么在乎对本民族的文化认同，而非常在乎对本民族的政治认同，尤其在乎其政治经济现状及前景。故此，这种民族主义很可能会将所属国家、民族的政治经济维度与文化维度作一个切割，摆出一副彻底否弃传统民族文化的姿态，而对国家和民族的主权、独立和尊严以及对其在政治、经济、军事层面的兴衰起落给予最大程度的关注。事实上，对国家的政治忠诚与对民族文化的认同是可以分离的。明治维新时期的日本，五四时期以后的中国，以及第一次欧战后的土耳其，都表现出了这样一种倾向：一方面积极反抗西方的压迫和扩张，另一方面又在一定程度甚至很大程度上否定本民族的传统文化、制度（尽管日本和土耳其明显未到新文化—五四运动时期中国的激进程度），同时积极吸纳西方器物、制度，甚至重要理念。这种民族主义完全可以视为政治民族主义。

较之一般意义上的民族主义乃至政治民族主义，文化民族主义的内涵更为厚重，以至于称为"民族主义"是否合适，是一个问题。其所涉及的往往已不是民族国家之间，而可能是各主要文明之间的博弈和紧张。这种文明间的博弈和紧张不仅可能出现在主权国家之间，也可能出现在主权国家群之间，当然也可能出现在一个主权国家内的不同族群之间。由于这种民族主义的概念涵盖面非常广，对各别文化间不同甚或相互冲突的价值理念涉及很深，也因民族主义理念在其他意义上的广泛使用，迄今仍探讨得不够，也更可能引起争议。

也应注意，文化民族主义可与国籍脱钩，可与个人对国家、民族的政治认同脱钩。一个在成年时期才入美国籍的中国人在法律甚或政治的意义上或效忠美国，但因在青少年时期濡染于中国文化太深太久，故在其有生之年，不太可能完全否弃中国文化，而是很大程度上仍然认同并实践中国文化，甚至可能在一定程度上将这种认同和实践传给下一代。这意味着移民在文化认同上是精神分裂的，而这种认同对象的双重性又难免造成认同混乱。对于不断接受移民的西方社会，这甚至可能造成认同危机。从逻辑上讲，这最终将导致一个国家的既有文化、宗教乃至种族结构的改变。这就是为什么预言"文明大战"的美国政治学者塞缪尔·亨廷顿觉得，西方尤其是美国正在遭受种族构成方面的严重威胁，著文呼吁"加强西方的凝聚力""明确规定西方的界限""控制来自非西方社会的移民，并确保承认西方文化的移民融入西方文化。"从另一方面看，一个移民身上发生的政治认同与文化认同的分裂，也完全可能给该公民造成一种无根感，一种在精神上无家可归、飘泊游荡的感觉。

文化民族主义可能以一种非常扭曲的形态表现出来。不妨以晚清顽固派官僚为例。他们对传统中国文化的认同似乎是绝对的。在他们看来，"中国文化"永世不变，是不成长、不发展的，故而本能地将西方文明视为一个危险的他者，甚至将"洋夷"的铁路、机器、军舰和先进武器等统统斥为"奇技淫巧"，遑论西方制度和理念。这是一种夹杂着政治民族主义的极不健康的文化民族主义。后来张之洞又提出了"中体西用"的口号，表面看似乎要坚守中华文明的精神本体，实则是以此为掩护大力引进器物层面的西方要素。张之洞主要是个政治家而非思想家，但这个口号仍可视为文化民族主义的一个表征。

也许，当代新儒家更有资格被称为文化民族主义者。他们对传统文化基本理念的合法性有无比坚定的信仰，因此往往被视为文化民族主义者。然而现在看来，他们的信仰算不上纯粹。他们对西方式民主的认可几乎是无条件的，太简单化，缺乏探究、思考和批评，对科学也缺乏应有的反思与批判态度。甚至胡适这个一度鼓吹全盘西化的人，骨子眼里仍是个文化民族主义者。虽然他大力主张"西化"，呼吁全面引进西方文化，但其政治立场是相对温和的，而其传统考据功夫决非反传统主义者以和大多数传统文化维护者所能比；他一到国外便当仁不让，摇身一变，成为中国文化的捍卫者了。西方某些中国研究者如费正清、史华兹等喜欢用"文化主义"一词，很大程度就是指上述文化民族主义。

四　两种民族主义的冲突

不过，目前看来最具学理和现实意义的，还是现代中国"文化民族主义"与"政治民族主义"之间的紧张，尽管二者是你中有我，我中有你，彼此纠缠，难以区分。

近代之前的中国绝非一个欧洲式的民族国家，而是一个王朝政制下的巨大历史文化和政治共同体，一个以超大统一国家面貌出现的文明。当然，类似于近现代欧洲的民族国家，中国历史上也出现过，那就是春秋战国时期的诸侯国。但是，除了在基本文化理念或价值观层面大体上一致，这些国家不仅各自为政，相互征伐以争夺霸权，在习俗、语言、文字、度量衡以及诸多其他方面也并非一致。某种意义上讲，由于梁漱溟所谓中国文化的"早熟"或"理性早启"，[1] 早在秦汉时代，华夏社会就已演变成为一个巨大的统一

----

[1]　当然，梁漱溟所谓中国文化的"早熟"并不是对它的褒扬，而是对其所固有问题的诊断。参见梁漱溟：《中国文化要义》，上海：上海人民出版社，2011年，第 256、212—215、250—254 页。

国家了，而其精英阶层又"务明人事"，一心一意"修己安人"。这就必然把"对物的问题划出学问圈外，学问就专讲人事"。[1]有失也有得。精英们"务明人事"、一心一意"修己安人"有利于共同体的整合，而共同体整合最终又将带来政治统一、征战的停息和相对和平。考虑到西方历史上与之可比的"罗马治下的和平"（Pax Romana）转瞬即逝，考虑到波斯帝国、阿拉伯帝国、蒙古帝国等所实现的大范围和平的时间均十分短暂，中华共同体在历史上整合水平之高，政治统一及相应和平历时之长，质量之高，所覆盖地域之广，在人类历史上实乃独一无二。当然，和平也意味着包括地方差别在内的种种差异性之被削弱，华夏文明自此将从"早熟"演化至"滥熟"，其消极后果将逐渐显现。

当西方演变为一种以诸多颇具活力的近代民族国家——尽管民族主义也可能释放出巨大的破坏性力量——为特征的文明样式时，中国仍处在旧有文明样式中。把中华世界的人们凝聚在一起的，除了基本价值理念和文化认同外，主要就是很高程度的社会整合与政治统一。所以，至少对于历朝历代的士大夫（或还可包括大多数文人）来说，除基本价值理念和文化认同外，还有对皇帝或朝廷的政治认同。总体而言，一般百姓是缺乏士大夫式的政治认同的，否则很难解释鸦片战争期间，当清军与侵入珠江的英国军舰激战时，大量当地人充当吃瓜群众，躲在珠江沿岸丛林中隔岸观火。很多人不仅观赏英国人打自己同胞的大戏，还卖水、食物及其他补给品给英国人，少数人甚至当起了"带路党"，替英国人指路打中国人。用今日标准衡量，这是十足的叛国行为。可当时官员和普通百姓都不

---

[1] 梁漱溟：《中国文化要义》，第 212—215 页。

这么认为。既然现代国家观念依然缺位，"叛国"从何说起？甚至在 1900—1901 年义和团运动期间，北京本地人同样售卖补给品给八国联军，同样充当"带路党"（有照片为证）。

只是在此之后，精英们才逐渐认识到，不建立现代意义上的国家，不培养起民众的现代国家和民族自觉，不大力倡导现代民族主义意识，便不可能自强自立，便不可能成为一个真正的现代国家。这里，抗日战争的作用突显出来。中国现代民族主义正是藉抗日战争才迅速崛起的。正是在抗日战争期间，遍布于一千多万平方公里土地上的五六亿中国民众才最终树立起了现代民族和国家意识。回头看，晚清至 1937 年全面抗战爆发之前的中国历史，是王朝国家向现代民族国家转变，王朝意识向现代民族、国家意识转变，准民族主义向现代民族主义转变的历史。由于现代中国并不是一个欧洲式民族国家，而是一个包含了五十六个民族、有着巨量人口、广袤疆域的超大现代国家，如此深刻宏大的转变能够在如此短的时间内完成，实在是一个了不起的成就。在此过程中，从晚清到民初，努力学习西方的中国人经历了从器物到制度，从制度到文化理念的深刻转变。

但这种转变是有代价的。不仅"体"与"用"的内涵及相互关系发生了深刻变化，而且以文化而非种族、语言、地域为认同符号的"天下"最终竟沦落——至少形式上如此——到一个普通"民族国家"，如法国、比利时、荷兰、丹麦（这些国家的人口和疆域规模大致等于中国一个省）等的水平。换句话说，主要以文化或文明为认同对象的传统天下主义，最终被欧洲式狭隘的区域性、地方性民族主义所取代。基于超大国家、有着数千年历史的中国文明最终竟以一个区域性、地方性的"民族国家"的面貌出现于世界舞台。

无论如何，这意味着传统天下主义——严格讲，要坚持文化民族主义，就应坚守儒家式的天下主义——已让位于政治民族主义。为何会出现这种局面？甲午战争战败后，中国人终于认识到，要自强，要自立于现代民族之林，仅仅学习制造西方式坚船利炮是不可能取得成功的，非得引入包括西方式民族主义在内的种种现代理念不可。问题是，坚持天下主义的传统理念与这种政治民族主义不可能不发生冲突。或可以说，这种冲突就是"保教"与"保国"的冲突，本质上是文化民族主义与政治民族主义的冲突。由高贵的天下主义降格为小家子气的民族主义，实在是不得已而为之。

无论如何，文化民族主义给政治民族主义让路，是现代中国文明所面临的一个非常尴尬的处境。政治民族主义虽然否弃传统价值理念甚至全盘否定传统文化，却是一条最有可能在最短时间内实现富国强兵，赶超西方的道路。可从精神乃至实践层面看，政治民族主义的方略难免沦为一种灵魂的典当，即以牺牲传统文化尤其是其基本价值理念为代价来抵抗西方帝国主义，实现文明复兴。所谓"五四迷思"，很大程度上就指的是这种浮士德式心态。这种心态在思想上的反映，是偏激的全盘西化主张。全盘西化论的出台又意味着，现代中国在高扬政治民族主义以自强的同时，面临着一个如何学习西方文化这一根本问题——即如何在吸纳西方要素的同时守持自己的文化根性，培养自己的文化主体精神，同时在这两个任务之间保持适当的平衡。这个问题或可这样表述：在激进政治民族主义的全盘西化论与保守的文化本位论这两极之间如何拿捏，找到一个适当的度。这个度究竟在哪里？或者说如何拿捏好它？实际上，这是晚清以来中国人所一直面临的一个根本性课题，一个根本性的两难处境，一个迄今也不能说已得到解决的两难处境。很清楚，不大量吸纳西方文化要素，中国就不可能自强；而大量吸纳西方文化要素，中国人又可能或多或少丧失其文化同一性，丧失中国人之所以为中国人的基本特质。

很大程度上，中国的问题源于五四时期即已蔚然成势的全盘西化论。尽管有深刻的历史背景，甚至有某种"历史必然性"在发生作用，但今天已很清楚，全盘西化论是一种给政治民族主义提供理论支持的思想主张，一种情绪化的、有害的激进主义。尽管经历了大半个世纪的屈辱、困厄和挫折，中国人仍达成了这一共识，即整体性引入西方文化以取代中国文化，在理论和实践上都既不可取，也不可能。这是一种纯粹破坏的立场，一种文化上自虐、自戕、自杀的立场。回头看，五四运动的直接动因是抗议帝国主义列强企图让"战胜国"中国跟日本签订新的不平等条约，但并非不可以通过外交手段来挫败列强的企图。结果始料未及，爆发了全国性、群众性的政治运动，知识分子中全盘否定传统中国文化的思想倾向进一步加剧，主张全盘西化的激进主张大行其道。

从根本上说，激进主义的思想主张是文化主体性的崩解引发的，而文化主体性的崩解又导致对中西文明间关系的肤浅认识，其后果是一种一任情绪泛滥，只顾一时痛快，不顾长远利益的功利主义心态。五四以来的曲折历史表明，"打倒孔家店"、仁即"吃人"式的断语以及烧掉一切线装书式的口号等不仅没能使中国很快富强起来，反而加重了它的苦难。很明显，牺牲传统文化价值以自强的做法是一种得不偿失的权宜之计；激进的政治民族主义并不具有正当性，迟早是要被否弃的。实际上，这正是五四以来诸多灾难发生后，终于否极泰来，进行改革开放这一重大历史转向的根本原因。

客观讲，政治民族主义并非不可以否定中国传统文化，尤其是

"非本质"要素或"非本质连生物"意义上的传统文化,[1]毕竟特定历史时期有特定历史任务要完成。但是,这种否定终究得有一个限度,否则文明何以成其为文明,民族何以成其为民族,国家何以成其为国家?当然,经过几十年或上百年,当中国进一步发展成为第一强国后,尤其是当中国与西方之间的长期紧张终于趋于缓和,传统天下主义或可能在新时代、新条件下以某种新的形态再次登场。不排除这种可能性:新的天下主义将具有人类命运共同体这种全新面貌,从而将是对起源于欧洲的现代民族主义的否定和扬弃。果如是,则人类将向"四海一家""世界大同"[2]大大靠近一步。那将不仅是中华民族的幸事,更是全人类的幸事。

---

[1] 一个文明、一种文化或者宗教既有其"本质"或精神核心,也有其"非本质连生物"。参见阿诺德·汤因比:《一个历史学家的宗教观》,第286—307页。

[2] 参见《文明研究》系列卷四《四海一家:从地缘共同体到人类命运共同体》的相关讨论。

第三章　"封建"的尴尬

一　引言

　　五四以来，因受社会发展五阶段论思想的影响，我国思想文化界发生了一场至为激烈的反传统运动。在运动中，国人的文化主体精神遭受重创，传统中国文化被全盘否定，被视为"封建"——愚昧、落后、腐朽、甚至反动的同义词。我们认定，从秦朝到辛亥革命的中国一直是一个落后、愚昧和腐朽的封建社会。在几乎一个世纪中，我们条件反射般地给传统思想、制度、习俗等贴上"封建""封建迷信""封建思想""封建遗毒""封建礼教"等标签，将思想偏于保守、甚至不够"进步"者视为"封建文人""封建余孽"等。在很大程度上，这一切都是"封建"概念泛化的结果。近年来随着中国的崛起，传统文化的精髓成份已得到了重新肯定和尊重，但那种把传统文化一古脑打成"封建"等同于愚昧、落后、腐朽和反动的倾向，却因教科书里的固定表述而一如既往，似无淡出的迹象。在中国迅速走向世界、中国文化迅速复苏的大形势下，这不啻是继续否定、贬低、黑化传统中国文化，明显与时代精神相悖，对于加强文化自信、重建文化主体性的时代任务是不利的，应尽快加以改变。

二 传统语境中的封建

不妨先看看"封建"一词在传统中国语境中的含义。

对传统语境中"封建"（feudalism）一词作一个简单梳理，不难发现秦、汉、晋、唐以及宋以后都有各自的封建论，或者说都对"封""建"或"封建"这种与郡县制相对照的政治现象或制度进行过讨论。有论者认为，传统语境中的"封建"一词有广狭二义；狭义的"封建"指殷周政制，尤指西周时期盛行、尚无郡县制对照的"封土建侯"或"封土建国"的政制；广义的"封建"为狭义"封建"之延伸，指殷周至明清郡县制主导下的种种分封形式，内有"实封"和"虚封"之别，前者如西汉初、西晋、明初实封诸王，后者如秦朝"封爵而不授土、明永乐以后封爵授土而不临民"。宋元时代学者马端临在其代表作《文献通考》中，更将唐天宝以后的藩镇割据也纳入封建范畴。[1]

如果采用以上的描述或界定，将中国语境中的"封建"与西方和日本语境中"封建"作一个对比（详下），不难发现在秦汉以降两千多年历史上，总体而言中华主流政制并非封建制，而是中央集权、即朝廷或皇帝直辖地方的郡县制，准确地说，是官僚皇帝制。据西方学者新近研究，这种政制具有超前性、先进性乃至现代性，而西欧是晚至近代初期甚至 18 世纪以后，才开始实行类

---

[1] 参见冯天瑜：《"封建"考论》（第二版），武汉：武汉大学出版社，2007年，第 108—109 页。

似制度的。[1]本文认为,无论狭义还是广义的封建,都意味着世袭性地方政治势力与中央政府的结构性分权;不同时代分权程度和形式虽不尽相同,却都与官僚皇帝制的中央集权有本质区别。从官僚皇帝制或郡县制的角度看问题,周王室的主权相当有限。有论者认为,不仅郡县制(包括从封建制向郡县制过渡时期)下的行政官员是非世袭的,而且最高统治者与地方官员的血缘联系越来越少,至秦始皇统一后,其本人跟郡守、县令等地方行政长官已无血缘关系。[2]

事实上从西周初起,周王或周"天子"对诸侯就实行一种对土地为主的不动产进行分封的社会政治制度。武王克商成为霸主后,为屏卫王畿分封了诸多同姓诸侯;管蔡叛乱被平息后,受封的姬姓诸侯又增加了约五十来人。[3]此外还封了不少异姓诸侯。天子称同姓诸侯为"伯父""叔父",对异姓诸侯的称呼则是"伯舅""叔舅"。天子所属的姬姓诸侯与异姓诸侯之间存在着姻亲关系或其他密切的利益关系,大致可分为三类:一,前代帝王之后;二,功臣;三,本来就存在的部落。[4]异姓诸侯中有不少非直接分封者,也可分为三类:一本来存在,故封,如宋;二,本来存在,因鞭长莫及而封,如越、楚;三,命其自行开拓疆土并予以承认

---

[1] Francis Fukuyama(福山), *The Origins of Political Order*, New York, Farrar, Strauss and Giroux, 2011, p. 20; pp. 110 - 138. 20 世纪初我国开始流行的"封建"一词与日语中"封建"的含义虽有一定程度的重合,但中日之间有一个极重要的差异,即中国早在战国时代,狭义的封建制度便已终结,而日本晚至明治维新之前却仍在实行类似于欧洲中世纪的狭义上的封建制度。

[2] 管东贵:《从宗法封建制到皇帝郡县制的演变》,北京:中华书局,2010年,第 136 页。

[3] 瞿同祖:《中国封建社会》,上海:上海人民出版社,2005 年,第 32 页。

[4] 同上书,第 34 页。

者，如秦。[1]不难看出，西周封建社会除具有更明显的宗法性质外，跟欧洲学者所谓封建社会十分接近（详下），是一种层层分封的制度，由此形成了一种王室与封臣、封臣与其附庸或较低级封臣之间的世袭契约关系。

作为一种重大的国策或战略措施，周初出现的封建制度的根本目的，是要形成对周王室所在区域的屏障和保护，以长久维持周人对其他族群的统治。不仅周武王和周公进行了两次大规模分封，后来在西周中晚期，周王室又分封了为数不少的公侯。在这种宗法式封建制度中，周王室把宗亲子弟、功臣、姻亲以及其他利益关系密切者分封到王室所在地的周边，甚至分封至远离王畿之地，使他们在受封之地建立起诸侯国，从而发挥屏藩、拱卫王室的战略作用。分封制的具体内容是，王室将所封土地连同土地上的居民即庶民、奴隶分派给诸侯，受封诸侯则必须服从周王的命令，履行诸如此类的义务：为王室镇守疆土，王室有军事行动时出兵助王室作战，向王室交纳贡赋，助王室救灾，以及定期朝见周王述职等。[2]若"诸侯过分地渎职不法，或侮辱中央，天子有讨伐的权力"。[3]

然而从当时的青铜器铭文来看，"诸侯被授予的不仅是掌管政府的权力，而且也包括组织军事力量及在其领土内获取经济资源的首次权力。"[4]换句话说，一个地方封国可能并非太大，却因西周中央政权授予的种种关键性权力和职能而成为一个近乎独立的政治

---

[1] 瞿同祖：《中国封建社会》，上海：上海人民出版社 2005 年，第 37 页。

[2] 杨宽：《西周史》，上海：上海人民出版社 2008 年，第 577—580 页。

[3] 瞿同祖：《中国封建社会》，第 135 页。

[4] 李峰：《西周的政体：中国早期的官僚制度和国家》，北京：生活·读书·新知三联书店，2010 年，第 244 页。

体。事实上,"它拥有对所属领土区域内多样化分层人口实施民政、司法、财政以及军事权威的综合权力"。[1] 在此意义上,诸受封国在相当大程度上可以视为主权国家。这多少解释了为何即使"诸侯过分渎职不法,或侮辱中央",迫使天子对其进行讨伐,甚至在名义上"除其国",将其土地收回之事却不曾见诸史籍。[2]

西周封建制度也被视为"宗法分封制",即,一种基于"嫡庶"之分的继承制度。[3] 由于分封制与嫡庶宗法制紧密结合,形成了以周王为首的严密等级制度以及周王与诸侯、诸侯与卿大夫等的上下从属关系。这种制度其实是一种贵族等级制,与西方中世纪贵族等级制度相似(详下)。这意味着,"封土建国"是中国与西方所共有的"封建"。然及至春秋战国时期,华夏世界"礼崩乐坏",经历了剧烈的经济、政治与社会变革,诸侯之间发生了激烈的兼并战争;与此同时,周王室日趋式微,逐渐沦落为一个被诸侯欺负的小国,最后干脆被灭国,周初式分封制不再是主流。这就是为什么宗教社会学家马克斯·韦伯及其他很多西方学者都认为,封建制在秦汉时代便已被"全面废除";而"分封制(subinfeudation)废止后,俸禄制度则与取而代之的官僚行政相适应";"在秦朝统治时期,就已制定出俸禄的固定等级,汉朝以秦朝为榜样,将俸禄分为授钱和授米等十六个等级。这意味着封建主义的全面废除"。[4] 按这种观

---

[1] 李峰:《西周的政体:中国早期的官僚制度和国家》,北京:生活·读书·新知三联书店,2010 年,第 244 页。
[2] 瞿同祖:《中国封建社会》,第 135 页。
[3] 同上书,第 90—99 页。
[4] 马克斯·韦伯:《儒教与道教》(洪天富译),南京:江苏人民出版社,2003 年,第 46—47 页。关于汉承秦制,韦伯在另一处又如是说:"并非所有制度都被汉朝保留下来,然而最为重要的是封建制度被废除了,一个凭个人功绩而获官职的政权建立了起来。"韦伯:《儒教与道教》,第 58 页。

点，秦汉以后的政治形态是一种基于"俸禄制"的"家产制国家"
或"官僚制国家"之政治形态。[1] 这是一种大一统官僚皇帝制。
在此制度下，服制统一，度量衡统一，马车规格和车轨宽窄统一，
所有重大政令皆出自朝廷，所有官员皆由朝廷委任，或者说为朝廷
任命的行政人员，随时可以被朝廷撤换。[2] 显然，这与诸侯拥有
世袭政治经济特权，与朝廷形成分权之势乃至成为几乎完全独立的
地方君主，有本质的不同。

三　西方学者的封建观

再看看西方学者对封建主义或封建社会的描述。

首先需注意的是，西方马克思主义学者认为，西欧封建制遗产
对现代资本主义的发展做出了极重要的贡献。佩里·安德森和美国
老一代世界体系论者伊曼纽尔·沃勒斯坦都持这种观点。沃勒斯坦
认为，正是封建主义刺激了环大西洋的地理发现，从而使"资本主义
世界经济体系"的最终形成成为可能；也正由于封建社会非中央集权
或权力分散的性质，封建主义并没有对 15 世纪以后西欧劳动力和资
本的大规模流动设置官僚政治障碍，这对于现代资本主义生产方式的
顺利成长，是极为有利的。安德森认为，西欧中世纪的封建社会结构
不仅带有古希腊罗马时代遗留下来的资本主义生产关系的种子，也由
于主权分散之特点，使西欧自然形成了诸多现代民族国家，[3]而这

---

[1] 韦伯：《儒教与道教》，第 43—77 页。
[2] 瞿同祖：《中国封建社会》，第 166 页。
[3] 丹尼斯·史密斯：《《历史社会学的兴起》（周辉荣等译、刘北成校），上
海：上海人民出版社，2000 年，第 136 页。

种国家形式几乎就是现代资本主义的孪生兄弟。事实上，不仅现代资本主义在封建社会解体过程中确立了其自身地位，现代民族国家也是在封建制度解体中逐步形成的。在西欧封建主义向现代资本主义的过渡中，先前被束缚于土地的农奴转变成为自由雇佣工人或小资产阶级即"市民"，再后来更转变成现代产业工人或资本家。不仅如此，从西欧历史看，先前那种个人对领主或国王的效忠，也相对容易转变为现代式个人对民族君主国或现代民族国家的效忠。

也需注意，近代之前的西欧盛行长子继承制。从资本主义发展的视角来考察此现象，长子继承制显然更有利于资本原始积累。由于实行长子继承制，次子、三子等如若不愿或不能依附于长子，就得另谋生计，甚至离乡背井赴远方冒险犯难，侵略殖民。这必然产生相应社会政治影响。事实上，在西欧中世纪晚期，长子以下诸子在社会上的自由流动带来了这些结果：为各行业的发展提供了劳动力，使既有人口不至于长期被束缚于土地，至近代初期还为西班牙、葡萄牙、荷兰、英国、法国（甚至德国、意大利）等的殖民扩张提供了人力，为18世纪中叶以降工业化提供了一支庞大的雇佣劳动者队伍。

而与长子继承制相对的诸子继承制更容易产生使家族财富分散的后果，这显然是不利于资本原始积累的。在20世纪之前两千多年里，中国盛行的恰恰是诸子继承制。在战国时代，一度流行过的长子继承制便已被废除。在激烈的"国际"竞争中，七大国统治者为了求生存求发展，纷纷采取措施扩大税源以增加国家收入，实行诸子继承制便是扩大税源的重要措施。这里逻辑是，一个大家族若细分为多个核心家庭，纳税单位数量就会增加；相比之下，继续让长子继承家族的主要财产，维持一个非核心大家庭甚至超大家庭，就不可能达到这一目的。于是诸子继承制逐渐占据了上风。这种制度对于维系一个超大官僚制帝国是有利的，但及至近现代，却增大了工业化所必需的资本积累的难度。相比之下，长子继承制在资本积累方面却能带来一种额外优势。[1]

那么封建主义、封建社会究竟有何特征？要回答这个问题，不得不提到相关研究的开创者马克·布洛赫。在其大部头《封建社会》发表以前，"封建"并不是学术界的一个热门研究对象。布洛赫对法国、德意志、意大利、英国、挪威等地中世纪的相关制度做了全面描述和分析，但并未对封建社会下一个简明的界定。虽然如此，他首次提出被称之为"封建"的社会是一种独特的社会形态，认为在中世纪西欧，土地关系上的受封者有依照契约向领土提供军事及其他服役的义务；封建社会意味着一个无所不在、自上而下的"依附网络"；各地主权远非统一，而是分散掌握在众多"小王子"手中。[2]自《封建社会》发表以来，这个欧洲人发的概念既不断被质疑，又不断被推广使用，同时相关研究也有取得了很大进展。在中国，其所产生的影响远非局限于学术，而是大大扩展到了政治、社会和文化领域。

荷兰中世纪史专家 F. L. 甘绍夫认为：

---

[1] 在近现代中国，很大程度由于诸子继承制的缘故，民间资本积累速度相对较慢，也相对有限，在这种国情下，只有国家才能更充分和有效地集中、积累工业化和现代化所需之资本。洋务运动中兴办造船厂和机械厂，再后来兴办兵工厂，都是国家出资搞起来的。民国时期稍稍大型一点的企业，也是政府出资兴建的。

[2] Marc Bloch, *The Feudal Society* (two volumes, translated from the French by L. A. Manyon), London: Routledge, 1961, published in the Taylor & Francis e-Library, 2004, Vol. II, p. ix; Vol. I, p. xiv.

封建主义的显著特征可总结如下：社会中个人依赖关系这一因素发展至极致，以专业化的军人阶级占居社会层级的高位；不动产权被层层分封至极致；不动产权的这种分封所导致并在某种宽泛意义上与个人依赖关系相联系的层级现象相呼应的土地分封；将政治权威分散到不同层级的人们当中，他们按自己的利益行使通常属于国家、且事实上往往来源于国家崩溃的权力。[1]

美国普林斯顿大学历史学教授约瑟夫·R. 斯特莱耶尔对"封建""封建主义"做了这种描述：

政治权威的分裂、公共权力为私人所掌握，以及这么一种军事体系制，其中武装力量的核心部分是通过私人契约获得的。封建主义是一种政治统治方式，一种获得维系这种政治统治方式所需要的权力的方式。[2]

英国牛津大学欧洲中世纪史专家莫里斯·基恩这样界定西欧封建社会：

将这个社会凝聚起来的，不是一种对于共同福祉的责任感，而是单独的个人向单独的领主的私人间宣誓效忠……先前

[1] Francois-Lois Ganshof, *Feudalism* (Tr. Philip Grierson), New York: Harper and Row, 1964, p. xv.

[2] Joseph R. Strayer, *Feudalism*, Princeton: D. Van Nostrand, 1965, pp. 12 - 13.

几个世纪的社会混乱所导致的国家权威的某种"碎裂"。对普通自由人来说，对他很重要的政府已不再是某个遥远国王的政府，而是地方上某个有权势的领主的政府。在其紧凑的庄园或采邑上，该领主供养着其封臣。这些封臣是武士，受誓言约束而对他效忠。他的城堡控制着四周道路。他的法庭尽可能为其臣民提供正义……这样一个封建小国的力量主要取决于三个条件：领主的财富，他的城堡，以及他将自己的领导加于封臣的能力，而这种能力又能达到使封臣的效忠成为一种有意义的关系的程度。有了这些条件，即使一个地方领主是封臣，甚至可能是封臣的封臣，他也能成为一个实际统治者。[1]

具有人类学背景、专攻封建社会研究的美国历史学者勒什顿·科尔本的描述可能最精当而全面：

封建主义主要是一种政治统治方式，而非一种经济或社会制度，尽管它显然既改变了其所在的社会的经济氛围，也为这种氛围所改变。封建主义是这么一种政治统治方式，其最重要的关系不是统治者与臣民的关系，也不是国家与公民的关系，而是领主与封臣的关系。这意味着，政治统治职能的执行依赖于人数有限的人们之间的个人契约，也意味着政治权威被当作私人财产来看待……领主与封臣的契约之重点通常更在于军事服役，有些封臣除了作为技艺高强的武士以外，便没有其他义

---

[1] Maurice Keen, *The Pelican History of Medieval Europe*, London, 1992, p. 57; pp. 103 - 4.

务……封建主义离开了领主-封臣集团，对军事权力的垄断或近乎垄断几乎不可能存在。[1]

专攻欧洲古典时代向封建社会过渡研究的英国马克思主义学者珀里·安德森对"封建主义"作了如下界定：

一种土地和自然经济支配的生产方式。在此生产方式中，劳动和劳动产品均不是商品。作为直接生产者，农民被一种特定的社会关系结合于生产手段——土地。这种关系的确切内涵是由农奴制的法律定义提供的——glebae adscripti 或束缚于土地：农奴的流动性受法律限制。耕种土地的农民不是土地的拥有者……农民受领主司法权的管辖。与此同时，一个领主通常只在某种程度上享有财产权利：一个（或不止一个）级别更高的贵族赋予他这些权利，他则需向该贵族提供军事服役。[2]

以上种种描述或界定有侧重点和措词上的差异，但共同点很明显：大多并不带意识形态倾向，而具有较为明显的技术性或实证研究色彩；都产生于西欧的历史情境，大体上只对西欧的社会历史现象作了描述和概括。除马克思主义者安德森更为强调封建生产方式的性质以及封建关系的法律含义外，相关论说大多假定，封建主义

---

[1] Rushton Coulborn, *Feudalism in History*, Princeton: Princeton University Press, 1956, pp. 4 – 5; Marc Bloch, *Feudal Society* (tr. from the French by L. A. Manyon), Chicago: University of Chicago Press, 1974, 2 volumes, vol. I, pp. 145 – 62; pp. 176 – 89; pp. 211 – 230.

[2] Perry Anderson, *Passages from Antiquity to Feudalism*, London: New Left Books, 1974, p. 147.

更多是一个政治学概念，而非一个经济学或社会学概念；大多认为主权的"分裂"，包括土地在内的不动产的层层分封，以及由此形成的各层级封臣对领主的个人效忠，是封建主义的一个最本质特征，受封者向领主提供军事服役也是封建主义的一个重要特征。

值得注意的是，非马克思主义学者甘绍夫、科尔本、斯特莱耶尔和基恩都不认为，封建主义是人类社会发展所必经的一个历史阶段，而认为这种制度很大程度上是一种具有偶然性的历史现象。科尔本、甘绍夫、安德森都继承 18 世纪英国史学家爱德华·吉本的观点，认为封建主义紧接"旧帝国"解体或"大灾难"之后发生，也就是说，封建制是"普遍国家"或帝国解体的产物，如欧洲封建制是罗马帝国这一"普遍国家"崩溃后兴起的，西周中国封建制是在周之"普遍国家"权威不再、号令不行的情况下发生的，[1] 虽然这种观察并非准确。

相比之下，马克思主义者安德森的"封建"观有一个突出特点，即对土地关系及所带来的阶级压迫的强调。他注意到，封建土地关系被忽略的一个极重要的方面，即土地耕种者不仅不拥有土地，而且在法律上被束缚于土地，既不能离开也不能出卖土地。这意味着他们是农奴，不享有充分的人身自由；或者说，领主虽不能像买卖奴隶那样将他们随意处置，他们也不可以离开土地，而是随土地易手而易手，即固着于土地。从欧洲各地封建社会的具体情况来看，土地耕种者不仅被法律束缚于土地，而且与领主是人身依附关系。事实上，在亚欧大陆很多地方——中世纪的西欧，明治之前的日本，1860 年代之前的俄国，以及在被学术界忽视的中国西

---

[1] Coulborn, *Feudalism in History*, pp. 236-53.

藏——这是一种相当普遍的历史现象。

由于采用了一种非常严格的"封建"定义，科尔本认为，充分意义上的封建主义，即领主拥有独立政治权力并自主执行大多数政治职能这种社会形态，[1] 只存在于前现代西欧和日本。按照这种定义，周时代华夏以及汉摩拉比之后约五六百年间的两河流域社会只能视为一种不完全的封建社会；周时代华夏世界拥有封建制度的所有要素，唯独不存在封臣对领主的臣属关系。在科尔本看来，这恰恰是最重要的一种封建关系。在利比亚法老实施统治前夕的古埃及，以及伊斯兰势力侵入之前武士种姓统治的北印度诸邦国，虽有迹象显示这两个地区正在向封建社会的方向演化，但外族入侵打断或改变了这一进程。[2]

不难看出，科尔本对中国历史细部的认知并非准确。他所谓臣属关系的缺失可能指西欧中世纪那种国王与领主、领主与扈从之间的个人主从关系的缺失。可是据相关研究，至少在西周时期，华夏世界的封臣对领主的臣属关系是确然存在的：经由"策命礼"，"周王对其臣属赏赐种种恩命，一次又一次肯定了主从的关系。"[3] 在这种观察中，西周时期周王与诸侯以及诸侯与卿大夫之间的关

---

[1] Coulborn, *Feudalism in History*, p. 16.

[2] 同上书，p. 185.

[3] 参见许倬云：《西周史》，北京：生活·读书·新知三联书店，1994年，第165页。关于西周封建与西欧封建的区别，许氏说："西周分封，以姬姜为主，其中已有血亲与婚姻的韧带，休戚相关，其来有自。天子与诸侯，诸侯与臣属，并不是新发展的投靠与依附。反之，西欧中古历史，异族一波一波的侵入，旧人与新人之间，及新来的异族彼此之间，原无君臣血亲姻娅诸种纠葛。在无秩序中，澄清混沌，建立新秩序，主从之间的权利与义务必须明白规定，也必须在神前立誓许愿，以保证彼此信守不渝……当然，西周封建社会也有确立个人间主从关系的制度，是即委质为臣的约束。因此，西周的封建制度，一方面有个人的承诺与约定，另一方面又有血族姻亲关系加强其固定性。"许倬云：《西周史》，第17页。

系，很明显是一种领主与封臣的主从关系。这就是为什么本文认为，西周封建制与西欧中世纪封建制有很大程度的相似。

四 其他形态的封建主义

除上述传统（尤其是西周时期）中国与中世纪西欧的封建制度以外，明治维新之前幕府时期（1192 年至 1867 年）的日本，实行的是一种类似于中国西周式狭义封建制的政制，即幕藩制。在这种制度下，不仅天皇形同虚设，而且最高权力也仅仅在表面上归最高领主即幕府将军所有。作为全国武士名义上的首领，幕府将军直接领有的土地大约占全国土地的四分之一，其余的土地由大名领有，称为"藩"。幕藩领主以下，是数量可观的军事随从即武士；武士以下则是广大农奴。虽然理论上讲，幕府将军对低一级领主大名的封地拥有支配权，实际上，后者势力极大，形同独立王国，这从其领地被叫作"藩国"可见一斑。

因此，明治之前的日本虽形式上为中央集权，实质上却在极大程度上是封建割据。及至 18 世纪末 19 世纪初，由于商品经济发展带来的权力关系变动，幕藩体制危机重重，财政困窘，再加农民起义频频，幕府被迫改革变法，但收效甚微。"黑船"叩关，日本开国后，民族危机日益深重，幕府却软弱无能，进一步加剧了封建制度的危机。萨摩、长州等强藩实行兴业殖民及抵御外敌的政策，与此同时农民起义此起彼伏，最后终于爆发了倒幕运动。一八六七年十二月，以西南强藩为首的倒幕派发动了"尊王攘夷""王政复古"的运动，迫使幕府还政于天皇，日本始进入君主立宪的明治时代。明治政府致力于中央集权，强力推行"废藩置县"与"四民平等"

等反封建政策,秦汉式即现代性的"郡县"制很快得以确立,封建制走向终结。[1]

日本封建制还有另一个方面值得注意,即像中世纪西欧一样,明治之前的日本也实行长子继承制。这显然有利于家族资源的集中而非分散,本家可凭借自身地位和经济实力,利用这种制度和家族观念来团结、管理乃至整合各家族分枝,从而进行更为有效的资本积累,开展家族性甚至更大规模的资本主义经济活动。三井、三菱、住友、安田等大财团均以家族经营的形式取得了成功,在日本现代资本主义发展史上扮演了一个极其重要的角色。

同样值得注意的,是 1950 年代中期以前中国西藏的社会形态。这种社会形态很接近科尔本意义上的封建主义;领主与臣属、领主与农奴的关系,较低层级领主与较高层级领主的关系,以及农奴对领主完全的人身依附关系等,都明显与西欧式封建制有契合之处。中国学者刘忠认为:"西藏的封建经济与西欧主要国家的中世纪经济同属一个类型,即领主庄园制类型,而与国内广大地区的地主经济类型不同。"如前所述,封建制的层层分封必然造成政治权威分裂,而这又必然导致西藏土地权或强或弱地上下移动。关于这一点,刘忠说:

这种地权或强或弱的上下移动,也正是封建时代土地所有权与资本所有权不同的一个特点。它的具体表现为:有时是最高所有权较强,有时是较高一级的领主占有权较强,甚至有时是最低一级的领主占有权较强。反之,它们中的某一级在某一

---

[1] 参见冯天瑜:《"封建"考论》(第二版),第 124—127 页。

时期又可能表现较弱。它们不是平稳的、始终如一、毫不变动的。可以说，这几乎是各国中世纪史中到处可见的现象，是封建时代地权变化的一个共同规律和带有普遍性的特征。[1]

这里所用的"封建"概念，与大半个世纪以来官方话语乃至日常语言中的"封建"概念明显不同，而与西方学者严格人类学、社会学意义上的"封建"概念大体相同[2]（或可以说西欧、日本或许正因为经历过较为"纯粹"的封建社会而顺利开出或移植了现代资本主义，故与社会发展阶段论相契合）。相比之下，在1950年代前的西藏，封建主义虽已有八九百年历史，却并不存在现代资本主义兴起和发展的其他条件，如活跃的金融资本、长期积累且不断丰富的科技知识、海外市场的开拓、较大的人口规模和经济规模等，所以并未出现任何资本主义迹象，即使有老牌资本主义国家英国的渗透和影响也如此。

此外，据科尔本，拜占庭帝国苏丹对私人军事力量的依赖似乎符合封建社会的一个基本特征，但私人军事力量的首领却从未成为皇帝的封臣，而这种主从关系恰恰是封建主义最本质的关系之一。[3]同样据科尔本，15世纪后期，莫斯科公国兴起了一种基于土地持有的军事或行政服务制度，即以土地持有权作为给提供军事

[1]刘忠：《试论西藏领主占有制的形成与演变》，见吴从众编：《西藏封建农奴制研究论文选》（原载《中国史研究》1986年第3期），中国藏学出版社，1991年，第2页。

[2]同上书，第1—27页。需注意的是，科尔本在研究和比较各文明历史上封建主义的专著中并未提及西藏。但即便西藏经历过更为"纯粹"的封建社会，也不能加强阶段论牵强的历史发展模式论。

[3]Coulborn, *Feudalism in History*, p.260.

或行政服务者的酬劳，但封臣对领主的臣属关系这一极重要的封建指标并不存在；提供军事或行政服务并以此取得土地持有权的人不必对莫斯科大公（现在开始自称沙皇）个人效忠，其与大公的关系更像是公务员与政府的关系。[1] 至于世界其他地区，封建制或封建主义得以产生的末日浩劫迹象直至 15 至 16 世纪仍未出现。总之，照科尔本的严格定义，封建主义是中世纪西欧和明治前日本所特有的现象。[2]

五 "封建"在现代中国的含义

甲午战争以后至五四时期，一方面民族生存危机不断加重，另一方面知识分子在救亡图存的运动中视野得到了迅速扩展，毅然摈弃了传统中国中心主义，本能地采取了一种多元主义的文明观（这从梁启超、严复等人的相关言论，甚至梁漱溟成名作《东西方文化及其哲学》的书名可见一斑）。在这种情况下，某些学者采用中国本有的封建概念是很自然的事。与此同时，另一些知识分子接受了马克思主义（准确地说，苏联式马克思主义）的历史观，得出了一种截然不同的封建观。在他们看来，要用新的眼光对中国社会的性质及演化发展历程做出适当评价，其中最关键的任务是对中国社会作一种全新的认知或定位，厘清其与西方以及其他主要社会或文明的相似和不同。这意味着对整个中国历史进行一种基于唯物主义社会史观的分期，同时对中国社会形态作相应的分类或定性。这就开

---

[1] Coulborn, *Feudalism in History*，p. 360。
[2] 同上书，p. 185。

启了"中国社会史论战"。

论战中的一方主张中国封建社会始于西周，至春秋战国之交结束。主张此说者主要有胡适、钱穆、瞿同祖、翦伯赞、徐中舒、杨向奎、范文澜、王亚南、吕振羽等，其中后三者是公认的马克思主义史学家。值得注意的是，国民党左翼学者陶希圣、梅思平、梁园东等也认为，西周时期存在过"封土建国"之制，但及至春秋战国之交，最迟至秦始皇统一六国，因废封建置郡县已演变为郡县制；也就是说，秦汉以后由于士人阶级的勃兴、郡县制的确立，中国已由封建主义进入官僚政治时期，自此，社会政治的主角已由贵族阶级变为士大夫阶级。[1] 梁启超、严复、孙中山虽未发表系统性论述，但由于受传统学术话语的影响而持相似立场，也是西周封建论者。持这种观点的思想家或学者都在"封土建国"的意义上使用"封建"一词，认为中国封建社会早在两千五六百年前的春秋战国之交便已经解体，同时还十分重视采邑或封土、领主经济、人身依附等典型的封建要素。这种认知不仅符合传统话语中"封建"一词的含义，也与主要西方学者对 feudalism 的理解密切对应。

但中国社会史论战还有另外一方，即，以陈独秀为首的激进派左翼学者。他们从一种全新的视角理解封建主义现象，而这种认知既不见于传统典籍，也不同于同一时期西方主流观点。在论战中，意见领袖陈独秀以"封建"一词指称商周以下全部中国历史，被认为是泛化封建说的肇始。一九一五年九月十五日，陈氏在《青年杂志》上发表《敬告青年》一文，决绝地把当时中国社会种种陈腐落

---

[1] 陶希圣：《中国社会之史的分析》，新生命书局，1929 年，第 59 页、第 258 页，转引自冯天瑜：《"封建"考论》（第二版），第 296 页。

后现象统统归罪于"封建制度之遗"。同年十月十五日，陈独秀又发表了另一篇文字，再次将"封建时代"当作"君主专制时代"的同义语使用，认定正是"封建制度之遗"，使得"中国人与白种人相比，思想落后千年"。[1]一九一六年十二月一日，陈氏在《新青年》发表《孔子之道与现代生活》一文，非常明确地将孔子所处之时代及其社会政治思想统目为"封建"。他这样写道：

> 孔子生长于封建时代，所提倡之道德，封建时代之道德也；所垂示之礼教，即生活状态，封建时代之礼教、封建时代之生活状态也；所主张之政治，封建时代之政治也。[2]

在救亡压倒一切的知识氛围中，这种明显有着宁左毋右倾向的激进言论引起了共鸣，起到了定调的作用，再加上获得此时正如火如荼的社会发展阶段论的加持以及毛泽东等政治人士的跟进，既有的主流封建概念被迅速泛化。最终，郭沫若等人正式提出战国封建论，将中国封建社会的起始定在春秋末战国初，甚至给了一个确切的年份，即公元前 475 年。[3]最大的悖论正是在此：西周封建论者认为，这个时间点恰恰是中国封建社会结束之时。在 1949 年之后，陈独秀式的封建观取得了压倒性胜利，郭沫若的战国封建论最后甚至被写入教科书，至今未改。

---

[1] 转引自冯天瑜：《五四时期陈独秀"反封建"命题评析》，武汉大学中国传统文化研究中心网站，下载时间 2023 年 1 月 18 日。

[2] 陈独秀等：《〈新青年〉：民主与科学的呼唤》（王中江、苑淑娅选编），郑州：中州古籍出版社，1999 年，第 144 页。

[3] 郭沫若：《中国古代史的分期问题》，载《红旗》杂志 1972 年第 7 期。

可是在战国封建论成为主流论述之前，在相关社会史论战中，关于中国究竟何时进入封建社会，大致有八种说法：一，"西周封建"（按：此处的西周"封建"指起始于西周的封建，不同于前文所讨论的西周封建论；前述一大批学者，包括王亚南、范文澜等马克思主义历史学家，认为中国封建开始于西周，但及至春秋战国之交已结束）；二，"春秋封建"；三，"战国封建"；四，"秦统一后封建"；五，"西汉封建"；六，"东汉封建"；七，"魏晋封建"，以及八，"东晋封建"。[1] 那么中国封建社会是何时结束的呢？大家在这一问题上的看法相当一致：鸦片战争以后，在西方全面冲击下中国封建社会开始解体。这大致可以算是其终结之时，也是所谓"半封建、半殖民地"提法的由来。那么，在教科书的话语中，"封建"或"封建主义""封建社会"究竟指什么？有关"封建主义""封建社会"的论辩进行了若干年以后，最终得出以下四点：一，自给自足的自然经济占主导地位；二，统治阶级即地主、贵族、皇帝拥有大部分土地，而农民只有很少土地，或完全不拥有土地；三，地主、贵族、皇室及所控制的国家依靠农民的地租、贡税和劳役生活和运转；四，保护这种剥削制度的是地主阶级的国家机器。[2]

这些分期法看似五花八门，差异相当大，却并无本质区别，都是教条主义地运用从西方搬来社会发展阶段论来附会中国实际，大体上都是基于阶级斗争论提出来的。这些分期法的一个最大共同点，是疏于对"封建"概念作一个形态学式的描述及界定，尤其是

---

　　[1] 何怀宏：《世袭社会的解体：中国历史上的春秋时代》，北京：生活·读书·新知三联书店，1996年，第42页。
　　[2] 同上书，第46页。

疏于在充分对比研究其他文明中类似现象的基础上作一种形态学式的描述和界定。事实上，上述八种封建社会分期说都认定，历史上的中国封建社会是一个极其漫长的时期：取上限，亦即西周封建说，长达三千年左右；取下限，即东晋封建说，也延续了大约一千五百年。若能采取一种更为严格、较少受时代风潮干扰的形态学式的界定，不难发现，中国封建社会只存在于一个较短的时期，即从公元前 11 世纪中叶西周初年至前 5 世纪上半叶即春秋末期这六百来年，而非像左翼知识人所认定的那样，从历史上某个时刻如春秋战国之交一直持续到西方人用大炮轰开中国国门后方告终结。

另需注意的是，在旷日持久的社会史论战中，激进的左翼思想界持这一基本理念：人类历史被一种客观必然性所支配，线性、单方向、不可逆转地由低级向高级演进——从原始社会、奴隶社会、封建社会到资本主义社会、社会主义社会的演进。此即社会发展五阶段论，被激进的左翼知识人视为一种超越各别文明具体情境，放之四海而皆准的科学规律。既然当时中国仅处于资本主义的门槛，既然中国不发展资本主义，民族生存危机便将继续，那么最紧迫的任务便是论证发展资本主义的历史必然性。这意味着，中国社会必须上接一个封建社会。可是在左翼知识人那里，前现代中国存在封建主义与否并不是问题。与已然现代化了的欧美和日本相比，中国落后这一事实本身就不说明，中国社会还没能进入资本主义阶段？既然如此，至少晚至鸦片战争时代，中国仍处于封建社会阶段；进入 20 世纪后，由于西方资本主义对传统社会形态的强烈冲击，中国沦为一个"半封建"社会。至于中国的封建是何种意义上的封建，是西周式的封建抑或阶段论发源地西欧式的封建，并非知识分子的兴奋点。问题只是：急需发展资本主义的中国，其封建社会始于何时？中国的封建社会有何特点？如何对中国历史进行分期？既然按照社会发展五阶段论资本主义只能紧接封建主义而出现，而当时中国已经是一个即将跨入资本主义门槛的"半封建"社会（此时民族资本主义正方兴未艾，"洋务运动"更是早在半个多世纪以前便已展开），那么封建社会怎么可能在三千年之前兴起和终结呢？

阶段论成为知识界的主流论述后，其真理性长期以来不容置疑，一切论争都必须以之为前提或纳入其框架之内进行。这就难免产生一个严重后果："封建"概念不仅被泛化，甚至成为中华传统文化的专有形容词，"封建专制"被用来贬义地指称传统社会、政治、习俗的方方面面乃至一切专制、愚昧和"落后"现象。问题是，中华人民共和国建国至今已有七十年，改革开放至今也已有四十几年，这期间，形势发生了根本性变化，中国已重新崛起，成为首屈一指的全球大国。与此同时，国人对传统文化的认知也发生了重大变化，越来越多的知识分子乃至普通民众已意识到，中国传统文化不仅并未阻碍四个现代化的实现，反而是有助于实现现代化的积极因素。仅举一例说明：放眼整个人类文明史，其他任何一个文明都不像中华文明那样高度注重教育，而国际学界的一个共识是，正是注重教育这一优良传统使中国得以从低落中相对迅速地复苏，重新回归其在历史上大多数时候所拥有的崇高地位。因此，重新肯定传统文化，从中发掘出一切有助于使中国文明复兴、繁荣进而引领世界的要素，已成为学术界、文化界、商界、政界的共识。尽管学界中很多人近年来已觉察到"封建"一词不妥，且尽量避免使用，但在其他领域如中小学教育、媒体等领域，情况并非如此。

六 "封建"一词带来的尴尬

国内外学术界的一个共识是，明治之前的日本是唯一一个存在过西欧式封建制的非西方社会。国内外大多数学者都认为，中国社会从西周初年至春秋后期存在过与西欧封建制度类似的社会制度。而在信奉社会发展阶段论的泛化封建论者眼中，既然鸦片战争后的中国处于资本主义的门槛，那么鸦片战争之前的中国只可能是封建社会，不存在其他可能性。问题是，日本和中国经历过西欧意义上的奴隶制度吗？[1] 在主要疆域范围为地中海世界的古希腊罗马社会即所谓"古典社会"，奴隶制作为一种重要的社会经济形态或制度，支撑着持续了一千三百年左右的"古典文明"。在方方面面，这个社会与后起的西欧中世纪封建社会有着如此深刻的差异，其基本价值理念与中世纪封建社会主流价值理念之间存在着如此深刻的断裂，以至于学术界不得不使用完全不同的术语来指称后来兴起的那个文明，即"欧洲文明"（殖民大扩张完成后至 20 世纪又被称之为"西方文明"），而将之前主要活跃于地中海世界的那个更古老的文明称之为"希腊罗马文明"或"古典文明"。[2]

事实上，作为阶段论意义上的一个重要历史时期，从欧洲历史

---

[1] 与此相关的是，在伊斯兰教兴起后的阿拉伯世界和 16 至 19 世纪的南北美洲，奴隶制对社会经济具有结构上的重要性。这其实也削弱了阶段论的普遍意义。

[2] 需要注意的是，阶段论的核心理念即在经济社会发展的内在必然性驱动下，人类历史从低级直线演进到高级的状态，也可以视为犹太教千禧年主义的一个翻版。考虑到犹太思想传统与西方思维的深度纠葛，可以说后者就是与西方思维水乳交融的一部分，也很难祛除阶段论的西方中心论嫌疑。

中概括出来的封建主义在世界上大多数地区要么未能充分发展，要么连萌芽阶段也未能达到，可现代资本主义却不顾区域之间巨大的经济社会差异，在西欧封建社会末期率先登上历史舞台，并伴随西欧殖民势力的扩张而扩张，最终在 18 世纪末 19 世纪上半叶将并未经历过封建社会的其他文明区域（日本是例外）强行拽入其庞大体系。如果说其他文明区域在尚未经历封建主义之前（遑论中国这一特例——它早在两千五百来年前即已结束了封建社会阶段）资本主义便已全面展开，即便这是一种外源性的资本主义，那么阶段论所声称的普适性和必然性就很难成立。[1]

若采用一种稍稍严格一点的定义，则自秦汉起至 19 世纪下半叶，中国总体而言并不存在公认的封建现象，即土地的层层分封及所导致的政治权力分散，封臣对领主的个人效忠，封臣按私人契约向领主提供军事服役，以及农民被法律束缚于土地。如前所述，这一时期的中国总体上是一个建立在俸禄制基础上的郡县制国家，分

---

[1] 当然，西方非马克思主义学者也有按阶段划分历史的做法，如比较文明史学者马修·默尔科便将人类社会政治模式的演化划分为封建、国家、国家体系和帝国四个阶段（这并不一定意味着一种由低级到高级的线性、单向的进步主义历史观）。在默尔科看来，"文明是从一套高度复杂的、个人的和分裂化的关系中发展起来的。我们西方人通常将这套关系与封建主义联系起来。可是封建主义或早或晚会演化为一种更简单、权力更集中、也更加非个人化的制度。我们把这种制度称为国家。如果许多国家按它们相互间的关系演化，这可以称作国家体系。如果一个国家拥有了对于其他国家的霸权，我们说它形成了帝国。如果这个帝国是中央集权的，但又与其边缘的独立小国保持联系，我们可以将这种关系体系描述为帝国体系。封建制度类型通常出现在一个文明的形成时期，或出现在该文明经历了大灾难以后的恢复时期。国家体系通常在此之后产生，但一个文明可能在国家和帝国制度类型之间徘徊犹豫好几次，如我们在中华文明中所看到的那样"。参见 Matthew Melko, *The Nature of Civilizations*, Boston, 1969, p. 47. 默尔科的封建概念与以上引述的几位学者大体上一致；他所持"封建制度类型"出现在文明形成期或说"大灾难"之后恢复期的看法，也与科尔本、甘绍夫等人所持封建主义出现在统一国家或"旧帝国"解体时的看法相似。

封（及其所导致的政治权力分散或分割）不再是主流政治形态；在各个朝代早期至中期土地兼并尚不十分严重之时，土地不仅为地主乡绅所持有，也为大量一般农民所持有；总体上，农民要么是自耕农，要么是半自耕农，要么是佃农，也可能是"长年"即长工，但无论在法律上还是实际生活中，都享有人身自由。[1] 始于隋朝、至清末才废止的科举制度所带来的社会流动性，更是在社会政治结构和文化象征的双重意义上深刻塑造了中华文明的品格，造就了一个相对平等的前现代社会。这就使近代以前的中国不同于其他任何文明，使 20 世纪中国向现代社会的转型比其他区域如印度、伊斯兰世界、非洲更容易。[2]

如果基于上述较为严格的定义，并且认同阶段论的历史发展观，就不得不作出这种假设：中华文明在大约二千多年前，便因封建社会过早成熟与终结而已处在资本主义社会的门槛上了，却因种种缘故竟未能适时发展出现代资本主义，只好被动地等待大约二千多年，眼睁睁地看着西欧和日本后来居上，开出他们的现代资本主义，最终用坚船利炮来轰开中国的国门；中国人为了不致继续挨打受辱，不得不起而模仿它们的现代资本主义。不过，有一个方便省事的解决办法，即对"封建"下一个宽泛的定义：地主阶级拥有大部分土地，农民阶级不拥有土地，或只拥有很少的土地；正是基于这种土地关系，地主阶级借国家机器对农民进行残酷压榨。或还可以采用一种更加笼统的定义：统治集团对农业人口剩余劳动进行制度性的剥削。当时中国知识界正是这么做的。

---

[1] 在非统一时期的局部国家，情况也基本如此。不妨将这些局部政权看作比统一政权小一些的官僚制国家。

[2] 许倬云：《西周史》，第 144 页。

许倬云先生也注意到了阶段论所面临的尴尬：

> 中国的分封制在秦统一以后基本上即已结束，而中国的资
> 本主义社会又迟迟不出现。于是，中国的马克思主义史学家不
> 能不在这矛盾中找出路，不能不……划分资本主义未出现以前
> 的中国历史，甚至分封制度本身，是划归奴隶社会，抑或划归
> 封建社会？都是近三十年聚讼的焦点。[1]

事实很清楚，中国作为一个人口占世界人口百分之二十的巨大
文明，其严格意义上的封建社会已是距今两千四五百年前的情形。
一定要清末民初的中国直接与一个虚构的、漫长的"封建社会"相
衔接，就不得不削事实之足以适理论之履。

或可以说新文化运动以降知识人的做法是不得已。中国有中国
的国情，各时期有各时期的历史任务。20 世纪是一个革命与大规
模社会动员的世纪。既然具有现实紧迫性的救亡任务得尽快完成，
更为务虚的启蒙任务岂有不撇在一边之理？哪有比救亡更重要，以
至于学术话语不得不为其让路的道理？如果说，一种政治导向的理
论建构成为当务之急，则思想和学术上的其他可能性即使不被视为
有害，也会被视为无用。事实上，新文化运动以降，知识人迅速采
用了在他们看来最符合中国国情的社会发展五阶段论，迅速采用了
名实不符的封建社会说，相关理论也很快产生了现实效力。或可以
说，若无这种理论，革命的性质、任务、动力和对象为何，就可能
不那么清楚。问题是，一种旨在指导行动以改变世界的理论若与历

---

[1] 许倬云：《西周史》，第 10 页。

史事实及当今实际相差甚远，最终必然会付出代价，甚至是极沉重的代价。

七 "封建"一词不宜再用

应当承认，中国社会史论战留下了一笔颇有价值的学术遗产。[1] 这场论战引入了乾嘉以降传统考据学者一无所知的一种全新的思维方式，打开了一个全新的视野，即从社会形态演进的角度来看待中国乃至整个世界的历史，而这正是传统学术现代转型的一个重要组成部分。正是在事关中国前途的文明再造工程及相关社会政治运动中，一种具有新思维、新视野故而截然不同于既往的新历史观、新史学诞生了。

可是学术遗产终归是学术遗产，与社会政治现实并不是一回事。相关论辩假如能较少受时代风潮裹挟，假如能进行一种将其他文明、国家或民族中存在的类似现象加以考察的理论描述和概括，则所用关键概念就能具有足够大的涵盖性和解释力。在 20 世纪上半叶的特殊国情下，激进主义知识分子对封建社会的描述几乎不可能不受特定理论框框的束缚，这样就不可能不与历史事实相矛盾，与传统中国话语系统中的封建概念相矛盾，也与西方主流形态的封建观相扞格。更何况，长期以来即使在采用泛化的封建概念的学者内部，也存在严重分歧和激烈争论，殊难达成共识。这就是为什么社会史论战在现代中国持续了大半个世纪仍是一笔糊

---

[1] 见何怀宏：《选举社会及其终结》，第 13 页。

涂账的根本原因。[1]一个不可置疑的事实是，1949 年以后，中国作为一东方大国重新站立起来，1979 年至今，中国更已重新崛起成为一世界强国。在这种情势下，中国人对传统文化的认知不可避免地发生重大变化。中国人越来越正面地看待传统文化，恢复文化自信已成为举国上下的共识。所以，现代汉语的"封建"一词以其否定与贬抑传统文化的内涵，已不合时宜，应尽快予以废止。目前看来，这个任务在学术界、文化界更为敏锐的知识分子中大体上已经完成，可从教育领域尤其是中小学教育来看，则远未完成。

在此不妨回顾一下法国大革命的情形。在大革命期间及之后，"封建"一词在一段时期内也曾被用来指称一切与旧制度相关联的事物，也曾是一个十足的贬义词，[2]尽管大革命前夕的法国大体上已不是什么封建社会，而是一个不乏现代性的君主集权式的官僚制国家。[3]然时过境迁，历史任务既已完成，一度流行过的某些观念不可能不过时。尤其是当现代性已成为一种铺天盖地的现实，用一种更平和、更客观的心态看待历史和传统文化，便是情理中

---

[1] 当然，在西汉初期，当中央集权式的郡县制尚未巩固之时，皇室对同姓亲戚进行了规模较大的分封。这完全可以看作新政治体制对旧时代的封建制度残余所作的妥协和让步。另需注意，在东汉时期、魏晋南北朝时期、唐朝中后期以及五代十国时期的战乱或政治分裂中，地方割据势力统治下的农民对军阀和大地主有过较大程度的依附性。换句话说，为了生存，他们不得不交出一部分人身自由。

[2] Strayer, *Feudalism*, p. 2.

[3] 塞缪尔·亨廷顿：《变化社会中的政治秩序》（王冠华等译），北京：生活·读书·新知三联书店，1989 年，第 07—100 页。大约在 1700 年至 1800 年这一百年里，欧洲的现代国家取代了封建公侯国，"对国家的忠诚超越了对教会和王朝的传统忠诚……中世纪领主受到抑制，贵族也随着新社会集团的兴起而衰落。此外，在这一世纪，国家官僚机构和公共机关迅速发展并日趋合理化，常备军建立并扩大，税收制度得以普及和完善。1600 年欧洲还是中世纪政治的天下，及至 1700 年，就已成为民族国家的近代世界了"。亨廷顿：《变化社会中的政治秩序》，第 89 页。

事。这很大程度上解释了为何在当今法国乃至整个西方世界,"封建"已完全蜕去了其先前的负面涵义,摇身一变成为一个中性词。同理,在已然崛起为世界大国并可能在不久的将来引领世界的今日中国,"封建"不应再带有贬义。继续在教科书中使用"封建"一词藉以否定或贬低中国传统文化,有害无益。

第四章 梁启超的"新民"

一 引言

文明要重建，国家要复兴，就得塑造新的中国人，用梁启超的话说，就得"新民"。所谓"新民"，就是要使"旧"民变"新"，使其成为具有现代意识——尤其是具有现代权利意识——的新国民。这需要观念的改变，甚至需要社会政治革命。梁启超的"新民"论正是呼吁这种观念的改变或革命的。后来鲁迅所大力倡导的"国民性改造"，其实是梁氏"新民"论的不同表述，是梁氏"新民"议程的继续。在今天很多人眼里，梁启超在近现代思想史上曾叱咤风云过，但早已完成了其历史使命，其思想不再具有当下性；在中国现代思想史研究界，梁启超甚至是不能与胡适、鲁迅等相提并论的。这从几十年来海峡两岸研究后两位先贤的著作汗牛充栋，研究梁氏的文字却是凤毛麟角可见一斑。在 20 世纪 90 年代后的"国学热"中，当代新儒家倍受青睐，相关丛书成套推出，论义更是层出不穷，却鲜有人关注当代新儒家与梁氏之间是否存在某种传承关系。甚至在上世纪 90 年代初期关于保守主义的讨论中，梁氏也颇遭冷落，原因很大程度上在于他"一生多变"。事实上，梁氏不仅是大力推广现代民权思想的第一人，从而成为激进主义思潮最重要的肇因，后来在立宪与共和之争时也曾从头号君主立宪派一变而为共和派。

但鲜有人注意到，梁氏复杂"多变"的心路历程有折衷调和的一面，甚至有可视为"保守"的一面。更少有人注意到，在中国与世界、中国文明与西方文明的关系方面，梁启超尤其有洞见。其眼光之敏锐，见解之深刻，明显超越了戊戌时代、新文化运动与五四时代其他知识人，即使按百年后的今日标准来衡量，仍然如此。在一片打倒孔家店的喧嚣中，正是梁氏逆潮流而动，力挽狂澜，竭力维护孔子在人类文明史上所应享有的崇高地位。一百年后回头看，究竟是反孔倒孔者正确，还是梁氏有理？正是梁氏率先指出，西方人身上存在一种二元对立的倾向，一种天与人、心与物、精神与物质、灵魂与肉体、理想与现实相对待和冲突的结构性缺陷。凡此种种表明，梁启超超越了时代，甚至先于时代好几十年奠定了中国现代思想史的用力方向。实际上，梁启超在中西关系问题的很多看法不仅在当时是真知灼见，即在当今，仍有重要的启示作用。

二　"一生多变"的思想家

梁氏有诸多现在看依然正确的观点，而这些观点并非生而知之，而是在长期摸索、探究和思考的结果。纵观其一生，不难发现他在思想上总是充满了矛盾和冲突，或者说总是处于一种两难境地。从根源上讲，这种矛盾、冲突或两难境地源于1840年以来西方文明对中国文明的猛烈冲击，源于鸦片战争以来中国文明所面临的一个根本性难题：一方面不得不深刻改变自己以适应一个面目全非（就诸多传统理念已不可逆转地改变了而言）而且仍在迅速变迁的世界，另一方面又要努力捍卫其固有的精神价值。

从 1896 年 7 月起，梁启超任上海《时务报》主笔，在该报发表了《变法通议》系列政论文（共十四篇），力主变法维新，废科举，兴学校，抨击专制，提倡民权，在当时都是犯难冒险、石破天惊之论，在全国范围内产生了巨大深远的影响，[1] 完全可以视为后来激进思潮的萌芽。戊戌变法失败后，梁启超长期流落海外，对西方政治制度、思想、文化的认知更加准确，再加上受到老师康有为的影响，对君主立宪制之适合中国国情深信不疑，从 1904 年起积极推动君主立宪，不仅广为宣传鼓吹，更是积极游说清朝官员进行力度比戊戌变法大得多的改革，为召开国会做准备，预备九年后（后因遭抗议改为六年后）实施立宪。梁氏之所以推动立宪，是因为他不主张发动革命，一举推翻清政府，而主张在安定中求进步。[2] 在他看来，革命不可能是没有后果的；革命之后的建设定然不易，所造成的动荡极可能陷国家于纷乱。回头看，梁启超的担忧竟成为现实。

可在当时的革命派眼中，梁氏已可悲地沦为一个守旧派、保皇派。但以今日眼光看，他并不是什么守旧派、保皇派，而是一个主张稳中求进的革命者，或者说渐进革命论者。辛亥革命的成功似乎又证明，其立宪主义路线或渐进革命论错了，甚至连梁氏自己也这

---

[1] 参见张朋园：《梁启超与清季革命》，上海：上海三联书店，2013 年，第31—32 页。

[2] 黄克武：《反思现代：近代中国历史书写的重构》，成都：四川人民出版社，2021 年，第233 页。

么看。在发表于其思想已然定型的 1920 年的《清代学术概论》中，梁启超称自己"保守性与进取性常交战于胸中，随感情而发，所执往往前后相矛盾。尝自言曰：'不惜以今日之我，难昔日之我。'世多以此为诟病"。[1] 这段话是对自己"一生多变"的批评的回应，却并非真正的自责，而不啻是说，他以追求真理为鹄的，是否有一个一以贯之的形象并不重要。[2] 问题是，这种"一生多变"的名声不仅是生前的也是身后的。在梁氏于 1929 年去世后近一个世纪的今天，"一生多变"在学术界几乎成为有关梁氏一生思想态度、政治立场的定论。梁氏为何"多变"？这种"多变"究竟有怎样的内涵？一百年过去了，对于何以会出现这种现象，学界仍未能予以充分的关注和解释。

关于梁启超思想上的前后矛盾，他在共和抑或立宪这一问题上的前后矛盾也许最为引人注目。从宏观历史的角度看，这实际上并非一种绝然的立场变化，因为对满清统治者来说，无论是共和制还是君主立宪制都是致命的。在一种现代民权观念、自由主义思想仍远未被大多数中国人视为根本的政治和文化情势中，无论共和制还是君主立宪制——甚至是那种君主仍然握有实权，而非像 18 世纪以降英国君主被彻底边缘化那样的君主立宪制——都具有深刻的革命性。退一步说，即使将梁启超思想上的变化视为一种前后矛盾，这种矛盾也源于近现代中国所面临的两难处境，源于从社会、政治

---

[1] 参见梁启超：《清代学术概论》，载《梁启超哲学思想论文选》，北京：北京大学出版社，1984 年，第 504 页。

[2] 需要注意的是，严复跟梁启超相似，也是清末民初一个"一生多变"的著名思想家。作为系统、准确地引进西方思想的第一人，他最初反对西学中源说、中体西用论，但后来又抨击新文化运动全盘西化及全盘否定中国文化的激进主义主张，故被视为一个不合时宜的保守派、顽固派。

到文化、道德等方方面面都既要剧烈破坏又要迅速重建这一紧迫的任务。鸦片战争以来，中国文明第一次遭遇了一个异质文明的强劲挑战，被拽入一种几千年未有的巨变和快变当中。中国人中的先知先觉者意识到，现在是非变不可了，不变则无以立足于世界。当然，守旧派的势力仍然相当强大。出于文化自大情结，这些人即使在中国一再被西方国家和日本打败的情况下，依然认为中国文化是世界上最优秀的，至少是自在自足的；因此，西方人的坚船利炮这种器物优势也被其视为"奇技淫巧"，西方文化的制度优势、理念优势更是不入其法眼。随着时间的推移，变革速度明显慢于日本的中国所遭受的屈辱困厄有增无已，民族危机日甚一日，民国成立乃至第一次"大战"结束后也无明显的缓解迹象，守旧派的市场才大大缩小。[1]

　　与此同时，又出现了来自另一个方向的偏颇，即全盘西化论。这一局面意味着，中国人所面临的既要学习西方，又要保卫自己的文化根性这一时代课题更紧迫了。实际上，这是一个鸦片战争以来中国人所一直面临的巨大课题，也可以说，是一个结构性、根本性的两难处境，一个直到今天也不能说已近于终结的两难处境：不大量吸纳西方文化元素，中国不可能自强；而大量引入尤其是不分青红皂白囫囵吞入所有西方理念和制度，中国人又可能丧失其文化同一性，丧失中国人之所以成其为中国人的那些根本元素。只有直面

---

[1] 应当看到，辛亥革命之后掌握军政实权的袁世凯以及袁氏之后诸多军阀，除了在政体方面主张君主立宪制度外，在其他许多方面与19世纪60年代以后的改良派并无根本的不同。因此，不宜将他们视为"顽固派"。在很大程度上，袁氏是靠经营新式军队即引入西式武器和西洋军事体制起家的。不仅如此，袁氏还在政治、经济、财政、教育方面进行了诸多现代化改革。所以，梁启超一度依附于袁氏是可以理解的。

这种两难处境，中国文明所处的尴尬局面才可望得到正确认识和最终解决。很少有人思考，在全盘西化论与过激的文化本位论两极之间，并非不能找到一个适当的度。

可这个适当的度究竟在哪里？究竟如何去把握它？这一时期，甚嚣尘上的全盘西化论对这个度的把握显然有问题，尽管这种思潮并非没有其深刻的历史文化背景。后来事态发展证明，全盘西化论是一种偏激的文化主张。20 世纪 20 年代以后长达几十年来的挫折困厄和文化实践已使有识之士意识到，整体性地引入西方文化以取代传统文化，在理论上和实践上都既不可取，也不可能。甚至可以说，这是一种破坏大于建设、自虐自戕的文化立场，一种不负责任的态度。但梁氏对待中国传统文化的态度与新一代知识人形成了鲜明对比。这就是：实事求是，去伪存真；该破就破，该守就守；虽讲破坏，却非盲目；在重大问题上站稳脚跟，坚持中国人的文化主体性。[1] 尽管梁氏很快就被新文化运动及五四运动一代人视为守旧过时，但以今日眼光看，其对中国文明的两难处境的体悟和认知比他们深刻、准确，其态度更合理、更健康，对度的把握明显强于新一代知识人。

---

[1] 值得注意的是，即使是五四时代头号激进分子陈独秀，晚年也对其早年过于激烈的反传统立场作了一定的修正，能够更客观地看待儒家了。1937 年 10 月 1 日，陈氏在《东方杂志》三十四卷第十八、十九号上发表了《孔子与中国》一文，写道："孔子的第一价值是非宗教迷信的态度……科学与民主，是人类社会进步之两大主要动力。孔子不言神怪，是近于科学的。孔子的礼教，是反民主的。人们把不言神怪的孔子打入了冷宫，把建立礼教的孔子尊为万世师表，中国人活该倒霉！"这里，孔子远非一无是处，其不语怪力乱神的态度是值得肯定的。陈独秀：《陈独秀文选：德赛二先生与社会主义》，吴晓明编选，上海：上海远东出版社，1994 年，第 363、372 页。

三　文化主体性的坚守

诚然，在《新民说》时期亦即 20 世纪最初几年，依然最为"进步"的梁氏并非不讲破坏。他不仅讲破坏，而且是大刀阔斧、激情澎湃地讲破坏。这很容易使人想起法国大革命刚刚爆发时曾为革命喝彩叫好的爱德蒙·柏克。在讨论中国的"群治"——把一盘散沙的个人整合成一个有活力、有效率的社会、国家——之落后时，梁氏给出了"大一统而竞争绝""环蛮族而交通难""言文分而人智局""专制久而民性漓""学说隘而思想滞"五大原因后，痛快淋漓地陈述了必须打破后三种格局（在他看来，前两种格局乃天成而无可改变，后三种格局则乃人为而可以改变）的理由，发出了破坏的呼吁：

> 盖当夫破坏之运之相迫也……破坏既终不可免，早一日则受一日之福，迟一日则重一日之害。早破坏者，其所破坏可以较少，而所保全者自多；迟破坏者，其破坏不得不益甚，而所保全者弥寡。用人力以破坏者，为有意识之破坏，则随破坏随建设，一度破坏而可以永绝第二次破坏之根，故将来之乐利，可以偿目前之苦痛而有余。听自然而破坏者，为无意识之破坏，则有破坏无建设，一度破坏之不已而至于再，再度不已而至于三，如是者可以历数百年千年，而国与民交受其病，至于鱼烂而自亡。呜呼，痛矣哉破坏！呜呼，难矣哉不破坏！[1]

---

[1] 梁启超：《新民说》（宋志明选注），沈阳：辽宁人民出版社，1994 年，第 82 页。

以今日立场看，这里梁氏所主张"破坏"者无一不是该破坏的。甚至可以说，这种破坏要达到他所希望的程度，仍有很长的路要走。

但在写于同一时期的《保教非所以尊孔论》里，梁氏一方面陈述了当时一些人所谓"保教"之不可能、不可取、无必要的理由，主张尊孔子"宜直接其精神，毋拘墟其形迹"，另一方面又明确表现出了对儒家文化的崇敬之情，表达了维护孔子地位乃至作为整体的儒家文明本身这一根本立场：

> 孔教者，悬日月，塞天地，而万古不能灭者也……其所教者，人之何以为人也，人群之何以为群也，国家之何以为国也……东西古今之圣哲，其所言合于人格者不一，而最多者莫如孔子。孔子实于将来世界德育之林，占一最重要之位置，此吾所敢豫言也。[1]

一百多年来的历史表明，虽有新文化运动一代人"打倒孔家店"的喧嚷，烧掉一切线装书的鼓噪，以及仁义道德"吃人"论的病狂，甚至晚至20世纪80、90年代，仍有人欲用基督教全盘替换传统儒佛道及现代意识形态以"拯救"拒不闻"道"的国人，孔子在人类文明史上占有不可褫夺的重要地位的预言，却不断在应验。

在后来不那么"进步"的时期，尤其在第一次世界大战结束游历欧洲后，梁氏对中国文化的自信心更强了，守持中国文化的立场

---

[1] 梁启超：《保教非所以尊孔论》，原载1902年2月22日《新民丛报》第2号，参见《梁启超哲学思想论文选》，第102页。

也更坚定了。在《欧游心影录》中，针对中国人不像西方人那样将天与人、心与物、精神与物质、灵魂与肉体、理想与现实分裂为相对待和冲突的两橛（按，这应视为一种程度而非本质的差别），他写道：

> 近来西洋学者，许多都想输入些东方文明，令他们得些调剂……从前西洋文明，总不免将理想实际分为两橛，唯心唯物，各走极端……所以最近提倡的实用哲学，创化哲学，都是要把理想纳到实际里头，图个心物调和。我想我们先秦学术，正是从这条路上发展出来。孔老墨三位大圣，虽然学派各殊，"求理想与实用一致"却是他们共同的归着点。如孔子的"尽性赞化""自强不息"，老子的"各归其根"，墨子的"上同于天"，都是看出有个"大的自我""灵的自我"和这"小的自我""肉的自我"同体，想要因小通大，推肉合灵，我们若是跟着三圣所走的路，求"现代的理想与实用一致"，我想不知有多少境界可以辟得出来。[1]

这显然是一个极其重要的论题，一方面表达了一种比新文化运动以降全盘西化论者健全得多的文化态度，另一方面也为五四时期以来以坚持传统理念、维护传统文化为己任的新一代学人（即后来被称作"现代新儒家"的思想家兼学者）指出了一条重要的思想和学术道路。总体而言，在此后近一个世纪里，以中国思想和文化为

---

[1] 梁启超：《中国人之自觉》（《欧游心影录》下篇），载《梁启超哲学思想论文选》，第285页。

对象的学术研究便是围绕这一论题进行的,甚至在 20 世纪 90 年代和新世纪初蔚然成势的国学复兴热中,这一论题也仍不失为一个具有方向性价值的重要思路。事实上,20 世纪 80 年代以来知识界、思想界许多有关中西思想、文化的讨论都是围绕这一论题进行的。

基于这种健全的态度,梁启超提出了两难处境中的中国人应采取的——现在看来非常正确的——立场,那就是:

一,"要人人存一个尊重爱护本国文化的诚意";

二,"要用那西洋人研究学问的方法去研究他,得他的真相";

三,"把自己的文化综合起来,还拿别人的补助他,叫他起一种化合作用,成了一个新文化系统";

四,"把这新系统往外扩充,叫人类全体都得着他好处。"[1]

这其实是一种以中国文化为本位,以西方文化的方法来观照它,以中国文化所不具有而西方文化所具有的元素来补充它,最后建立一种保留中国文化的实质却不同于原有文化,吸收西方文化精髓却不为其所化的新文化。回顾历史,可以说,这是鸦片战争以来一直未能消停的中西文化论争中关于中西文化关系的最合理的态度。考虑到当时许多人仍抱持中国文化优越论不放,甚至荒谬地认为西学源于中学(西学中源说),至少为中国所固有,梁氏仍不得

————

[1] 梁启超:《中国人之自觉》(《欧游心影录》下篇),载《梁启超哲学思想论文选》,第 287 页。

不与这种思想作斗争，也考虑到当时"心醉西风""蔑弃吾数千年之道德、学术、风俗"[1]的全盘西化论的苗头已经出现，能得出这种看法，实难能可贵。

梁启超之所以能得出这样的看法，一方面固然与敏锐的悟性有关，另一方面也与流亡海外十四年，广泛涉猎西学，从而比当时大多数国人视野更为宽广有关。讲这番话时，新文化及五四思潮已成为思想主流，其中最偏激的全盘西化论可谓甚嚣尘上，梁启超因而已被知识界主流判为过时。而后的社会政治变迁更是波谲云诡，变幻莫测，非任何个人所能预见，所能驾驭。一些人尽管偶尔也能讲讲类似的话，但是传统中国文化的坠落显已成不可收拾之局，故在很长一段时期，梁氏的文化理想无从落实。一直到大半个世纪以后的 90 年代初，大陆知识界才出现了一股复苏传统文化的思潮。可即便晚至此时，中西文化的关系究竟该如何认识，二者的位置究竟该怎么摆，竟仍然是一个不得不争论的问题。因此，回顾一下梁氏的观点和态度无疑是有意义的。

当然，在梁启超之前或几乎与其同时，有过魏源、容闳、曾国藩、郑观应、薛福成、郭嵩焘、严复、李鸿章等具有世界眼光的先知先觉者，但不仅在世纪之交的那二三十年，甚至就整个 20 世纪而言，如果有某个中国人因个人悟性和经历而具有广阔的视野，同时又在微观学术层面以基于西方新思想而大大拓宽了眼光，对传统经史子集典籍做了大量梳理、甄别和重新审视、阐释之工作，这个中国人一定是梁启超。后来新文化运动和五四运动一代人不可谓不具有世界意识，但总体而言，他们显然未能像梁氏那样做到坚守中

---

[1] 梁启超：《新民说》，第 9 页。

国文化之主体性，立足于中国文化本位对西方思想、制度和文化等进行全面观照，故而对中国文化采取了一种近于虚无主义的态度，尽管有杜亚泉、梁漱溟、章士钊、吴宓等"东方文化派"之例外。作为新文化运动以来激进主义思潮的基本特点，文化虚无主义直至国家崛起、文明复兴的今日，也不能说已被完全肃清。

四 有权利意识及国家观念的"新民"

晚清时代，中国士人传统的天下观——将现在看来仅只是中国文明所及之空间范围视为世界；这个"世界"之内即"天下"的所有人都认同于中国文化这一预设——已遭到不可逆转的颠覆。与此同时，现代民族国家理念也在迅速形成。知识人日益清醒地意识到，中国并非世界，而只是其一部分。他们日益清醒地认识到，要在这新近进入其视野、已被西方人抢先的世界立足并发展，就必须建设一个西方样式的民族国家，一个民族主义的现代国家，否则中国人便不可能进行有效的社会政治动员，便不可能有效地抵御外侮，重建家园。梁氏个人在推动这种现代国家观的形成上，无疑起了重要作用。

在他看来，要建立现代国家，就必须培养现代性的新"国民"。梁氏"新民"说的主旨是，将"旧"民变"新"。可是何为"旧民"？当然是当时满脑子旧观念的愚昧之民，亦即无现代权利意识、不知自由为何之民，无国家社会之观念或无"爱国心"之民，缺乏"独立性""公共心"和"自治力"之民，[1] 缺乏进取之心和冒险

---

[1] 梁启超：《梁启超文选：国性与民德》（王德峰编选），第88—90页。

精神之民。这样的旧"民"当然不可能肩负起复兴文明的重任。因此当务之急，是要使他们变"新"，使其成为一种有现代权利意识，有国家观念，有"独立性""公共心"和"自治力"，崇尚自由、进取、冒险精神的"新民"，使其能够肩负起重建现代国家的重任。[1]可是，"新民"是不可能凭空产生的，而必须与现代国家共存共生，在现代国家的重建和发展中加以培养："天下未有无国民而可以成国家者也。国家者何？一曰对于一身而知有国家，二曰对于朝廷而知有国家，三曰对于外族而知有国家，四曰对于世界而知有国家。"[2]也就是说，"新民"是一种全新的"国民"，而这种新国民必须具有现代性的国家意识、"朝廷"或政府意识、民族意识和世界意识。

这里，构成"新民"的关键是"国家"或国家意识，所有四项都以之为轴心。构成"新民"的前二项，尽管形式上并不是针对外国或外国人的，却可以看作针对外国或外国人的第三、四项的前提。而第三、四两项的主旨，是要在传统天下观已然崩溃的情况下，解决中国人在世界民族之林的定位这一大问题。在所有四项中，第一项最为重要。首先只有作为个人的中国人树立起了现代国家意识，或者说解决了个人对国家的忠诚问题——不能只有个人、家庭或家族，还得树立起现代国家观，用梁氏的话说，就是"能群"，[3]而非一盘散沙——之后，才谈得上对于朝廷、外族关系上的定位问题，才谈得上中国与世界关系上的定位问题，才能使中国

---

[1] 张朋园：《梁启超与清季革命》，上海：上海三联书店，2013年，第76页。

[2] 梁启超：《新民说》，第22页。

[3] 梁启超：《新民说》，第23页。

人成为"新民",在汉族、满族、蒙古族、藏族和回族"五族共和"的前提下实现民富国强,成为世界民族之林中堂堂正正的"中华民族"。这种新的国家观、民族观与传统的天下观很是不同。传统天下观可能无助于形成这种新的国家观、民族观,甚至可能成为其障碍。只有破除了旧的天下观,才可能形成新的国家观、民族观。也可以说,新的国家观、民族观应在破除旧天下观的过程中形成。从梁氏在 20 世纪初发表的大量言论看来,他所不遗余力倡导的正是这种现代国家观、民族观。

可是,在列强当道、万国林立的世界,中国人究竟应如何行事?梁氏认为,采取"宗教家"的"天国"论、"大同"论或"博爱主义""世界主义"的立场,都是不切实际甚至是不健康的。尽管这些主义"至德而深仁",但"其脱离理想界而入于现实界也,果可期乎?此其事或待至万数千年后,吾不敢知,若今日将安取之?"20 世纪初的梁启超几乎是将进化论当作宗教来信仰的,再加上他认为国家及民族意识的树立对于将旧有之民转化成新"国民"具有至关重要的意义,所以极力宣扬竞争的重要性:"夫竞争者,文明之母也。竞争一日停,则文明之进步立止……一国者,团体之最大圈,而竞争之最高潮也。若曰并国界而破之,无论其事之不可成;即成矣,而竞争绝,毋乃文明亦与之俱绝乎!"他甚至将竞争提到"人之性"这个高度来看待,认为即使"大同"实现了,"不转瞬而必复以他事起竞争于天国中"。[1] 这个看法虽很笼统,但很清楚,从理论和实践两方面讲,进化或进步均非必然意味着人类的幸福;若以无限制的、不择手段的竞争来达到进化或进步之目的,

---

[1]　梁启超:《新民说》,第 25 页。

灾难就更是难以避免。这种观点的产生，完全可以到当时流行的社会达尔文主义以及 1914—1918 年第一次欧洲大战中去寻找原因。

惨烈的第一次欧洲大战对梁氏心灵造成了巨大震荡，这势必对他的中西文明观产生深刻的冲击。游欧归来，在人类文明发展观上，他已不再是一个倡言无限竞争，以之为文明进步基本内涵与动力的进化论者，而是一个不再单纯强调物质文明的高低，转而重视精神文明与物质文明孰优孰劣的二元论者了。[1] 这时，梁启超向全盘西化论甚嚣尘上的知识界发出了呼吁，提请他们注意西方人的祖宗"裹块鹿皮拿把石刀在野林里打猎"时，中国"不知已出了几多哲人"；不要忘记孔子倡导的"四海之内皆兄弟也"，墨子倡导的"兼爱""寝兵""非攻"等思想。与此同时，梁氏也指出，欧洲大战灾难之根本原因在于西方人思维的结构性缺陷："宗教家偏重来生，唯心派哲学高谈玄妙，离人生问题，都是很远。科学一个反动，唯物派席卷天下，把高尚的理想又丢掉了。"[2] 这意味着，在梁氏心目中，中国文化在根柢上即精神领域非但不逊于西方，甚至高于西方，因为中国文化并没有西方思维中存在的那种理想与实际、天（神）与人、心与物、灵与肉分裂的明显缺陷。这无疑进一步加强了他对中国文化的自信。可以认为，梁启超中西文化观的这一重要变化，实际上代表了一种重要转变，是鸦片战争以降思想史

---

[1] 当然，早在第一次世界大战前，梁氏就有过中国文化重精神，西方文化重物质的看法，如写于世纪初，被后来学者广泛引用的"吾恐今后智育愈盛，刚德育愈衰，泰西物质文明尽输入中国，而四万万人且相率而为禽兽也"云云。但这只是附带性的零星议论，无法与游欧归来后的主题性的系统论述相比。参见《新民说》，第 22 页（"论公德"）。

[2] 梁启超：《中国人之自觉》（《欧游心影录》下篇），载《梁启超哲学思想论文选》，第 285 页。

上第一次以中国文化为本位对西方文化所作的批判性观照，预示了现代新儒家的兴起。这种认知看似与顽固派盲目的中国文化优越论相似，实则二者差别极大，梁氏思想的现实相关性、深刻性和前瞻性远非顽固派能比。

思想上的重要转变必然反映到梁氏对中国与西方关系的看法上。基于加强了的文化主体性，梁氏告诫五四时期仍因国势衰弱而骚动不安的知识分子：

> 我们须知，天下事是急不来的，总要把求速效的心事去掉，然后效乃有可言。有人说，时局危险到这地步，不设法弥缝补苴暂时支持，一旦亡了，怎么办呢？我说，姑无论中国决不会亡，别人想亡偌大一个国，决非容易；就是亡国也算不得什么一回大事。波兰不是亡了几百年吗？今日如何？要知"暂时支持"这种字样，才真是亡国心理……目前万不可着急，便急也急不来。若要急时，做得好，不过苟且小成，做得不好，便要堕落断送了。[1]

这段话听起来简单，实则含义丰富，说的是五四一代人失去了对中国文化应有的信心，对西方国家采取了一种不必要甚至极其有害的过激态度。梁氏自己则主张，国人对西方国家应采取一种相对温和克制、柔中有刚的态度；如此这般，中国虽然可能丧失一些眼前利益，却能更好地维护其长远利益。

---

[1] 梁启超：《中国人之自觉》，载《梁启超哲学思想论文选》，第272—273页。

五　中国人能否"超拔"西方人?

如我们所知,五四运动的直接肇因,是抗议巴黎和会上帝国主义列强要将新的不平等条约强加给"战胜国"之一的中国。协约国方面竟打算牺牲"战胜国"中国的利益,将"战败国"德国在山东的权益转交给另一个"战胜国"日本。是可忍孰不可忍!问题是,当时中国并非不可以通过外交手段来挫败列强的企图,但结果却爆发了一场波及全国的大规模政治运动。尤其匪夷所思的是,知识分子中出现了某种一方面对中国文化自暴自弃、自戕自虐,另一方面又无条件拥抱西方文化这种矛盾而偏激的思潮。从根本上讲,这种矛盾而偏激思潮的根源在于文化主体性的丧失,而丧失文化主体性的原因又是鸦片战争以来历次战败、割地赔款所带来的巨大屈辱感,新近危机只是一个诱发因素罢了。

无论原因为何,文化主体性的丧失导致知识分子中出现一种对西方文化以及文明间关系的肤浅认识。这具体表现为一种一任情绪泛滥,急功近利,只顾眼前痛快,不顾长远利益的心态。五四以来的历史进程表明,浮躁的心态对中国的现代化进程极其有害。如果当时有相当大一个比例的知识分子达到了梁氏那种对中西关系和中西文化的深刻认知,对帝国主义列强的无理举动采取一种有礼有节、平和理性的态度,那种铺天盖地的过激言论能否出现亦未可知,至少会有所收敛。

但梁启超对待列强相对节制的态度却难免被时人乃至今人诟病。在某些论者看来,终其一生,梁氏是不反帝国主义的。他真的不反帝?如何看待这个问题?的确,在许多场合,他对英国、日本这些新老帝国主义国家颇为赞赏。为了塑造"新民",或者说为了让旧国民焕发新生命,梁氏在有关个人权利意识、进取精神,以及在守正中不断精进这些"新民"品质的论述中,对盎格鲁-撒克逊人称赞不已,以至于美国学者李文森（Joseph Levenson,也译"列文森"）竟在《梁氏与中国近代思想》一书中如是说:"他屡次高度赞扬英国,这也意味着羞辱中国。"[1] 尽管是有名的中国研究者,李文森并未能把握中国人的心灵。这里,梁氏显然不是"羞辱"中国,而是以一种恨铁不成钢的口吻激励中国人,以使其朝"新民"转变。只须问一个简单的问题:"新民"的最终目的是什么? 如若不是从根本上改变中国人的旧观念,使其自立自强,最终具有抵抗乃至超越列强的能力,从而恢复一个泱泱大国在世界上应有的地位,是什么?

当然,这种面对帝国主义的相对平实、温和的态度,很大程度上源自一种不仅当时而且今日看来依然异常敏锐的文化洞察力,源自对中国文化深切体悟的一种强大的主体意识,源自对中国文化深切体悟的一种宏大的世界主义精神。即使在最"进步"亦即思想上最接近"激进主义"的时期,即便在痛陈中国文化的根本弱点为"数千年之腐败,其祸极于今日,推其大原,皆必自奴隶性来"时,[2] 梁启超也从未丧失其中国文化自信。同新文化运动以来许多知识分子相比,这种文化自信显得尤其突出。第一次在一战后的欧洲游历后,这种文化自信就更坚定了。这时的他,对西方文明的结构性缺陷已有了一手的感性认识以及基于这种认识的理性思考。

---

　　[1]　约瑟夫·李文森:《梁启超与中国近代思想》（刘伟等译）,成都:四川人民出版社,1986年）,第187页。本文对刘译略有改动。
　　[2]　梁启超:《梁启超书信》（中国社会科学院近代史藏手抄本）,转引自《新民说》,第9页（编序）。

这又难免使某些西方学者认为，梁氏游欧后不仅思想上发生了转变，而且表现出了一种对西方文化幸灾乐祸的态度。西方人的认知是站不住脚的。

梁氏不仅对西方文明的结构性缺陷有了清醒认识，甚至呼吁过青年"立正！开步走！大海对岸那边有好几万万人，愁着物质文明破产，哀哀欲绝地喊救命，等着你来超拔他"。[1] 一直到 90 年代中期，这番话仍旧被一些中国学者嘲笑，成为现代思想史上的一桩公案。但以今日的眼光看，这嘲笑有道理吗？

不妨看看一部新儒学研究著作中的话：

> 就现在看来，梁启超游欧之后对西方文化的评价，不能不说是一种错误的评价。科学理性与物质文明并未因第一次世界大战而破产，整个西方文化也并未因此而走到尽头。相反，往后的中西两方，不是西方人需要中国文化去超拔他们，而是他们将西方文化大批大量地输到中国。尽管他们不时产生出文化困惑，而且也逐渐地认识到中国文化的价值所在，但七十多年来，他们并没有从中国输入多少文化，可他们还是照旧生活，照旧发展，照旧使你们中国人崇洋媚外。[2]

这些话并不厚道，很有可能是承续了胡适当年对梁启超的批评。[3]

---

[1] 梁启超：《中国人之自觉》，载于《梁启超哲学思想论文选》，第 286—287 页。

[2] 启良：《新儒学批判》，上海：上海三联书店，1996 年，第 94 页。

[3] 胡适在《我们对于西洋近代文明的态度》一文中写道："崇拜所谓东方精神文明的人说，西洋近代文明偏重物质上和肉体上的享受，而略视心灵上（转下页）

也许，梁氏让中国青年"开步走"，去"超拔"大洋彼岸的西方人太过超前于时代，太过浪漫主义了一点。从某种意义上讲，不仅在当时，而且在今日，的确是中国人学西方人的多，西方人学中国人的少。甚至少许中国人今天仍然崇洋。

但是，从思想史与文明间关系这一角度讲，梁氏的话没什么错。批评者忽略了梁氏号召青年去"超拔"西方人的前提，甚至故意忽略了说这番话之前，梁启超还说过要立足于中国文化，用西方文化的方法去研究中国文化，将西方文化综合到中国文化里以形成"一个新文化系统"，并"把这新系统往外扩充，叫人类全体都得着他好处"，而这正是新中国青年们去"超拔"西方人的前提。批评者也故意忽略了梁启超在同一时期还说过"中国文化本富于世界性，今后若能吸收世界的文化以自荣卫，必将益扩其本能而增丰其内容，还以贡献于世界，则二十世纪之中国国民，必在人类进化史上占有重要之职役"之类的话。[1] 这是一幅未来图景。这里，"中国文化"是吸纳、整合了世界优秀文化的新型中国文化，用今天的话说，是一个经过再造的新文明；而"中国国民"是一种立足于传统文化，并充分吸纳其他文明优长的新型国民，即"新民"。未来要去"超拔"西方人的中国人，正是这种新的中国国民。这种看法无论放在什么时代都是站得住脚的。梁氏表达了一种健全的态度，

（接上页）与精神上的要求，所以是唯物的文明……我们先要指出这种议论含有灵肉冲突的成见，我们认为错误的成见。我们深信，精神的文明必须建筑在物质的基础之上……东方的哲人曾说：衣食足而后知荣辱，仓廪实而后知礼节。"参见《胡适文存》第三集，北京：首都经济贸易大学，2013年，卷一，第3页。

[1] 此段引文均出自梁启超：《历史上中华国民事业之成败及今后革进之机运》，原载1920年10月《改造》杂志第三卷第二期，参见《梁启超哲学思想论文选》，第297页。

一种任何个人——尤其是从事中西文明、文化研究的中国学人——都应当持有的健全的态度。

批评者也故意忽略了这一事实，即 20 世纪 90 年代的中国仍处在资本积累阶段（或可以说，处于资本原始积累阶段末期），经济社会发展水平仍然较低，国民生活水平与西方国家乃至日本的差距仍然非常明显，甚至可以说巨大；与此同时，改革开放渐入佳境，国门洞开，无数国人去到国外，大量西人来到中国，作为整体的中国人对发达国家的"先进"程度有了直观的认识，其中某些人"崇洋"在所难免。但只要看看新加坡、台湾甚至香港、澳门的中国人是否仍然是这样，就不难明白这种现象终将消失。至于到底是中国学习西方还是西方学习中国，随着文明复兴进程的进一步加速，国家经济、科技、社会等的进一步发展，政治、军事和文化力量的进一步提升，力量的天平势必进一步向东方尤其是中国倾斜。事实上，在所有非西方地区，东亚现代化最成功，而中国又是东亚的主要国家。这种现象尤其是东亚国家在基础教育方面的突出表现，西方人不得不加以认真研究。近年来，英语国家一波又一波的"教育改革"很大程度上便是以东亚诸国为参照系的。

尽管这并不能完全说明问题，但也不妨问：难道永远只有东方学西方的份，而不可能相反？一个简单的道理是，只有首先学习，不断精进，然后才可能成为被学习的对象。随着中国崛起的速度越来越快，其经济、科技、政治、军事乃至文化影响力也将迅猛增长，梁启超的梦想将会实现，即使从字面理解他的话语，也如此。

第五章　保守与调和中的文化自信

一　引言

再造文明，首先得再造政体。在清朝最后一二十年，持续了半个世纪的内忧外患使民族生存危机达到了无以复加的地步。越来越多的中国人认为，一家一姓的皇帝制应该对这种可能导致"亡国亡种"的灾难性局面负责——皇帝拥有过大的权力，而制约权力的机制太过薄弱。对旧政体进行重大修正，必要的话甚至将其彻底抛弃的问题被提上议程。但是，采用何种新政体，共和制还是君主立宪制？回头看，这两种政体并无本质区别，都是从西方传来的，都是三种重要权力即立法、行政、司法三权分立和相互制衡的政体。更何况在当时的国情下，若真的要实行严格西方意义上的政体，无论是君主立宪制还是共和制，而不依照国情作出重大修正或调适，都是不可能的。这从民国建立后最初几年依样画葫芦的西方式议会制，以及后来袁世凯关闭议会搞立宪君主制"复辟"都成为闹剧，是不难看出的。故而晚清政治精英中发生的"保皇"与"共和"之争，或"立宪"与"革命"之争，表面上看是君主政体（实为君主立宪政体）与共和政体之争，实则是相对保守的政治立场与更为激进的政治立场的博弈，本质上二者对传统政体即皇帝制都是持否定态度的。

尽管如此，这场争论仍然深刻影响了辛亥革命以后中国文明的整体走势。直至国家"崛起"、文明复兴的今日，清末保守主义与激进主义博弈的影响依然清晰可见。由于居留海外期间对西方共和政体和立宪政体有了深入的观察和思考，也由于与其老师、保守主义立场更坚定的康有为的师承关系，梁启超起初是一个坚定的立宪派，甚至大力游说清朝官员召开国会，实行君主立宪。可后来形势直转急下，革命迫在眉睫，在这种情况下，作为立宪派的首脑人物之一，梁启超开始对其先前所持的立宪派或"开明专制"主张打折扣了（如果不是彻底丢弃的话），甚至公开主张"共和"。[1] 尽管如此，梁氏的总体立场偏于保守主义。今天看来，这是一种不乏先见之明的温和的保守主义。当然，历史并未能选择这种温和保守主义的行进路线，而是走上了一条越来越激进、越来越动荡的道路。但钟摆不可能永远只往一个方向摆，大半个世纪后，终于开始了向相反方向的运动，迄于新世纪初已在相当大程度上摆回到梁启超所期冀的位置。

二 不断学习的思想家

在戊戌先辈中，梁启超是一个特殊人物。逃脱了六君子喋血街头的命运后，他长期流亡海外，至清廷倾覆后才返国。戊戌事变后，他的老师康有为同样流亡海外，潜心研究西方乃至中南美洲各

---

[1] 张朋园：《立宪派与辛亥革命》，上海：上海三联书店，2013 年，第 36 页。

国的政制，貌似不再关注国内政局变化，或者说甘于在国内政治中被边缘化的处境，任凭风吹浪打，一如既往作一个忠贞不渝的立宪派或君宪主义者。[1]与老师相同的是，梁氏如饥似渴地吸收西方新思想、新知识，甚至直接考察西方政治的具体运作情况。与老师不同的是，梁启超对国内政局的变化给予极大关注，积极介入国内政治。这主要表现在发表了大量"改革开放"文字，引领国人摆脱旧思维，成为"新民"。虽然在此之前严复也做过类似的工作，但严氏过于优雅的桐城体文字使其思想传播力大打折扣。相比之下，梁启超的文字平易近人，感情充沛，极富感染力，对广大中下层知识分子产生了巨大冲击。从传播角度看，梁氏完全可视为清末民初推广新思想、新知识的第一人。

梁氏以敏锐的眼光对西方民主共和政制的具体运作进行了直接观察，并进行了深入思考，他得出中国暂不宜实行共和制而应实行君主立宪制的结论，便很自然。这样一来，他就在自己与主张共和的同盟会并非切合实际的立场之间划了一条界线。这就是为何1949年以后，教科书上将梁氏归为"保守派"，甚至将其视为清王朝

----

[1] 实际上，康有为当时并不像"保皇派"的标签所示那么保守。他对共和制所持的反对立场被辛亥革命之后的形势发展证明是不无道理的，而他所一以贯之坚持的君主立宪制立场（一种赋予国家首脑相当大权力的政体设计），虽一直被抹黑为"保皇主义"，却是当时欧洲乃至美洲国家的主流立场。参见章永乐：《万国竞争：康有为与维也那体系的衰变》，北京：商务印书馆，2017年，第141—143页。梁启超虽与康有为一直有密切的思想联系，但也与他保持明显距离。很难说，梁启超偏向于保守主义的立场完全没有受到康有为的影响。在《清代学术概论》一书中，他将自己与康有为作了比较："启超与康有为有最相反之一点，有为太有成见，启超太无成见，其应事也有然，其治学也亦有然。有为常言：'吾学三十岁已成，此后不复有进，亦不必求进。'启超不然，常自觉其学未成，且忧其不成，数十年日在彷徨求索中。"除了自谦自责的语气外，这番话大体上是符合事实的中肯之论。参见《梁启超哲学思想论文选》，北京：北京大学出版社，1984年，第506—507页。

"封建"统治的维护者，而指其为"资产阶级政治活动家"已算客气了。[1]

一百多年来的曲折历史表明，在当时条件下，虽然几无可能实行君主立宪，但梁氏基于对西方共和制、君主立宪制的仔细考察和立足于国情的政治主张，表现出了一种超越时代的深刻洞察力。可以说，他不仅是戊戌一代人中唯一一个超越了时代的人物，大体上也可视为一个现代型保守主义思想家。当然，身处急剧变革、剧烈动荡的特殊时期，梁氏不可能成为一个西方式的一以贯之的保守主义者（就连欧美保守主义的鼻祖爱德蒙·柏克在法国大革命尚未沦为恐怖主义之前，也曾对之大加喝彩），他本人也可能并非乐意接受"保守主义者"的称号。如果说他是一个有着中道精神的稳健思想家、行动者，则更符合事实。

三 保守主义的革命家

仅就其看似保守主义的思想倾向而言，梁启超并非一个柏克、梅特涅、基佐式的纯粹政治保守主义者。其立足点和出发点更高，

---

[1] 改革开放以后，1986 年出版的《梁启超思想研究》一书对梁氏作了颇具同情心的历史定位，即"资产阶级政治活动家"。此书的一个重要内容，是在阶级属性方面为梁氏正名，亦即将文革前和文革期间梁氏被打成封建统治的维护者这种情形颠倒过来。书中写道："有的同志在评价梁启超的时候，把孙中山主张民主共和国看成是代表资产阶级利益，却把梁启超主张君主立宪，说成是维护清王朝的封建统治。这是一个忽视阶级共性的错误结论。事实上，不论是民主共和还是君主立宪，都是资产阶级政体，并没有什么本质区别。"从马克思主义的立场看，比之封建阶级，资产阶级是更先进的阶级；但比之无产阶级，资产阶级却又是落后的阶级。因此，梁启超仍有其"阶级局限性"，是不言而喻的。参见钟珍维、万发云：《梁启超思想研究》，海口：海南人民出版社，1986 年，第 1 页、255 页。

所面临和要解决的问题也更大、更难，因而他不仅是一个政治保守主义者，很大程度上还是一个文化保守主义者。不仅如此，梁氏虽可视为一个狭义的政治保守主义者，但也无可争辩地是一个广义的革命者，甚至是一个相当激进的革命者。在"新民"即改造"旧"国民，超拔"旧"国民的运动中，梁启超身体力行，将当时思想界对西方思想尤其是自由主义思想的引进大大推进了一步，因而难免间接甚或直接成为过激思潮的一个动因，故有自责之语："启超之在思想界，其破坏力确不小，而建设则未有闻，晚清思想界之粗率浅薄，启超与有罪焉。"[1]

　　然而，在西学潮水般涌入的情况下，梁氏敏锐地觉察到全盘否弃传统文化可能造成极大危害，所以又近乎本能地担当起了维护中国文化精神核心——儒家思想——的任务，从而先行一步，为现代新儒家如马一浮、梁漱溟、张君劢、熊十力、冯友兰等人的兴起提供了一个起点。可能正是由于这种平和中正的思想品格，长期以来，梁氏在激进主义知识分子中颇受冷落。这里应注意的是，梁启超虽与革命派、激进派有千丝万缕的联系，其相对保守的思想品格很大程度上是康有为影响甚至制约的结果："任公有不能离开康南海的苦衷。他既师事南海于先，戊戌共患难于后，已注定了他们不能分离的关系。而南海当时拥有相当大的势力，用私谊和财力来羁縻他。任公跳不出感情的圈子，抗拒了不了经济的压力，虽然一度与南海背道而驰，终于难逃南海的掌握。"[2]

　　甚至晚至 20 世纪 80、90 年代，梁启超的身后境遇也仍未得到

---

[1]　梁启超：《清代学术概论》，载《梁启超哲学思想论文选》，第 506 页。
[2]　张朋园：《梁启超与清季革命》，第 216 页。

根本改观。梁氏在思想战线上的"退居二线",应从辛亥革命算起。后来在新文化运动和五四运动中,他与新一代知识人分歧更大,也就更加靠边站了。《新青年》杂志竟将其排斥在外,而众所周知,五四运动的直接肇因,正是梁氏从巴黎发回的有关列强出卖中国利益的电报。

与此同时,先前他那集革命家、思想家和学者三种角色于一身的格局,被现实中职业革命家、思想家、学者等角色的现代分化所迅速打破。出现了专门化的革命家,如孙中山和毛泽东等人;也出现了一大批关注革命的同时也埋头思想文化重建的学者、文学家兼思想家,如胡适、鲁迅、丁文江、张君劢等;后来更出现了一些近乎纯粹的现代型学者,如冯友兰、陈寅恪、侯外庐(或还可算上王国维)。这种现代分化加深了梁氏的寂寞。身后的梁启超就更加孤寂了。他既没有像很多自立门户的旧式学者那样培养一大群门人,也没像某些近现代思想家那样建构一个宏大思想体系,就连其晚年那种近乎纯粹的学者生活,很大程度上也靠的是青少年时即打下底子的考据工夫。在众多新星的耀眼光芒面前,被冷落的梁氏沦为一个冠有思想家、革命家、学者、爱国者等光环的名字。这个名字后来又被贴上了"资产阶级革命家"的标签。至 20 世纪 60 年代,梁启超更被打成一个搞"伪装、投机、欺骗"的家伙,一个"狡诈、玩弄两面手法"的卑劣之徒。[1] 在一波又一波炙手可热的思想运动、政治运动中,其思想和观点日益被目为过时,完全被边缘化了。

甚至作为学者的梁启超被后人超越,也是必然的、应该的。他

---

[1] 钟珍维、万发云:《梁启超思想研究》,第 276 页。

的使命，似乎仅仅在于开风气之先；进一步的严密、系统、精细的工作，只好留给后来那些更为专门化的学者们来做。考虑到梁氏在传统文化转型中所起的巨大作用，其所遭受的冷遇就更显突出了。当代学者的专门化程度明显超过了上世纪 20、30 年代，故梁氏虽然留下了卷帙浩繁的著述，但要为众多具体问题做出阐释和解答，却勉为其难。也应看到，在一个"学问"日益专业化的时代，一个专业化所导致的知识琐碎化、狭隘化问题愈来愈严重即越来越"卷"的时代，梁氏那种高屋建瓴、洞察全局的眼光尤其具有重要价值。这种眼光是当今许多中西文化研究者，尤其是从事比较研究的学者，所最缺乏的。

也应指出，作为传统向现代急剧转型时代的思想家，梁氏既是转型的一个重要动原，又是转型的一个重要产物。他本身就是转型的活生生体现。这一事实本身就很值得中国现代思想史和知识分子史研究者深入思考。对于那些仍然醉心于用激烈的方式一劳永逸地解决中国政治、经济和社会问题的人来说，梁氏中道稳健方略的现实意义是不言而喻的。更重要的是，在一个中西文化孰优孰劣的争论似乎仍未结束的时代，对于我们这些在文化主体性和文化认同问题上仍在彷徨、仍处于失语状态的当代中国人来说，梁启超一方面根本立足于中国文化，另一方面又选择性、批判性地吸纳西方文化精髓的态度，具有不言自明的启示作用和重要的现实意义。他在 20世纪最初一二十年即为现代新儒家开辟的新的思想立场，实际上仍是当代中国学人所本应具有的思想立场。对在一波波文化热中丧失中国文化根性故而无所适从的国人来说，梁氏尤其具有思想和文化上的旗帜作用。

四　冲突与调和

对中国人言，20 世纪无疑是一个巨变的世纪，一个剧烈震荡的世纪。在 20 世纪，中国知识人的心境无疑是骚动不安的。作这种判断，已预设了一个主观与客观、主体与客体的关系问题。究竟是心境造就了时势，还是时势造就了心境？反省一个世纪以来知识分子的心路历程，不难发现主体客体并非总处在一种健康、平衡的互动关系中，而往往是主体在起了某种过分的作用，甚或总是处在膨胀状态中。具体言之，知识分子普遍染上了一种可称之为"多动症"的疾病或一种浮躁盲动的倾向，从而似乎永远处在童稚期，永远不能成熟。甚至晚至上世纪 80、90 年代，很多中国知识分子仍在现趸现卖时髦的西方理论。有人幻想用引进基督教理念来全盘置换儒释道及官方意识形态，以"拯救"染上了精神沉疴的中国人的可怜灵魂，更多人则要么陶醉于"人文精神"的玄虚之论，要么自我殖民，为西方"后学"及其他花里胡哨的"理论"作免费推广。在这种氛围中，先前被视为美德的中正平和的文化特质被贬到一个极低的位置。在那些喜欢从文化根基上为暂时的落后寻找替罪羊的人那里，这种特质甚至被视为晚清以降中国一切灾难的总根子，"过犹不及"的古训被抛到九霄云外，"中庸之道"或"中庸"成了浑身臭味、避之犹恐不及的字眼。

与这些知识分子恰成对照的是，当时的梁氏对于旧思想、旧文化中的不合理成分给予了不遗余力的批判，甚至深深卷入激进"改革开放"的戊戌变法，在这一革命性运动中差点付出生命的代价。流亡海外十四年间，西方新思想潮水般涌入其视野，梁氏也竭尽全力向国内译介这些思想。可是，当他看到政治上的激进主义、文化上全盘西化论的苗头时，又毫不犹豫地担负起批判这些倾向的任务。这就是后来他所谓"不慊于当时革命家之所为，惩羹而吹齑，持论稍变矣"。[1] 这种态度对于过激立场无疑能起到一种矫枉过正的作用。也就是说在大多数知识分子囫囵吞枣地引进西方新文化、新思想，传统思想、文化的位置如何摆正成为一个紧迫问题时，梁氏采取了一种不急不躁、温和中庸的立场。事实上，他的这种调和主义倾向早在写作于 1902—1906 年的《新民说》里便可看得清清楚楚，在全盘西化论几乎成为主流的年代，更是如此。例如，在关于"物质文明"与"精神文明"的关系问题上，梁氏在《先秦政治思想史》（1922 年）中写道：

> 吾侪认为儒家解答本问题……于人生最为合理……物质生活不过是为维持精神生活之一种手段，决不能以之占人生问题之主位。是故近代欧美是流行之"功利主义""唯物史观"等学说，吾侪认为根柢极浅薄，决不足以应今后时代之要求。虽然，吾侪须知，现代人类受物质上之压迫，其势力之暴，迥非前代比。科学之发明进步，为吾侪所不能拒且不应拒；而科学勃兴之结果，能使物质益为畸形的发展，而其权威亦益猖獗。[2]

这大可以视为在对现代性问题有深刻洞见的前提下，所作的一

---

[1]　梁启超：《清代学术概论》，见《梁启超哲学思想论文选》，第 504 页。
[2]　同上书，第 405—406 页。

种调和物质生活与精神生命之矛盾的努力。

应当注意的是,《新民说》大部分篇章写于他一生中最"进步"的时期,或者说其文化政治立场与政治上的激进主义、文化上的全盘西化论最为接近的时期。可即便在这一时期,他也明白无误地做出了努力,对冲突中的文化要素进行调和与调适,甚至因此而对"盎格鲁撒逊人种"善于调和的国民精神大加赞扬:

> 世界上万事之现象不外两大主义,一曰保守,二曰进取。人之运用此两主义者,或偏取甲,或偏取乙,或两者并起而相冲突,或两者并存而相调和。偏取其一,未有能立者也。有冲突,则必有调和。冲突者,调和之先驱也。善调和者,斯为伟大国民,盎格鲁撒逊人种是也……故吾所谓新民者,必非如心醉西风者流,蔑弃吾数千年之道德、学术、风俗以求伍于他人,亦非如墨守故纸者流,谓仅抱数千年之道德、学术、风俗,遂足以立于大地也。[1]

这或可视为一种宏观文化宣言,但具有方向性的重要价值却无疑。除提倡在"保守"与"进取"之间求得平衡外,梁氏还号召国人坚持中国文化主体性,反对文化虚无主义,反对在文化认同上妄自菲薄。今天,重新思考梁启超在世纪初说的这些话,不难发现这其实是百年来中国知识分子本应坚持却未能坚持的思想立场。

---

[1] 梁启超:《新民说》(宋志明选注),沈阳:辽宁人民出版社,1994年,第9页("释新民之义")。

至于所谓"新民"到底有何内涵，梁启超明确指出："新民云者，非欲吾民尽弃其旧以从人也。新之义有二：一曰淬厉其所本有而新之，二曰采补其所本无而新之。二者缺一，时乃无功……一人如是，众民亦然。"[1]这显然是一种以中华文化为本、融合其他文明的优秀文化的立场，一种在选择与综合中进行创造的方略，与新文化运动和五四运动中一些人全盘否定传统价值观，毫无保留地接纳西方价值观的态度判然有别。当梁氏所反对的"蔑弃吾数千年之道德、学术、风俗以求伍于他人"的倾向后来终于演变成文化激进主义乃至全盘西化论的现实时，他更加旗帜鲜明地担起了捍卫中国文化、纠拨偏激时风的任务。20世纪20年代初，梁启超虽已被诸种时髦思潮或"主义"排挤出局，不再活跃于前台，但也正是在此时，他写了大量儒学研究文字。如是观之，称其为第一个现代新儒家亦无不妥。

五 共和抑或立宪?

从纯粹政治角度看，梁氏也表现出同样明显的中道精神，虽然在戊戌年前后他是最激进的改良主义者。如果说在戊戌变法期间，梁氏与变法派同仁们有过激的表现，那也主要应该从甲午战败的巨大心理冲击，以及外省士子不了解京城里宫廷政治的险恶等方面去

---

[1] 参见上引梁启超：《新民说》，第7页（"释新民之义"）。美籍华裔学者张灏指出："他（梁氏）所说的道德革命既不是全盘接受西方的道德价值观，也非全盘排斥传统的道德价值观……梁氏所称的道德革命实际上不过是传统和西方文化价值观的选择综合。"参见张灏：《梁启超与中国思想的过渡》，南京：江苏人民出版社，1993年，第159页。

找原因。更何况变法运动的灵魂人物康有为比梁氏年长十几岁，理应比他成熟得多，竟也表现得非常幼稚。如是，时年二十五岁的梁氏理应得到原谅。[1]

戊戌变法失败至辛亥首义期间，面对清政府高压政策与汹涌澎湃的革命浪潮，梁氏的基本主张是君主立宪。但他并非像老师康有为那样，忠贞不渝地坚持君主立宪之立场，甚至主张"君臣之道"永恒不变，而表现出了一种"与时俱进"的调和变通的精神。如在政体问题上，梁氏认为共和制与君主立宪制并非水火，而在反对顽固守旧派的斗争中，共和派即革命派与君主立宪派完全可以联合起来，应对共同的敌手。但当激进思潮表示出强烈的破坏性征兆时，出于本能的警惕，梁氏又重申其君主立宪的立场。

辛亥起义成功后，恢复帝制已断无可能，梁启超又成为共和制的拥护者。但切不可凭此为据，将梁氏视为墙头草。他在辛亥革命

---

[1] 在《戊戌变法与中国早期政治激进主义的根源》一文中，萧功秦对戊戌君子过于激进的改革观作了如下总结。他认为，他们的第一个特点是"认为改革必须是急剧而迅速的，快刀斩乱麻的"；第二个特点是"与传统的断裂性"，结果是"快变""大变""全变"之主张；第三个特点是"从泛道德主义立场，主张'新与旧'之间的'水火不容'"。萧功秦也指出，康有为的变法方略有四个方面的失策：一，"先声夺人的改革声势"，即"尽撤"六部，结果是"在变法派在政治上站稳之前就公开向六部为中枢的传统官僚体制宣战"；二，"快变、大变与全变的一揽子解决方式"；三，对传统中心象征的挑战，即康有为以《新学伪经考》与《孔子改制考》等书重塑孔子形象的企图对改革是非常有害的，因为甲午战争以来，更深入、更广泛的改革已成为官僚士绅精英的政治共识，故而"孔子的传统形象，并不构成当时进一步变革的基本障碍"；四，孤立与排斥太后的政治战略，这实际上加深加速了"名义上归政的皇帝与掌握实际上的否决权的太后之间的矛盾"，而处理好帝后关系是改革能否成功的关键。参见萧功秦，《萧功秦集》，哈尔滨：黑龙江教育出版社，1995年，第224—250页。萧功秦在20世纪90年代引入了研究戊戌变法的一个新视角，功不可没，但变法本身是否就导致了与传统的"断裂"，以及"传统中心象征"是否应该受到挑战，康有为究竟在何种意义上挑战了这一象征，以及当时官僚士绅精英究竟是否形成了"政治共识"等，都是大可讨论的。

时成为共和派并不奇怪。当初，不正是他的《新民说》、谭嗣同的《仁学》、章炳麟的《訄书》、邹容的《革命军》，以及严复所译赫胥黎之《天演论》等，将共和思想引入国人的视域中？可是，此时的梁启超与大多数共和派不同，是一个现实主义甚至保守主义的共和派。戊戌变法失败后在海外漂泊时，梁氏游历了新大陆，亲眼目睹民主制在实践中存在的种种问题以及华人在民主制下的种种不堪表现，再加受严复所译《天演论》的影响，[1] 对是否应立即实行西方式共和制持保守态度，而主张政制改造应循序渐进，目前阶段应集中权力，而非分散权力。

仅凭常识就知道，议会不能越俎代庖，剥夺行政的权力，尤其应避免行政机关大事小事都必须拿到议会去讨论批准的局面；如此，政府必然处于瘫痪状态，在列强环伺下这意味着什么不言自明。同样，不能让几百个议员整天在议会里辩论吵架；如此，国家的大事小事都被耽误了。事实表明，只有适当集中权力才能办成事，才能办大事，才能有效地推进各方面的改革。这正是梁氏当时的看法。与变法之前和变法期间不同的是，梁氏现在已稳重了许多，对现实的把握成熟了许多。这就是为什么他虽有一个拥护共和的公众形象，实际上却是主张集中权力的："一群与袁氏没有密切关系，却在当时中国占有重要地位的领导分子，虽有时对袁氏欲达目的所采取的手段感到怀疑，却相信在 1913 年第二次革命后建立独裁是改革的必要条件。梁启超和蔡锷就厕身其间。"[2] 这里所谓

---

[1]　黄克武：《反思现代：近代中国历史书写的重构》，第 230 页。

[2]　此为 Ernest P. Young 在《现代的保守主义者——洪宪帝制》一书（李孝悌译）中的言论，转引自傅乐诗等人著：《近代中国思想人物论：保守主义》，台北：时报文化出版事业有限公司，1983 年，第 211 页。

"独裁"即集权,本质上与 20 世纪 70 年代末以降所谓"新权威主义"是相同的。这多少也表明梁氏在共和或立宪问题上有一种矛盾的心态。这种矛盾心态一方面反映了梁氏实事求是的态度,另一方面也在相当大程度上解释了为何他先前持君主立宪立场。在他看来,既然改革"新民"以自强是最终目的,用何种政治形式和方略来达到这一目的便是次要问题。但是,当袁世凯复辟(虽其所欲恢复之"帝制"实为君主立宪制)企图一旦昭然,他又率先撰文通电反对,与学生蔡锷一道策划发动讨袁战争。这就使他与康有为、严复、辜鸿铭等明显不同。当然,这种充满矛盾、反复的经历不可能不给他带来"一生多变"的名声。

但梁启超决非一棵墙头草,更不是投机分子或两面派,[1] 而是一个勇于探究、勇于行动的光明磊落之人。后来的情形表明,西式共和制试验只搞了两三年就归于失败,之后袁世凯的君主立宪式复辟未遂,中国很快陷入军阀割据、群雄逐鹿之内战状态,围绕现代政体的摸索和实验还得经历巨大的曲折和磨难,方可能得出一个解决方案,甚至可以说是一个不得不付出巨大代价的解决方案。这都说明,梁启超当年对待共和政体的矛盾态度是事出有因。他主张君主立宪(尽管立场摇摆)这一事实,与其说表达了对这种政体真心实意的拥护,毋宁说表达了对当时试图实行美国或法国式共和制这种不切实际想法的批评,同时也表现出其在政体改革方面的折衷倾向。更何况无论共和制,还是君主立宪制,在告别传统政制引入现代政制这一点上,并无本质区别。

因此,一旦形式上的共和制(孙中山当名义上的总统,袁世凯

---

[1] 钟珍维、万发云:《梁启超思想研究》,第 276 页。

掌握实权，且搞了一个西方式"议会"）已然实行，梁氏很快就接受这种政制，便容易理解了。从现实情形来看，梁氏若想要在政治、文化上实行那种在他看来能够产生长远效力的中道精神，或者说要与守旧和过激这两种思想倾向作斗争，在两者之间找到某种平衡，唯一的办法便是在这种名义上的共和制框架之内行事。这多少解释了他为何有"一生多变"的名声。可是无论"多变"有何内涵，梁氏的"变"都源于在真理面前不惜以现在之我否定先前之我的坦荡胸襟，在事实面前敢于修正从前立场的思想勇气。

实际上，早在世纪之交访问美国期间，梁氏以耳闻目睹的第一手知识（也因老师康有为的影响），便已得出中西文化乃至民风民俗有巨大差异，中西物质文明在发展程度上也存在巨大差距，因而中国暂时不宜实行法国式共和制或美国式的联邦共和制，而应向英国以及某些西欧国家那样，实行君主立宪制甚或"开明专制"这一结论。从理论上讲，君主立宪或"开明专制"对于当时的中国来说，不失为一种较少引起社会震荡和动乱的政制改革。然而在实际操作层面，要让那些要求迅速变革以自强的汉族精英和老百姓继续接受一个已统治了近三百年，似乎应该对中国的一切困厄和灾难负责，故已丧失了执政合法性的少数民族政权，继续接受一个现在看来已在进行相当激进的改革，但改革力度仍被认为大大不够的少数民族政权，几乎是不可能的。很大程度上，这是君主立宪制在现代中国未能有机会实行的根本原因，也是梁启超本人陷入立场"多变"的根本原因。

辛亥革命后，中国虽然在名义上实行了民主共和制，实际上权力统统仍掌握在实力派的军阀手中。鉴于很多人不顾国情、毫无保留地将西方式议会民主奉为圭臬，梁启超本着实事求是的精神，揭露当时所搞的"民主主义"的实质,一针见血地指出:"我国民主主义,在历史上根柢本就浅薄,在地理上更很少养成的机会,所以比欧美诸国发达较迟,如今突然挂起这个招牌,好象驴蒙虎皮,种种丑态如何能免?"[1] 他进一步警醒国人,中国若要搞西方式的民主,根本上尚缺乏地方自治的基础:

> 欧洲(议会制民主)国家是把市府放大做成……本来人民就有参预地方公务之权,渐渐把这权扩充到集中,便变成国家的民主政治……我们怎么样呢?民国招牌挂了八年多了,京师和各省省城,一个市会也没有,走遍二十二行省,一个乡会也没有,仅仅在那最高级行政官厅所在地人云亦云地闹些国会省议会,纯是拿前清做官思想去当议员,何尝有一毫自治观念来![2]

这无疑是说,要在当时的中国实行名符其实的西式民主制度,条件远不成熟;从上到下的中国人尚无"运用议会的能力",而要"培植此种能力",还得在教育方面做艰巨的工作。[3] 一个多世纪以来正反两方面的经验都表明,梁氏的诊断是正确的。历史之所以未能采取精英们所希冀的路径行进,除了国民文化心理结构以及既有社会政治实践迥异于西方外,还因为在短短一个世纪里,一个超大国家抵抗外敌侵略,完成思维转型的同时,还必须尽快实现工农业现代化、教育现代化、国防现代化,以及政治体制、法律法规、

---

[1] 梁启超:《中国人之自觉》,载《梁启超哲学思想论文选》,第273页。
[2] 同上书,第280页。
[3] 张朋园:《立宪派与辛亥革命》,第37页。

医疗卫生等方方面面的现代化。这是一个异常繁重的时代任务。20世纪的文明再造实在是一个巨大工程，要做的事情实在太多，区区一百年时间实在太短。

甚至晚至 20 世纪 80 年代末 90 年代初，知识界仍在讨论"新权威主义"或集中政治权力的必要性，而稍早一点，从 80 年代初起，中国开始在农村基层推行以民主选举、民主管理、民主监督为主要内容的村民自治，尽管问题太多，很难说成功了。总体而言，民主化的任务不能说已经完成。在城市地区，国家治理现状与前辈们的期待仍然有相当大的距离。而跟西方民主共和制相配套的市民社会理论及其他相关理论，更是迟至上世纪 90 年代才引起学界注意。相比之下，梁启超早在大半个世纪前便已意识到在西方国家，"本来人民就有参预地方公务之权，渐渐把这权扩充到集中，便变成国家的民主政治"了。尽管造成上述局面的主要是客观因素，但不能说知识分子全无主观责任。

（本文初稿于 1996 年 3 月，修订于 2023 年 3 月）

第六章　明清启蒙话语的现代性格

一　引言

　　文明要复兴，除了必得有器物、政体层面的现代化工程以外，还得有思想或理念层面的系统改造。要进行这种改造，又必得有相关思想资源。在清末民初，这种思想资源来自两个方面：传统儒学与现代样式的西方意识形态。传统儒家思想早已融入中国人的血液之中，是民族精神生命的核心成份。可是现在，传统思想必须被加以改造，经历一种类似于 18 世纪西方启蒙运动的现代转型，才能适应现代条件下资本主义的迅速发展以及个体主义意识和自由、平等、民主思想的兴起，才能与它们形成一种互为因果，相辅相成的关系。在这一过程中，清末民初的思想精英们注意到，传统思想形态中存在着一些与现代理念高度契合的因素。这就是明末清初的"启蒙话语"，一种与西方启蒙思想若合符节的内源性启蒙话语。由于这种启蒙话语的存在，西方式的自由平等、民主共和思想对晚清中国人来说显得并不陌生。传统文化之所以能相对迅速地实现现代转型，这种话语功不可没。

二　富于生机的思想形态

首先要注意的一点是，新文化运动以来，除了历史唯物主义者是明显的例外，很多知识分子一度从西方式的自由民主理念出发，对历史上的儒家持否定态度，认为儒家不仅是"一家独大"，更是皇权或"封建"专制主义的帮凶，完全否定儒家思想和儒家知识分子在制约皇权和形塑、维系中国文明方面所做的巨大贡献，也对儒家思想及儒家知识分子在传统文化的现代转型中所起的重要甚至核心作用视若无睹，更对"轴心时期"以降至近代，世界各大文明都像中国那样独尊一教的事实视而不见。[1]

实际上，在人类文明史上，任何一个自成一体、富于生命力的思想体系，如犹太教、伊斯兰教、基督教、印度教思想体系，都无不是"一家独大"，都无不助力相关社会发展出种种具有现实社会效力、不断自我更新和自我完善的社会、政治和文化机制。"一家独大"的儒家并非例外。汉武帝以降居主导地位的儒学从精神气质、政治架构、社会组织、物质形态等方方面面决定了其后中国文明的演进路径。如果说 1840 年以降至今中国文明的复兴很大程度上是中华共同体及其文化精神在现代条件下的重塑，那么可以说，

---

[1] 从西方文明来看，在罗马帝国晚期，基督教思想在与罗马帝国国家诸神崇拜、前基督教原始宗教，以及晚期希腊哲学（尤其是斯多葛主义）的冲突和融合中最终胜出，从此享有独尊的地位。这种局面维持了近一千五百年，直至近代初期的新教运动才最终打破。晚至 1992 年，梵蒂冈天主教教廷才因科学信仰而被教会当局当作异端分子处死的布鲁诺平反，并承认伽利略、达尔文等人学说的合法性，甚至仍未明确放弃教宗永无谬误论。在印度方面，印度教的独尊地位也是到近代才打破的。伊斯兰文明的情况同样如此，尽管其现代因素与其他主要文明相比显得更弱。因此，儒学独尊局面的形成未尝不能看作一种历史的必然。

明末清初的启蒙式思潮是儒家思想对当时社会政治情势所作的反应，至清末民初又自然成为促进文明再造、文化主体性重建的一种重要动因和推力。

回顾历史不难发现，经历过"百花齐放"的儒学在汉武帝时代取得了"诸子百家"中其他流派不能比拟的重要地位；其后，在魏晋时期，出现了名教与玄学之争，与此同时已进入华夏世界的佛教思想开始了与儒道思想的长期磨合与融汇过程；及至宋明时期，摄入了佛道元素的"新儒学"亦即理学和心学得到了前所未有的大发展，后来对中国乃至整个东亚世界的精神形态产生了强大的冲击；至明末清初，儒学内部又出现了一股启蒙运动式的反专制主义思潮（及"经世致用"之实学思潮）；而在晚清中国人思想的现代转型中，这种内源性的启蒙话语又发挥了不可否认的作用。

回头看，几乎在西方启蒙思想传入的同时，晚清中国出现了一股可谓传统样式的启蒙运动。而早在明清之交，黄宗羲、顾炎武、王夫之、唐甄（以及清中叶的龚自珍）便对君权神授的专制主义思想进行了系统性反省和批判。他们明确反对家天下，即将天下视为一家一姓之私产，大力倡言地方分权，提倡一种新型的公私观、富民论，因此大可视为一种类似于欧洲启蒙运动的、内源性的启蒙思潮。康有为、梁启超因阅读《明夷待访录》《潜书》《黄书》等而深受启发，章炳麟因阅读唐甄的著作而深有感悟，宋教仁等则表示传统典籍中对君主专制主义的批判，使他们得以理解现代西方政制的意义。[1]

黄宗羲、顾炎武、王夫之、唐甄类似于西方启蒙思想的言论标

---

[1] 黄克武：《反思现代：近代中国历史书写的重构》，第 226 页。

志着，近两千年来，儒家内部首次出现了一场深刻的思想批判运动。在他们之前，"民为本、社稷次之、君为轻"之民本论和"上下一体""天下为公"之政治理想，一直是一种重要的话语，经黄、顾、王、唐系统而详尽的阐发后，与现实的契合度明显提高了，至晚清，又与传入的西方民主共和思想一拍即合。这应该是两种政治话语很快形成呼应关系的根本原因。黄、顾、王、唐的政治思想固然代表少数精英力挽危局的努力和对明朝何以灭亡的深刻反省，却在晚清儒学的现代转型中成为新生代思想家的重要精神资源，一点也不过时。

这就是为什么有必要探讨这么一些问题：明清之际内源性的启蒙思潮仅仅是当时柔弱资本主义萌芽的一种意识形态表征？理学-心学话语是否只是到了晚清，才发生现代转型？晚清乃至新文化运动前夕的儒学是否早已成为一种僵死的学问？实际上，儒学固然有其历史作用及定位，却并非像激进派所指责的那样，是一种完全过时、保守僵死、极具压迫性的意识形态，而是一个富于生机的思想体系，一个不断演进，不断自我完善的思想体系。无论明清之际的启蒙思想运动是何种意义上的"启蒙"，与西方启蒙运动有何不同，也无论这种思想启蒙达到了何种深度广度，对中国社会产生了何种深远影响，仅从一个粗略的轮廓也能看出，儒学远非像一百年前的激进主义者乃至今日很多人所想象的那么不堪。

三　启蒙话语的兴起

作为一种生机勃勃的思想体系，儒学在与世界上其他文明大体上隔绝的情况下，在近代之前约两千年时间中表现出了一种深刻的本质合理性。正是这种本质合理性赋予它一种自我完善和自我更新的能力。

虽然如此，这种能力并非意味着即使没有外力的作用，即便没有西方以其技术和制度优势对儒家维系起来的社会政治结构所产生的强烈冲击，仅仅凭内部的思想运动，儒学在明清之际也能发展出种种能够适应近现代情势的新思想元素。作为一个具有高度政治操作性的思想体系，儒学远非十全十美。从理论和实践两方面讲，也不可能存在一种十全十美的思想体系。作为一种复杂而宏大的思想形态，儒学虽在思想观念方面曾享有过极高的权威性（在社会政治层面，这种权威地位更是不可动摇），但这并非意味着，儒学的所有理念都能避免历史相对性而具有永恒、绝对的内在价值，也并非意味着不可以对其某些基本理念进行质疑乃至扬弃。在主要以儒家思想维系起来的社会、政治、文化乃至习俗之操作层面，就更不能指望永葆某种完美无瑕状态了。

事实上，早在明代后期，深刻的社会政治危机便导致儒学内部深刻的思想危机，这就需有一种类似于西方启蒙运动的思潮来因应。不无巧合的是，在晚清及民国初年新思想的刺激使儒家文化发生巨变之前，早在明清之际及清朝早期，便自发兴起了儒家内部的一次自我批判运动，即现代眼光审视下的思想启蒙。清初四大儒黄宗羲、顾炎武、王夫之、唐甄便是这种思想启蒙的最高代表。但是除他们外，徐光启、李之藻、朱舜水、方以智、颜元、李塨等一大批启蒙型儒者在现代交通、通讯及传播媒介缺位的条件下，竟不期而然地表现出了相同的价值取向。进入清中叶后，在统治者的压制下，他们的启蒙话语未能产生明显的社会政治效应，但及至清末，却为康有为、梁启超、谭嗣同、廖平等新一代敏锐的思想者所利用，从而在书生士人的思想转型中发挥了重要作用。

早在戊戌变法之前，敏锐的知识分子对明清之际先进思想家的启蒙价值便有了清楚的认识。他们在思想上受益于他们，是不容置疑的。在著于 20 世纪 20 年代初的《中国近三百年学术史》里，梁启超将黄宗羲的《明夷待访录》比为"卢骚"（卢梭）的《民约论》（《社会契约论》）："从今日青年眼光看去，虽象平平无奇，但三百年前——卢骚《民约论》出世前之数十年，有这等议论，不能不算人类文化之一高贵产品。"黄宗羲乃"中国的卢梭"这个说法大体上即源自梁启超的议论（应注意的是，在梁启超那里，黄宗羲与卢梭大体上处于平等的地位）。梁启超还以颇为崇敬的语气提到《明夷待访录》对他个人的深刻影响："在三十年前，我们当学生的时代，实为刺激青年最有力之兴奋剂。我自己的政治运动，可以说是受这部书的影响最早而最深。"[1]

那么，这一堪比西方启蒙运动的思潮有何表征？回答这一问题之前应当看到，这股启蒙思潮的出现必得有适当的社会政治条件。这种社会政治背景是，在由儒家思想维系起来的传统社会政治结构里，不断爆发周期性危机，而且越到后来越严重，至明朝末年，达到了无以复加的地步。也就是说，此时王朝内部出现了诸多极其尖锐、极难克服的政治、经济和社会矛盾。宦官专权、吏治腐败、财政崩溃、农民起义、外族入侵，便是这些矛盾的具体表现。风雨飘摇中的晚明时代，或可与孔子所处的"礼崩乐坏"的春秋时代相比较。这给了有强烈忧患意识的晚明儒者以积极思考的外部压力。另

──────────
[1] 梁启超：《中国近三百年学术史》，上海：东方出版社，1996 年（据中华书局 1936 年版编校再版），第 55—56 页。

一方面，不远万里来亚洲传教的耶稣会士也恰逢此时踏上中土，将西方当时较为先进的科学知识、实用技术知识等带到中国，这也有助于把忧时忧民的思想者带入一种前所未有的更宽广的思想视野中。这些因素加在一起，使得当时的儒者表现出了一种前所未有的批判勇气。他们的大胆超过了以往任何时代的儒者，即与清末民初的新潮知识分子相比，也不逊色。

但是，无论其思想多么活跃、多么大胆，萦绕在明末清初儒者头脑中的诸多问题，可以说是由一个直接、切身的现实问题引发的，即明朝政权为什么会一步步陷入危局，最后在农民起义和清人入关的双重打击下彻底覆灭。从这一具有根本性的现实问题中，自然而然产生了一种强烈的怀疑精神。明清之际启蒙思潮的方方面面，包括一些哲学命题的提出，其实都源于这种怀疑精神。

有论者对明清之际西方启蒙式思想运动的各个方面作了以下概括：

> 崭新的价值、人文精神的觉醒，禁欲主义的批判，专制主义的鞭挞，主体意识的高扬，经学态度的否定，怀疑原则，自得精神，学术民主，会通中西等孕育有近代因素思想的提倡，穷究试验的实践精神，理数相倚的科学意识，功利旗帜的高擎，经世致用学风的重光，豪杰精神这一理想人格的呼唤，市民情感世界对传统审美趣味的支援，个性解放的倡导，风雷之文的鼓荡。[1]

---

[1] 朱义禄：《逝去的启蒙：明清之际启蒙学者的文化心态》，郑州：河南人民出版社，1995年，第2页。

这当然是用当代人的眼光对当时情形所作的一种观察，语气尽管过于热烈，但也若合符节。这的确是一种前所未有的、具有西方式启蒙意味的新气象。但明清之际的儒者们不可能意识到，他们所正在进行的，是一场与西方启蒙运动相似的中国式"启蒙"。他们对现实的批判，也不可能抛弃融在他们生命中的、历史悠久的儒学话语，时代也没能提供重大话语转换的社会经济条件。因此，尽管从许多方面看这种思想启蒙都可与 18 世纪的西方启蒙运动相比，但这并非意味着，在差异相当大的经济和社会政治条件下，中国和欧洲的启蒙具有相同的社会政治目标和精神品质，达到了相同的深度和广度，甚至产生了相同的社会政治效应。无论如何，明清之际思想家是在传统思想框架之内进行批判和反省的，传统话语的使用也并不妨碍他们做出正确的观察，得出正确的结论。

晚明儒者敏锐地意识到，诸多时弊的思想根源，在于宋明以来盛行的理气性命之说被推衍至一种荒谬的程度。当然，摄佛归儒是宋明儒者对儒家思想的一大发展和贡献，融合了佛家思想的新型儒学仍是一种具有家国情怀、入世而非出世的学问。以王阳明为例。他"虽然讲个人良知，但其精神着眼，则普及到人类之大全体。他虽然讲心即理，但亦廓大及于人生一切智识才能及事业。讲良知虽侧重人心之同然，但亦顾及人与人之个性相异。讲良知虽侧重个人伦理，但亦开展到政治社会之各方面"。[1]

尽管如此，明朝后期盛行的心学毕竟太偏重个人，太偏重内心和静修的一面，而对于如何将个人修养的工夫转化为外在事功，简

---

[1]　钱穆：《中国思想史》（全一册），台北：台湾学生书局，1977 年，第 244 页。

而言之，对于如何经世致用，则着力不够。至晚明时代，心学已暴露出诸多流弊。明清之际迄于今日，学术界公认王学末流耽空滞无，与佛家几无区别，而对于国计民生、人间苦难却熟视无睹。[1]在时代的压力下，晚明儒者"由虚转实，由静返动"，[2]学风由宋明式的形而上回归先秦式的形而下，着眼点从个人转向社会和国家，学术形态由心性之学转向经世之学。这都是自然甚至必然的选择。

四　黄宗羲、顾炎武、王夫之、唐甄对心学末流的批判

心学末流在士大夫当中造成了严重的不良影响，这就自然使一些儒者将批判锋芒对准他们认为弊端所由出的佛教。为了匡救时弊，也为了对佛教展开批判，一些儒者皈依了当时正由利玛窦等西方传教士传入中国的基督教。这就是所谓"易佛补儒"。著名士大夫、基督徒徐光启便是这样的人。在他看来：

> 佛教东来千八百年……其言似是而非也。说禅宗者，衍老庄之旨，幽邈而无当；行瑜珈者，杂符录之法，乖谬而无理……诸培臣（指耶稣会传教士）所传敬事天主之道，真可以补益王化，左右儒术，救正佛法也。[3]

───────────

[1] 某种意义上讲，心学虽然大大提升了中国人的主体精神和主观能动性，可是也很难说对 20 世纪中国人当中存在的唯意志论倾向不负有责任。

[2] 同上书，第 244 页。

[3] 徐宗泽编：《明清间耶稣会士译著提要》，北京：中华书局，1989 年（据该局 1949 年版影印本再版），第 258 页。

结果是，徐光启在认同基督教的启示的同时，将"天学"中的天文、数学、地理、军事、水利、农政等科技要素引入中国士人的视野，从而使明清之际的学术风气为之一新："后此清朝一代学者，对于历算学都有兴味，而且最喜欢谈经世致用之学，大概受利（玛窦）、徐（光启）诸人影响不小。"[1]

但对儒学所面临危机有着更深刻的认识，并在儒学话语的框架内作了更深刻思考从而丰富了其内涵的，还是清初的黄宗羲、顾炎武、王夫之和唐甄。

以当时的标准衡量，黄宗羲的思想是非常大胆的。这主要表现在政治层面尤其是君民关系上，集中反映在其代表作《明夷待访录》中。他认为，在上古时代，君主制度本来没有什么缺陷。但这种制度经历了一个演变的过程，这就使君民、君臣关系发生了质的变化。古之君主"不以一己之利为利，而天下受其利；不以一己之害为害，而使天下释其害"。可是后来，君主逐渐堕落了："以为天下利害之权，皆出于我，我以天下之利尽归于己，天下之害尽归于人……始而惭焉，久而安焉，视天下为莫大之产业，传诸子孙，受享无穷。"在上古时代，君主"以天下为主，君为客"；与之恰成对照的是，"今也以君为主，天下为客。"更糟糕的是，今之君主"屠毒天下之肝脑，离散天下之子女，以博我一人之产业……敲剥天下之骨髓，离散天下之子女，以奉我一人之淫乐"，并且把这一切"视为当然"。最后，黄宗羲得出了这一结论："天下之大害者，君而已矣。"[2]

---

[1]　梁启超：《中国近三百年学术史》，第11页。
[2]　此处引文均出自黄宗羲：《明夷待访录·原君》。

　　黄宗羲的话虽不宜视为推翻清王朝的呼号（清初的高压政策也不可能使这种颠覆性思想得到广泛传播），更多是对已然覆灭的明王朝何以如此的反思，但包含明确的反专制主义思想无疑。他的言论与 18 世纪中下叶卢梭反对专制主义王权、教权的言论何其相似乃尔。故不难明白，为什么后来梁启超如此崇敬黄宗羲。需要指出的是，尽管黄宗羲反专制主义思想的产生有直接的现实根源，即晚明时代的政治黑暗，但也并非没有更为久远的源头活水，即先秦儒学尤其是《孟子》里的民贵君轻说。也应看到，黄宗羲的批判固然尖锐、深刻，却并未触动仁、义、礼、智、信之基本儒学理念，而是主要在现实政治层面进行的；甚至可以说，他的批判性反思不可能不以基本儒学理念为前提。这样就为清末民初的新型知识分子开了先例。在内忧外患的巨大压力下，他们仿效黄宗羲，有意无意地把儒学这一宏大的思想体系区分为价值理念与社会政治两大层面——当时的中国虽然政治腐败，社会萎靡，但儒家理念不应对此负责；问题出在当权者违背了儒家理念。但及至民国初年，激进主义的知识人如陈独秀等终于不再对儒家基本理念与儒家所维系的社会政治结构作区分，而是将这两大层面一锅端，将中国的一切困厄和灾难归因于儒家。

　　比诸黄宗羲，顾炎武的批判更多针对王学末流对晚明士风造成的恶劣影响。鉴于当时"学者"动辄空谈明心见性，超凡入圣，他指出：

　　　　命与仁，夫子之所罕言也；性与天道，子贡之所未得闻也。性命之理，著之《易传》，未尝数以语人。其答问士也，则曰："行己有耻"；其为学，则曰："好古敏求……圣人之所

以为学者，何其平易而可循也……今之君子则不然，聚宾客门
人之学者数十百人……而一皆与之言心言性。舍多学而识以求
一贯之方，置四海之困穷不言，而终日讲危微精一。[1]

空谈性命的结果，必然是政治人格意识的薄弱乃至消亡："出
处去就辞受取与之辨，孔子孟子之所恒言，而今之君子所罕言也。"
政治人格意识的淡化，必然意味着羞耻之心的丧失，意味着士人不
再闻"行己有耻"之"圣人之道"；他们"不耻恶衣恶食，而耻匹
夫匹妇之不被其泽……"。在顾炎武看来，当时的士人已丧失了立
身处事的根本原则："士而不先言耻，则为无本之人。"[2] 顾炎武
对清初的学风影响非常大，使其开始拒斥理气性命之玄谈，开始朝
着富于科学精神的重事实、重证据的方向转变，加之他本人身体力
行，其学问也幸获传人，最终在清朝中叶形成了蔚为大观的乾嘉之
学，而使乾嘉学派得以闻名后世的又是其训诂、音韵、文字、金
石、天文、数学、地理、历史等在中国学术史上前所未有地精密细
致，前所未有地富于科学精神的学问。[3]
　　王夫之的思考同样是对王学和朱学弊端的反动，但比黄宗羲、
顾炎武二人更为玄观。比之其他启蒙型思想家，王夫之更像一个纯
粹的哲学家。他虽表现出强烈的种族主义思想（因而颇被现代学者
诟病），但在本体论、认识论、辩证法、伦理学说等方面系统地提
出了诸多有价值的命题，是有清一代少有的体系建构者。另外，王
夫之的历史观也相当接近现代唯物主义历史观。但无论多么玄奥，

　　[1]　顾炎武：《与友人论学书》，载《顾亭林诗文集·亭林文集》卷三。
　　[2]　这里引文出自顾炎武：《致友人论学书》，载《亭林文集》卷三。
　　[3]　参见本书第七章相关讨论。

多么系统，王夫之的思想与黄宗羲和顾炎武一样，也是黑暗腐败的现实刺激下的产物。鉴于晚明流行理气性命之玄学，王夫之继承并发展了早在北宋即为张载所发明但一直未能成为主流的气一元论思想，欲开出一种新的学术风气。王夫之明确反对形而上为道、形而下为器的传统观念，这样写道：

> 上下无殊畛，而道器无易体，明矣。天下惟器而已矣。道者器之道，器者不可谓之道之器也。无其道则无其器，人类能言之。……无其器则无其道，人鲜能言之，而固其诚然者也。洪荒无揖让之道，唐、虞无吊伐之道，汉唐无今日之道。……未有弓矢而无射道，未有车马而无御道，未有牢醴璧币、钟磬管弦而无礼乐之道。则未有子而无父道，未有弟而无兄道。[1]

据此，王夫之进而提出了"器而后有形，形而后有上"的命题，将器置于前所未有的优先地位。如果说这一命题更像是纯粹的哲学反思，那么由此得出的"故圣人者，善治器而已矣"，以及"君子之道，尽夫器而已矣"[2]之类的结论就不可能不具有社会政治含义，虽然这种思想在当时没能得到广泛流布，产生应有的社会政治效用。比诸明清之际其他启蒙型思想家，王夫之对"器"的高扬，无疑是对宋明理学兴起以来儒学正统对于"道"——与"器"相对、高于器的"道"——的过度偏重的明确而强烈的反拨。在此

---

[1] 王夫之：《周易外传·系辞上传》，第十二章。
[2] 此处引文均出自王夫之：《周易外传·系辞上传》第十二章。

意义上，王夫之对于"器"的强烈主张也可以视为对理学家对于"理"（与"事"相对）、"体"（与"用"相对）的过分偏重的明确而强烈的反拨。由于社会政治条件并未成熟，也由于刚刚建立的清王朝为了在既有理念框架内维护其社会、政治、文化秩序而采取的压制政策，明清之际的思想启蒙当时并没能产生西方启蒙运动所产生的那种社会政治效应。及至清季，西方知识、西方现代思想大举进入中国智识生活以后，情况才有了变化。

回头看，大儒戴震是清朝中期唯一继承了明清之际启蒙思想精神的哲学家（龚自珍、魏源等可看作近代思想家）、学问家。以今日标准来衡量，戴震哲学中最有价值的成分，是以欲望、情感、知觉为人之本性的自然主义人性论。其"理存于欲"之理欲观极富现代人道主义精神，是对"正统"理学"存理灭欲"之理欲观的根本否定，而"酷吏以法杀人，后儒以理杀人"[1]之类的议论，就更是对这种理欲观的惊世骇俗的抗议了。然而，戴震的思想只能视为明清之际黄、顾、王、唐启蒙思潮的一个回音，在当时社会政治条件下除了乾隆时代在东南地区少数士人中产生了一定影响外，在全国范围并未产生什么社会政治效应。从儒学话语乃至中国学术演进的角度看问题，清中期最为突出的成就无疑是考据学派的兴起。值得注意的是，晚年作为《四库》馆臣的戴震本人就是一个重量级考据学者。

从学理的角度看，自晚明以后，思想领域的理学因受到启蒙儒者的批判，也因现实政治原因而一直未能得到复苏，甚至可以说处于破产状态，尽管作为官方哲学，在政治层面仍享有一种僵而不死

---

[1]　戴震：《戴东原文集·第九·与某书》。

的权威地位。但是，思想领域中理学话语的破产，并非意味着官方儒学的破产，更非意味着儒学本身的破产。从晚明儒者到清初四大儒，从戴震到龚自珍、魏源，儒学内部一直存在着一种与官方理学话语相对待的启蒙型话语。这种话语在当时虽然未能产生应有的社会政治效应，却不甘沉寂，一直在等待重获新生的机会，至清末民初终于等来了这样的机会。在西方自由民主理念的刺激下，原本就具有现代性格的启蒙型话语终于重返思想舞台的中心，在书生士人思维的现代转型（暂且不论这种转型的机制和内涵）过程中发挥了重要作用，从而为文明复兴做出了重要贡献。

第七章　乾嘉考据学的现代品质

一　引言

一直以来，在现代学人心目中，乾隆时期兴起的考据学派这一清朝"特产"，只是一群两耳不闻窗外事，一心只读圣贤书，不谙世道、不关心国计民生的书生；在西方科学高歌猛进的时代，大量读书人竟沉迷于这种雕虫小技，故而很大程度上应对中国的落后负责；他们之所以埋头于这种学问，主要是因为清朝当局的思想禁锢政策使他们没法继续做义理方面的工作。现在看来，这些看法是站不住脚的。乾嘉考据学不仅是一种与官方理学话语彼此对待、相互补充的新型儒学样式，更是一种具有科学实证精神的学术话语，故其像明清之际的启蒙话语那样，明显发展及丰富了传统儒学的内涵，尽管所采取的路径与传统儒学大不相同。考虑到考据学以其所活跃起来的学术氛围、所发展起来的知识传承和生产机制为现代教育体制的迅速建立，现代职业人的迅速兴起做出了关键贡献，这一点就更清楚了。

不言而喻，现代教育和现代职业人的崛起是文明再造工程的一个核心内容。中国之所以能够在 20 世纪 30 年代初即已废除清政府签订的绝大多数不平等条约，收回大多数外国租界，之后又在尚未实现工业化的条件下打了八年抗战，甚至在"二战"结束后立即跻身"四强"，与美苏英三国共同发起成立联合国，很大程度得归因于晚清以降现代教育和现代职业人的迅速崛起。而这在根本上又得归因于中华社会强大的文明力，归因于中华世界相对较强的文化-技术能力、[1] 深厚的社会文化资本和丰富的人力资源。从根本上讲，首先得有规模性的教育体系和大量受过教育的现代职业人，才谈得上现代条件下共同体的迅速整合和统一，才谈得上大规模动员人力物力资源以抵御外侮，最终才谈得上经济腾飞，技术跃进，重新成为世界强国。

二 考据学兴起的原因

从清初起，在江南地区以及周边其他省份，书生士人们对训诂、音韵、文字、金石、校勘、注疏、辑佚、目录、版本等开始给予前所未有的密切关注，形成了一种实事求是、无证不信、细致专一、锲而不舍的学术风气，产生了大量学术成果，且成果质量远超之前任何时代。这就是"考据学"，或"朴学""汉学""实学"，代表性人物有顾炎武、方以智、阎若璩、毛奇龄、钱大昕、段玉裁、王念孙、王引之、惠栋、戴震、张惠言、焦循、庄存与、刘逢禄、万斯大、万斯同、杭世骏、章学诚、姚鼐等。在中国学术史、思想史和文化史上，这是一番前所未有的灿烂景象。

事实上，今日称之为"考据"或"考据学"或"乾嘉之学"的

---

[1] 关于"文明力"和"文化-技术能力"，参见"释义"部分相关词条。

风气如此之盛，以至于后来被视为一场"运动"。第一个将考据学的兴盛视为一"整体的社会运动"者是梁启超。他指出，"当运动热度最高时，可以举全社会各部分之人人，悉参加于此运动"。[1] 当时，官员们普遍家中藏书，相互讨论质疑；巨商豪族中多趋时尚，附风雅，竞相收藏书、画、图、器之人；而著名书肆则聘请学界翘楚从事古籍校雠工作。[2] 正是在这种情况下，不仅训诂、音韵、文字、金石学、校勘学、目录学、版本学、古代文献辨伪与辑佚、年谱编著之学等兴起了，而且天文学、地理学、历史学（实证历史研究而非单纯的史实记述，与今日历史学相似）、数学等更称得上"正宗"科学的学问也前所未有地繁荣起来。

这里要问的问题是：为什么清代考据学会如此发达？一个最直接的原因或许是，在清朝前中期，统治者的思想禁锢政策使得学者们没法像宋明儒者那样，继续进行思想探索、义理阐发，故而只能做一种貌似客观超然的学问，一种看上去跟"国是"即社会政治、国计民生了无关系的学问，一种在 20 世纪被不断诟病的学问。

但考据学之所以兴盛，是有多方面原因的。一个密切相关的问题是，为什么在清末民初很短的时间内，中华世界能够如此迅速、大量地产生现代国家所急需的科学家、军人、政治家、教师、实业家、医生、律师、法官、工程师、农艺师、文学家、艺术家和音乐家等这一职业人阶层？这当然与清代智力资源过剩及其所导致的考据学繁荣有关系。但智力过剩及考据学的兴盛决非无源之水，无本之木。而要搞清楚其与职业人迅速崛起的关系，得追溯既往，至少

---

[1] 梁启超：《清代学术概论》，转引自黄克武：《反思现代：近代中国历史书写的重构》，第 156 页。

[2] 黄克武：《反思现代：近代中国历史书写的重构》，第 156 页。

得追溯到宋代。[1] 正是从宋代起，相对发达的经济、技术及文化开始造就数量可观的受过教育故有"文化"的人口。需要特别注意的是，两宋文明是人类历史上第一个大规模使用印刷技术的文明。当时，发达的经济和技术的进步使雕版印刷术在宋代得到普及，从而给当时及之后各时代的教育、学术、文化带来了以下方方面面的重要变化：

> 首先，儒、道、释三教的重要经典与其他各类书籍的流通性都大大增强了，一方面打破了国家学术机构对藏书的主导，私人藏书家越来越多，藏书量甚至超过官藏。另一方面，书籍的增多与易得，更方便学者们学习与研究，也易于学者们发表自己的著作，过去那种少数上层贵胄控制学术的局面被打破了……书院作为一种独立的教育体系在民间逐渐兴起，与国家的太学、国子监以及州郡的各级学校系统并行发展……学术的繁荣有赖于书籍的普及，故而蜀、浙、赣、闽等地的刻书与书籍流通中心，往往也发展成为学术文化中心。宋代的学术文化不再只集中在京城，而是随着印书、藏书、书院的兴旺，开始呈现地域性多元分布。[2]

如果说印刷术所带来的变化最初主要局限在宗教领域和士大夫精英阶层，那么随着时间的推移，这种变化必然会扩散到整个中华

---

[1] 参见本书第十章"儒家有传人吗"第四节"宋代文化的发展"之相关讨论。

[2] 王锦民：《古典目录与国学源流》，北京：中华书局，2012年，第283页。

世界：

> 唐宋各家诗文集刊印的多了，士大夫文人之道德精神、审美理想以及生活趣味，逐渐成为社会生活之标杆，诗文书画，雅集唱和，都会随着书籍之刊刻流通不胫而走，在社会上蔚然而成风气。宋代开始出现的新兴的市民社会，也要求印制戏曲、小说、图谱以及其他实用性、休闲性的书籍，故而下层的文化也由此呈现出多元化的发展态势，越来越丰富多彩。[1]

不难想见，印刷术的普及使信息得到前所未有的传播，不仅使教育成本降低，更使从前只有少数精英才享有的"文化"逐渐扩散开来，成为中下阶层日常生活的一部分。这必然加速社会阶层的上下流动，提升整个社会的活力，使中华世界的教育、学术及文化水平长期稳居一个较高水平，甚至使其提前进入了某种准现代或"近世"模式，如日本学者内藤湖南所认为的那样。以上情形很大程度上解释了为什么富于科学精神的考据学不是无源之水，无本之木，为何考据学在清代会如此繁荣。

虽然在根本上，考据学的兴盛发生在中华世界拥有较高的生产力水平和较强的文化-技术能力[2]这一大背景下，但落实到具体层面，则与江南地区以及江西、湖南、广东等地较高的经济发展水平、教育和文化水平，以及较深的学术积累有着至为密切的关系。

---

[1]　王锦民：《古典目录与国学源流》，第283页。
[2]　参见"释义"部分"文化-技术能力"词条。

这里最重要的，还是经济和技术发展水平。只有在雄厚的经济、技术及文化基础上，才可能有数量巨大的图文信息（书画图器）的流通、传承与播散，才可能产生一个数量可观的学者群体。只有满足了这些基本条件，才谈得上考据学的兴盛。但这只是考据学得以兴起的经济、技术及社会文化背景。还可以从学理层面寻找考据学兴起和繁荣的原因。

梁启超认为，清代学者"对于历算学都有兴味，而且最喜欢谈经世致用之学，大概受利徐诸人影响不少"。[1] 作为"考据学派"中人，梁启超自然熟悉清朝学者所做工作，但把科学实证精神归因于耶稣会传教士，却证据不足。梁启超之后，有极强西学背景的另一个"考据学派"中人胡适也把清代学问的精致归因于耶稣会士的影响，[2] 但同样证据不足，所以胡适还有另一个说法，即考据学肇始于明清之际思想家们对性命理气玄谈之风的批判。[3] 胡适甚至一度相信，考据之学最终源于重视证据的刑名之学。[4] 从学理层面找原因未尝不可，但离开了宏观经济、技术条件及相应教育水平、文化水平、学术积累等，一切免谈。即使从学理层面看问题，也不应忽视一个基本事实：中华世界重证据、重逻辑的理性化思维及相应学术风气根基深厚，源远流长。这意味着，乾嘉考据学可追溯到久远的古代——如汉代——的学术传统。乾嘉"汉学"之名，决非空穴来风。

---

[1] 梁启超：《中国近二百年学术史》，第 11 页。

[2] 余英时：《中国近代思想史上的胡适》，台北：联经出版事业公司，1984年，第 121 页。

[3] 黄克武：《反思现代：近代中国历史书写的重构》，第 157—158 页。

[4] 宁海舟：《胡适的证据法之思》，载《读书》2023 年第 5 期，第 108—110 页。

三　过剩的智力资源

　　一般说来，考据学肇始于清初，因不谈义理而与主流地位的理学关系紧张，可一旦成为风气，就必然会获得一种支配其自身存在和演进的内在逻辑，就会导致一种实事求是、无证不信的学术风气的兴起。这又意味着对道德理想人格的传统追求的淡化，甚至意味着社会关怀的缺位。如此这般，考据学派难逃现代知识分子的批评。新文化运动后新一代知识分子并非没有探讨究竟是何原因造成了考据学派社会关怀的缺失，甚至清楚地知道原因究竟为何，可既然今日立场永远是衡量过往的尺度，民族存亡的危机依然存在，现实中民众仍在遭受困厄，乾嘉之学怎么可能不被视为国运衰颓的一个重要原因？恐怕找不到比这更现成的替罪羊了。甚至晚至 20 世纪 90 年代末、21 世纪初，学界对乾嘉考据学派的谴责也仍未结束。在反"封建余毒"运动——可能是现代中国最后一波反传统运动——中，考据学竟被视为极端保守的象征，备受新一代知识分子责难。但若能换个角度思考，考据学派社会政治关怀的缺位，何尝又不是中华世界智力过剩的一种表现形式？

　　回头看去，正由于相对较高的生产力水平、庞大的人口基数以及相对较高的受教育水平，及至清朝中晚期，传统中华社会的智力资源已处于严重过剩状态。考据学恰在此时达到其鼎盛状态。这说明了什么？考虑到此时中华社会并未像欧洲那样发生工业革命，消化过剩智力的能力必然有限。既然如此，为何不能将考据学视为消化过剩智力的一种方式？这也意味着，考据学的兴盛只是智力过剩的一种外在表现形式，二者间存在着一种表里关系。这很大程度解释了为何乾嘉之后考据学虽呈逐渐衰落之势，智力过剩的状况却丝毫未能得到改变。这也从根本上解释了为何至 20 世纪初，中国社会不仅很快就产生了一个职业人阶层，而且该阶层规模不断扩大，"素质"不断提高，最终使"崛起"得以实现。实际上清末以降，中国职业人士不仅撑起了国家重建的重任，也渐渐活跃于西方世界，后来更是活跃在非西方国家。据中国学学者本杰明·A. 埃尔曼（美国人，从事中国研究前受过哲学训练）《从理学到朴学》一书，乾嘉考据学的兴盛是中华世界应对智力过剩的一种重要方式，对于清末民初书生士人向现代职业人的转化做出了关键贡献。

在他看来，乾嘉学派在中国历史上第一次促成了学术的"职业化"和良性学术机制的建立。这不仅意味着大量专业或半专业人士直接从事教育和学术工作，也意味着大量书院和藏书楼建立了起来，出版业空前繁荣起来，图书图画得到了前所未有的交易和流通，甚至制度性的学术协作与学术赞助机制也出现了。结果是，在"中华帝国"晚期即清朝中后期（按，完全可追溯到宋代甚至更早时代），已然存在着诸多"学术机构"。这些"学术机构是作为研究场所而存在的，它具备了实证科学的许多特征……通过适当的调整（这在 20 世纪成为现实——原作者）即可满足现代科学的需要。进行这样的调整，要比我们设想的容易"。按照这个观点，考据学派早在中国现代化进程正式拉开帷幕之前，就已经使传统样式的知识传承及再生产机制作好了现代转型的准备。[1] 正是在这种情形下，

----

[1] 本杰明·埃尔曼（Benjamin A. Elman）：《从理学到朴学：中华帝国晚期思想与社会变化面面观》（赵刚译），南京：江苏人民出版社，1995 年，第 98 页。不过也应看到，埃尔曼观点可能太过乐观了。儒家思想落实到个人层面，（转下页）

清代书生士人的社会角色发生了转变。他们当中很多人因无缘官场或脱离了官场，只得到书院、学堂任教。著名学者钱大昕就是这样的人。他担任过朝廷官员，后来辞职还乡，在江南书院中度过了他一生最宝贵的时光。此外，还有章学诚、全祖望、杭世骏、李富孙、陈寿祺、姚鼐等一大批以考据型学术研究、教书为职业的著名学者或士人。[1] 从社会学的角度看，这种情形得以产生的根本原因，是儒家重视教育和学术的文化导向；及至人口规模和经济水平均达到前所未有高度的 18 世纪，从这种文化导向中便产生了当时官僚体系所吸纳不了的智力。换言之，若以科举功名即读书做官为尺度，早在清中叶，中国社会就已不能消化吸收数量庞大的书生文士即过剩智力了。

不说大量秀才举人得不到正式职位，就连读书人顶尖阶层即进士也不是人人都能得到像样的官职。据费正清的研究，在 19 世纪，全国基层行政职位只有 2000 个左右，而举人竟有 18000 名左右，进士 2500 名左右，取得低级功名的人更高达 100 万之众。[2] 同样值得注意的是，通常情况下，读书人获得功名后，即使能获得一官半职，往往也需要等待若干年。给有正式官职者当幕僚（即所谓

（接上页）表现为一种灌注到中国人血液里的仕进情结和名份观念。这种情形直到今日，仍在顽固地抵制科学态度和科学精神的培育。相比之下，余英时显得颇为踌躇。一方面，他认为，清代学者比以往任何时候都更注重知识论，但这并不等于从清代儒学中一定会产生现代科学，也就是说，朴学并未根本突破价值论领域而进入知识论领域。可是另一方面，余英时又认为："无可否认地，清代儒学的发展至少已显示了这种基本改变的可能性。"参见余英时：《论戴震与章学诚——清代中期学术思想史研究》，转引自施忠连：《现代新儒学在美国》，沈阳：辽宁大学出版社，1994 年，第 209 页。

[1] 埃尔曼：《从理学到朴学》，第 93—95 页。

[2] 费正清编著：《剑桥中国晚清史》（上下卷，中国社会科学院历史研究所编译室译），北京：中国社会科学出版社，1993 年，上卷，第 14 页。

"师爷"),虽使少数读书人能相对体面地就业,但仍有数量巨大的读书人学无所用,只能闲置"待业"。用今天的话说,早在清朝中后期,中国读书人便已高度"内卷"了。所以,在书院或学堂教书乃至径直以学术为职业——虽不可能有像样的经济收益,很多情况下经济收益为零——便成为社会吸纳利用过剩智力的一种必然方式。在清代中晚期,这为考据学的兴起提供了人力资源;在 20 世纪,这为现代教育和职业人的崛起提供了一支庞大的后备军队伍。

还需注意,考据学不仅是果,而且是因。重视学术的风气反作用于社会,便是较之世界上大多数国家,前现代中国人受教育者所占总人口的比例相当可观,或者说中国平均受教育程度早在王朝时代便已达到一个相当高的水平。这种情形一直持续到清末民初——在现代化的巨大压力下,现代教育体系迅速形成,将过剩智力迅速转化为现代职业人。

四　别样的启蒙

过分夸大乾嘉学派的作用也未必恰当。以现代学校制度的兴起为例。传统儒家书院在 19 世纪后期即已开始向现代学校转化,传统书院制度本身也给现代中小学乃至大学体制的建立做出了很大贡献,[1] 但书院制度并非乾嘉学派或清代的专利,而是早已存在,远可追溯到春秋战国时期,近则在宋代就有了与清代大致相同的格

---

[1] 今日中国市、县或以下许多重要的中小学,前身就是书院。一些书院甚至可以视为当时的大学,后来也确实转型为现代大学。这些事实说明儒家文化的教育机制之向现代教育体制转型,比一般所想象的要便捷得多。

局。更何况要将书院转变为现代学校也并不是什么难事，不需要了不起的"创新"。学者、高官阮元早在废除科举制一百多年前，便已在广州创办了著名的学海堂。这所学院在当时乃至后来很长一段时间都可视为全国首屈一指的高等学府。[1]

无论考据学派本身在现代教育的兴起中发挥了何种作用，或者说并未能发挥什么作用，儒家文化以其丰富的思想与制度资源而充满了生命活力，总体上是能从容应对现代性的挑战的。更重要的是，应当看到，乾嘉学派除了在学术上为传统向现代的转变做出了重要贡献，在传统意识形态的现代转型中也发挥了不小的作用。迄于今日，这个问题仍未得到充分讨论。埃尔曼《从理学到朴学》的主要论点之一，便是理学作为主流形态的儒学话语，如何受到乾嘉考据学的冲击乃至消解，以及这种情形对于儒家思想及制度资源的现代转型是何等有利。

在埃尔曼看来，随着对性命理气之玄谈学风的批判，考据学者越来越重视实证研究和学术建树。先前被认为至关重要的道德修养变为可有可无。个人道德修养不再被视为学术追求的首要途径，而成为质疑的对象。作为官方意识形态的理学既已表现出严重弊端，考据学者很自然地认为，先秦甚至孔子之前的儒学是完美的；回归这种儒学就是恢复古代圣贤的原义，就能起到匡救时弊的作用。这是他们从事考据研究的一个重要动机。

有一个流行观点，即考据学是满清当权者对汉族士人进行思想压制的副产品；思想压制政策使他们不能继续阐发儒家义理，故而

---

[1] 埃尔曼：《从理学到朴学》，第 201 页；费正清：《剑桥中国晚清史》，上卷，第 170—172 页。

只能从事实证性、经验性的研究。这个观点没能考虑到这一事实，即明末以降，儒学内部存在着一种对理气性命之学持否定态度的启蒙性思潮，也就是说，很大程度上儒家学者已然失去了对纯粹义理之学的热情。因此，清政府的思想压制最多只是学术范式转型的因素之一。换言之，即便清朝政府不对汉族读书人施加思想压制，最终也会发生学术话语的转型，而这又主要是向考据学的转型。

埃尔曼认为，考据学者甚至"决心戳穿宋明形而上学和本体论思想体系的厚重的道学面纱，他们企望由此探得古代圣王在六经中阐发的原义。这事实上是向当时占统治地位的儒学思想，亦即清政府尊为科举考试权威思想和官绅规范、道德理论标准的朱子学说提出的非难"。[1]事实上，继承了清初思想家怀疑批判精神的考据学者开始系统发掘、校勘和还原湮没已久的诸子文献。在此过程中，荀子与墨子学说被复活了。这当然把明清之交以来对理学正统的挑战又推进了一步。史学家、思想史家章学诚甚至从先秦诸子和西汉今文经学文献中搜集证据，证明孔子仅仅是先秦诸子中的一员，其思想只是诸种思想流派之一，甚至仅就儒家而言，他也只是在推广周公的政治、历史和文化形象方面起了一定作用。这几乎是把周公而非孔子置于最高圣人的地位，起到了一种根本动摇理学道统的作用。

这还只是古文经学家的看法。维护孔子正统地位的今文经学家又有何看法呢？作为"异端"人士，庄存与、刘逢禄等所代表的

---

[1] 埃尔曼：《从理学到朴学》，第 201 页；费正清，《剑桥中国晚清史》，第 201 页、20 页。

"常州学派"在前人工作的基础上，复兴了湮没已久的《春秋公羊传》研究，主张这是孔子修《春秋》、整理五经主旨的主要文献。庄、刘的今文经学虽带有政治色彩——这固然可视为对政治腐败的抗议，但也起到了间接颠覆理学正统的作用——却并未径直成为"政治符号"，而更多是为了学术本身。[1]

结果是，《公羊传》与《左传》平起平坐了，而后者自六朝以来一直被视为《春秋》经的正统阐释。而公羊学经康有为之手，以《春秋董氏学》和《孔子改制考》由具有潜在政治影响力的学术话语一变而为一种托古改制的激进政治话语。甚至《左传》的真伪及著作年代也成为辨伪的对象。[2]通过这些工作，考据学者以逻辑实证的方法动摇了官方理学的正统地位。结果是："到1750年，理学正统经注（仍然是科举考试的必备读本）只是一套世所认可，但气息奄奄的道德训诫，已不再为多数士子（包括考据学者）所顶礼膜拜。历史的断层标志着儒学话语历史的断裂，新儒学（按，指宋明理学）霸权颠覆了。理学尽管仍在北京享受着政治性的供奉，但

----

[1]　有论者写道："今文经学及其相伴而生的近世经世思潮，在相当程度上削弱了清代学术史自身发展的独立品格。今文经学大师少有在学术上享有盛誉者，这与其过于激进的政治情结有关"，并认为魏源等今文经学家（按，从上下文来看应包括"常州学派"）的"政治投机取向……是在相反的方向立场上轮回进了儒学作为政治符号和权力外衣的旧式圈套"。参见杨念群：《晚清今文经学崛起的社会史理路——读埃尔曼近著〈Classicism, Politics, and Kinship: The Chang-Chou School of New Text, Confucianism in Late Imperial China, 1990〉》，载《二十一世纪》1996年4月号。这段议论基于一种应然层面的假设，即今文经学甚或作为整体的儒学只有跟政治脱钩，方可成为具有"独立品格"的学术或好的学术。可是从古到今，特别是在西方知识论被整体性地引入中国以前，存在这种学术吗？更何况西方知识论传统的合法性本身也是大可讨论的。

[2]　梁启超：《中国近三百年学术史》，第239页、305—319页。

在江南已被考据学者的批评击溃了。"[1]

明清之际学者在儒学义理方面所做的工作，由清中叶以降一大批考据学者在性质迥异的、实证性研究的路径上往前大大推进了一步。在此意义上，考据学并非不可以视为一种别样的、特殊形式的启蒙。用马克斯·韦伯的现代化理论来考察这一现象，一直以来由儒学维系起来的神圣结构的世俗化或者说"祛魅"，采取了一条富于中国特色的独特的考据学路径。如果说先前活跃在中国思想语境里的主要是义理层面的儒学话语，那么现如今在知识论层面，又增添了考据学这种实证性的思想资源。考虑到考据学为现代教育体制的迅速建立和现代职业人阶层的迅速崛起所做的贡献，这一点就更清楚了。

综上，自明清之际至清季，儒家文化以其强烈的理性精神，在学理层面一直处在一种准现代化的过程中。很大程度上，清末民初传统学术的现代转型只是水到渠成，一切必须的内部条件早已准备好了；或者说，在比从前所认为的更大的程度上，西学的引进只是引发转型的一个重要因素（虽也是转型的一个重要方面）。有着相当强文化-技术能力的中国文明以其丰富的文化资源、智力资源、

---

[1] 埃尔曼：《从理学到朴学》，第38页。按，"儒学话语历史的断裂"云云似乎说过了头，值得商榷。埃尔曼还指出："虽然他们（指考据学者）在语言、社会、政治、科学方面取得了许多成果，但是人们仍然普遍错误地把当时的中国描绘成一种沉溺于传统陈旧文化的形象。虽然新的学术话语在传统土壤中扎下了根基，学术事业的主旋律已发生变化。1917年，胡适在哥伦比亚大学撰写学位论文时自视为激进分子。他声言：'我相信，中国哲学的前途取决于是否摆脱儒家道德理论和信条的束缚。'后来他才发现，清代先行者业已为他摆脱这些束缚准备了条件。"参见埃尔曼：《从理学到朴学》，第178页。

学理资源——不仅有儒家的，也有佛家、道家、墨家的；不仅是义理的，而且是考据或实证的——完全能够应对西方文明的全面挑战。正是在对西方挑战的回应中，中华文明得以新生。

第八章　现代主义与改开时代新思维

一　引言

近现代中国虽然备受屈辱，历经困厄和磨难，但最终在共产党领导下实现了统一（不包括台湾），结束了 1840 年以来一百多年外侮内乱、天灾人祸不断的局面，进入一个快速发展时期。当中国再次以一个超大国家的形象出现于世界民族之林时，它展示风貌和力量的舞台已然不仅仅是从前的东亚、东南亚，以及中亚部分地区，而是扩大到全球。在中国文明历史上，这是开天辟地第一次。然而如所周知，中华民族为此也付出了极大的代价，这主要表现在激进主义所造成的巨大灾难。新文化运动以来激进主义的幽灵并没因抗日战争、国内革命战争和国家统一而消失。相反，它一直挟持着中国人的心灵，支配着中国人的日常思维。在历次"运动"中，其表现尤为突出。激进主义带来的危害人所共知，无需赘言。

1976 年 10 月"四人帮"被打倒后，终于否极泰来，中国开始祛魅除魔，走上了一条摆脱激进主义思维的正确道路。但远不能说问题很快便得到了根本性解决。冰冻三尺，非一日之寒。大半个世纪以来奴役国人头脑的"极左"思维决非一朝一夕能够

扭转。1978 年 12 月十一届三中全会召开以后，改革开放之大
政方针虽已确立（最终将根本改变国运，使中国再次伟大，重
新成为世界一流强国），但 20 世纪 20 年代以来一直大行其道的
激进主义旧思维仍非常强势。这意味着，至 20 世纪后期，中国
人竟再次面临一场重大思维转型，一场堪比新文化运动、五四运
动的重大思维转型。回头看，这是一项至为艰巨的任务，也应视
为鸦片战争以降文明再造工程和文化主体性重建的一个有机组成
部分。

　　在这种新形势下，文学界的先知先觉者利用 20 世纪 20 年代便
已有译介的西方现代主义话语，开始重新大力引介和传播西方现代
主义的理念和方法。这必然引起依然被激进主义挟持的保守派的反
弹，一场围绕现代主义的是是非非的大讨论爆发了。正是在这场持
续多年的大论战中，学术界、知识界、文学艺术界引领全国人民打
破旧思维的禁锢，学会了容忍甚至坦然接受非主流立场或观点，一
个思想开放、视角多元的新格局开始出现，一种包容主义、多元主
义的新思维开始形成。正是在此过程中，学术界、知识界和文艺界
人士立足于中国现实，学习引进西方理念却不囿于西方传统，逐步
开出了一种不同于西方现代主义而具有中国特色、彰显文化主体性
的新型现代主义话语。

二　对保守思维的冲击

　　由于众所周知的原因，1949—1978 年我国学界对西方现代派文
学的认知处于停顿状态，即使出版了少量西方现代派文学作品和理

论，也只是"内部发行"，供极少数高级干部"参考"或"批判"。[1] 打倒四人帮以后，1978 年 5 月，《光明日报》发表了《实践是检验真理的唯一标准》一文，引发了关于"真理标准"的大讨论。1978 年 12 月，十一届三中全会召开，"以阶级斗争为纲"的口号被正式摈弃，拨乱反正，解放思想，实现四个现代化成为全党全国的共识。在这种形势下，外国文学界、文艺界，乃至整个思想界对现代主义的引进、研究和批判开始呈现出一种爆炸性态势。《外国文艺》《外国文学》《世界文学》和《外国文学研究》等一大批外国文学刊物创刊或者复刊，大规模翻译介绍西方现代派作品和理论。袁可嘉、陈焜、卞之琳、柳鸣九、杨周翰、董衡巽、伍蠡甫等外文功底深、汉语功夫强的学者在新时代现代主义文学的引进方面发挥了重要作用，所译介的文字立即对文学创作产生了强烈冲击。20 世纪 70 年代末 80 年代初出现的朦胧诗派（代表人物有北岛、舒婷、顾城、江河、杨炼等），就明显受到西方现代派诗歌的影响，80 年代中期后爆炸般出现的新文学现象，如"寻根小说""先锋小说""新写实小说""第三代诗人""60 年代生作家""70 年代生作家""80 后作家""小剧场"等，同样以卡夫卡、乔伊斯、普鲁斯特、T. S. 艾略特、罗布·格里耶和福克纳等西方现代派作家的理念及手法为灵感的源泉。[2]

　　然而，此时对现代主义的引进和接受决不仅仅是学术界的任务，也决不仅仅是文艺界的事。在 20 世纪 80 年代初，现代主义的

---

　　[1] 洪子诚：《中国当代文学史》，北京：北京大学出版社，1999 年，第187—188 页。
　　[2] 程光炜：《二十世纪八十年代的"现代派文学"》，载《文艺研究》2006年第 7 期，第 30—35 页。

影响大大超越了学术研究和文艺创作领域。它挑起了一个敏感的话题。表面上看，这是一个究竟是让新近引进的被统称为"现代派"的诸"主义"或"派"（如象征主义、表现主义、达达主义、超现实主义、意象主义、未来派、荒诞派以及新小说派等）占领文艺阵地，还是继续坚持被视为绝对不可动摇的现实主义原则的问题，实则超越纯粹学术和文艺，甚至关系到中国向何处去——是大刀阔斧拨乱反正，解放思想，还是在旧的路线上，继续走下去——这个大问题。事实上，改革开放初期意识形态领域每一次重大争论，现代主义都处在风口浪尖："在八十年代多次政治运动中，现代主义都被作为主导文化的危险对立面加以批判。不管是'清除精神污染'，还是'反对资产阶级自由化'，都把文学上的现代主义看成是重点批判对象。"[1]

　　现代主义当然不是有意要同主流思维对抗，但无论它怎么辩白，在正统者眼里，它都是异己的，是资产阶级的，是对现实主义即主流文艺思维的否定和颠覆。这就是为什么在改革开放初期，现代主义与现实主义及它们背后革新与保守力量的对立、冲突总是显得那么火药味十足。回头看去，"文革"后的思维转变和知识结构转型是一个艰难的过程，不可能一蹴而就；现代主义在思想解放运动中固然起到了引领潮流的作用，但是意识形态领域的保守思维根深蒂固，不可能在短时期内清除。正当西方现代主义的译介传播如火如荼之际，苏联学者撰写的《英国文学史纲》和《英国文学史》等仍被奉为正统马克思主义文艺史观的代表作，在中国被

---

　　[1]　陈晓明：《中国当代文学主潮》，北京：北京大学出版社，2009 年，第311—312 页。

一再重印。[1] 这些著作简单粗暴地将西方现代主义斥为腐朽没落、标新立异，违反现实主义原则，反映帝国主义时期资产阶级的意识形态，根本算不上学术，可正是这些东西竟能堂而皇之进入 1979 年出版的权威工具书《辞海》。[2] 这预示着在相当长一段时间里，保守思维将继续影响新时代的中国人。

事实上，在改革开放初期，现代主义的传播和接受远非一帆风顺。在因循守旧的人们看来，现实主义是不可动摇的真理、不可违逆的文艺规律，而新近引入的现代主义反其道而行之，是在冒犯其真理性、权威性。作为一种西方资产阶级思潮，现代主义甚至对"社会主义文化领导权"构成了威胁："现实主义的审美规范，构成社会主义文化领导权的核心部分，企图用西方现代主义来冲击现实主义，并非什么艺术创新，而是把当代中国文学引入西方没落的资产阶级思想歧途。"[3] 显然，此时文学领域里现代主义与现实主义的争论并非单纯的文学流派之争，而反映了思想政治领域里开放与保守两种势力的斗争。或许正因这一缘故，作家徐迟替现代主义辩护时不得不将之与"现代化"挂起钩来：

> 西方现代派文艺和批判的现实主义文艺都是资本主义生产发展到了一定程度，而后产生意识形态的反映，也都是对资产阶级社会取批判和否定态度的反映……在它继续发展的进程中，西方现代派文艺也将创作出有利于人类进步的信心百倍的

---

[1] 盛宁：《现代主义·现代派·现代话语——对"现代主义"的再审视》，北京：北京大学出版社，2011 年，第 14—15 页、17 页。

[2] 《辞海》，上海辞书出版社，1979 年，第 17 页。

[3] 陈晓明：《中国当代文学主潮》，第 312 页。

理想主义的作品，描绘出未来的新世界的新姿。资产阶级的现代化的物质建设正在为新世界创造它的物质条件，这种物质条件也必然会为新世界创造它的精神条件。[1]

徐迟的观点或许太过大胆，立即受到了严厉批评。富于论战精神的"一兵"说：

> 西方的现代化和现代派有联系，因而我们国家的现代化和现代派也同样有联系，这是一些人的逻辑。这是一种简单、可笑的逻辑。社会主义的现代化和西方资本主义的现代化不是一回事。[2]

出于革命现实主义与革命浪漫主义相结合等于绝对真理的信念，该论者表示，"没有必要把西方资本主义的现代派搬来"，因为"现实主义有着充分的表现力，完全可以真实、充分地表现现代生活，充分表现现代人的思想感情"。最后，"一兵"以"现实主义万古长青，光凭一些人的嚷嚷是否定不了的"的豪迈断言来结束文章。[3] 不难想见，在当时条件下，"一兵"很大程度上代表了正统

[1] 徐迟：《现代化与现代派》，载《外国文学研究》1982年第1期，第115—116页。

[2] 一兵：《现代化与现代派》，载《前线》1982第12期，第36—37页、315页。

[3] 同上书，第36—37页。持相似观点的还有李准，参见《现代化与现代派有着必然联系吗？》，《文艺报》1983年第2期；黄一平，参见《历史唯物主义不是经济唯物主义》，《社会科学研究》1983年第6期。孙子威在其《也来谈谈现代化和现代派》（《江汉学刊》1984年第1期）一文中，也以经济唯物主义不是马克思主义，资本主义的现代化不等于社会主义的现代化参加了对徐迟的批判。

立场，即现实主义是一种自在自足、全然正确的文艺原则，其真理性不证自明，权威性不容挑战；庸俗的经济唯物论不可与马克思主义历史唯物论相提并论，资本主义的现代化也不可与社会主义的现代化混为一谈。既然如此，从西方舶来的现代主义合法吗？看来，现代主义即便没有被妖魔化，也已成为异端了。事实上，至少在20世纪80年代前半期，即便改革开放政策已在实施，禁锢多年的思想已经松动，人人似乎热衷于探求新知识新观念，现实主义仍然具有难以动摇的意识形态地位。

尽管现实主义仍被视为终极原则或者说唯一正确的理念，但此时的影响却并非仍强大无比，甚至可以说正日益被边缘化。毕竟，此时中国已进入改革开放的新时代，对不同思想的容忍度和耐受性已有很大提高，决非前三十年尤其是"文革"期间所能比拟。无论对现代主义多么不满，保守派也不可能将引介者和实践者打成"反党""反社会主义"的阶级异己分子。他们所能做的，只能是在媒体或讲台上与现代派"同志"们平等地"商榷"问题。正是在这种争论中，现代主义的新奇性、启蒙性得到了凸显，由此捕获了大量眼球，现代主义热出现了。很明显，80年代对中国人心灵冲击最大的，不是现实主义，而是现代主义。据统计，1978年至1984年，我国报刊上总共发表650余篇评介西方现代派的文章。[1] 袁可嘉等编选的《外国现代派作品选》第一卷于1980年出版，一次竟印刷发行50000册，[2] 这个数量就是在今日也是令人震惊的。当然，其他领域西方思想的引进也对现代主义起到了推波助澜的作用。正

---

[1] 应天士：《当代外国文学的宏观研究》，载《当代外国文学》1987年第4期，第76页。

[2] 一兵：《现代化与现代派》，载《前线》1982第12期，第315页。

在现代主义被热烈拥抱的同时，被视为西方现代派思想家的尼采、弗洛伊德、萨特等人的著作也被迅速且往往不太准确地译为中文大量出版，弗洛伊德热、萨特热一直持续到 90 年代后期，尼采热甚至持续到新世纪第二个十年也不见降温。

三 彼此包容的"主义"

以上有关现代主义是不是一种异端或是否具有合法地位的争论，大体上发生在意识形态领域。可是，现代主义再次进入我国时虽发挥了思想启蒙的功能，甚至可以说在新时代全民知识结构转型中起到了助推器的作用，但现代主义的引介不可能永远受意识形态制约，现代主义不可能永远处于一种跟现实主义激烈争论的状态，也不可能因这种争论而永远祛除不了意识形态论战的味道。毕竟，起源于欧洲的现代主义主要是一种文艺思潮，一个文艺现象，而不是一件纯意识形态产品。

早在 1981 年 10 月，卞之琳便有感于"现实主义"一词被滥用，也出于替现代主义辩护的动机，撰写了《现代主义和现实主义构不成一对矛盾》一文，提出应该对文学"手法"和"主义"进行区分，对"广义的"主义和"流派的"主义进行区分。比如象征作为一种"手法"是"古今中外都有用到的"，但作为一种流派或"主义"，却另当别论。从该文的立论来看，现实主义应从"广义"上理解，或者说应视为一种手法，而非一个流派："把'现实主义'（说成是流派的）和'现代主义'（本就是流派）对立而谈，我不以为恰当。真正有价值的'现代主义'作品也是'反映'现实的，其中往往也有广义的现实主义，也有广义的浪漫主义。只是时代变了，表现手法也不能墨守陈规，也得有所改变而已。"[1]

像袁可嘉的一系列现代主义论文具有定调作用那样，卞之琳的文章同样产生了矫正偏激立场，确立更为包容的思想态度的效应。这篇文章撰写于现实主义与现代主义之争开始后不久的1981年，发表于两种主义鏖战正酣的1983年，却产生了持久的效应。直到21世纪00—10年代，探讨两种主义关系的论文仍不在少数，如易晓明的《现实主义与现代主义：两种语境的"整体性"》（《外国文学》2003年第3期）、于艳玲的《现实主义与现代主义的有机融合——谈福斯特小说〈可观风景的房间〉的写作手法》（《理论月刊》2004年第5期）、吴志伟、王欧雯的《绵延不绝的文学香火——论唯美主义于现实主义与现代主义间的历史作用》（《文学界》2011年第5期），等等。卞之琳的文章发表后，现代主义中包含现实主义因素，或者说现代主义像现实主义一样同样能够"反映"现实的观点在争论中逐渐获得认同，在这个过程中，我国知识界对于现代主义、现实主义、浪漫主义、象征主义等文学现象的认知也越来越清晰、深入。伴随认识上的进步，80年代仍然有很大影响的左倾教条主义思维（如革命现实主义与革命浪漫主义相结合等于真理）将渐渐被摈弃，意识形态性质的主义之争将渐渐淡出。

当然，学术界、文艺界认识的深化有一个过程，并非一蹴而就。也是在卞之琳文章发表的1983年，权威刊物《文学评论》刊登了一篇署名"魏理"（"卫理""保卫真理"）、火药味十足的论文——《现实主义与现代主义不能合流》。文章中这样写道：

---

[1] 本段引文均出自卞之琳：《现代主义和现实主义构不成一对矛盾》，载《读书》1983年第5期，第44—45页。

现代主义的拥护者是不容现实主义存在的……他们对现
实主义总是一知半解，任意贬低、丑化，说现实主义只写事
物表面，写已有事实；现实主义只是反映、再现，所以是模
仿；现代主义是表现，所以是创造；现实主义只重客观，现
代主义则尊重作家的主观创造性，等等，然后宣布现实主义
过时。[1]

如果说，作者说这话时大体上采取守势，他说另一段话时则采
取了攻势：

有的同志提出现实主义可与现代主义结合的理由之一，是
说现实主义可以吸收现代主义的艺术手段来丰富自己。这种做
法，实际上把不同的创作原则当成了不同的艺术手法，模糊了
两种创作原则的区别。[2]

这话够狠的。所谓"原则"不是细枝末节，而是根本。也就是
说，现实主义与现代主义的分歧不是手段、方法上的，而是本质性
的，最终这可能意味着社会主义与资本主义的分歧（当然，作者
并没有把问题上纲上线到姓"社"姓"资"的高度，甚至称对手
为"同志"）。这与卞之琳所持现实主义应被视为一种手法的观点
刚刚相反。

在拨乱反正、解放思想的大形势下，"魏理"的观点不可能获

----

[1]　魏理：《现实主义与现代主义不能合流》，载《文学评论》1983年第6期，
第22页。
[2]　同上书，第23页。

得太多喝彩。他本人很可能意识到了这一点，故使用笔名而非真名发表文章。也在 1983 年，《解放日报》发表了王纪人的《也谈现实主义与现代主义》。该文把现代主义与现实主义的争论明确定位为"走现代主义道路还是坚持现实主义道路的论争"，认为"文学方向和道路的总提法"应该"用现实主义这个词来概括"，这是因为"提出任何口号，都必须从具体的国情和民情出发。要切合时代的需要。从我国的情况来看，多数的读者还是欣赏写实的作品，再过若干年也不会有多大的变化"。值得注意的是，王纪人的立场虽与"魏理"大体上一致，但对现代主义却表现出一种久违的宽容态度："强调文学的现实主义精神，不应该排斥借鉴浪漫主义或现代主义；指出我们的文学在主体上是现实主义的，不应该剥夺作家用其它任何艺术方法来写作的权利。"他对不问情由一概否定"现代派手法"的同志提出批评，认为这对"发展丰富多彩的社会主义文学是不利的，对于现实主义本身的丰富和发展也是毫无益处的"。[1]

至 20 世纪 80 年代后期，情况有了很大变化。这时，有关异化问题的讨论（详下）已使持不同甚至相反意见的人们意识到，现代主义不仅不是资本主义的卫道士，反而深刻揭示了资本主义社会的种种异化和矛盾现象。事实上，存在主义的异化理论与青年马克思《1844 年经济学哲学手稿》中的异化理论在很大程度上是相似的。在这种形势下，知识界对现代主义的态度已不只是单纯的容忍。当论及卡夫卡《变形记》等现代派作品的内涵时，有论者这样写道：

---

[1] 此段引文皆出自《如何认识现实主义与现代主义》，载《文艺理论研究》1983 年第 3 期，第 138—139 页。

"虽然从形式到内容都是荒诞的，但某种意义上，这种以扭曲的形式表现扭曲的世界、扭曲的人性，比现实主义那种古典式散文的笔法来得更为触目惊心。"[1] 为什么现代主义文学与现实主义文学都表现出对西方社会的"揭露批判的精神"呢？因为二者都具有"人道主义的理想"，都"把人当作最高的价值和目的"，都"从人性出发，期待人获得最大限度的自由和发展"。这种共同的人道主义理想"在本质上"把现实主义文学和现代主义文学至为紧密地联系起来。因此，

> 不管是拼命鄙弃现实主义的艺术成就，还是盲目贬低现代主义的认识价值，两者的血缘关系都是不可抹杀的，对各自在文学史上应占的地位也应予以客观的承认。[2]

如此看来，此时现代主义已不再是刚进门的小媳妇，而已名正言顺，登堂入室了。

进入 20 世纪 90 年代后，一批外语好、学术功底深的学者加入了讨论。中国社科院外国文学所黄梅指出，西方现代主义虽然标志着"深刻的变化和怵目惊心的决裂姿态"，但与"写实传统"的断裂却"远不是彻底或绝对的"。[3] 另有论者呼应说，奥尔巴赫在《论摹仿》（1946）中便已把伍尔夫《到灯塔去》"纳入早在荷马史

---

[1] 叶飞如：《决裂的脉承：试论现实主义与现代主义的血缘联系》，载《外国文学研究》1988 年第 2 期，第 108—110 页。
[2] 同上书，第 109—110 页。
[3] 黄梅：《回顾现代英国小说（序言）》，载《现代主义浪潮下：1914—1945》（黄梅编），北京：中国社会科学出版社，1995 年，第 4 页。

诗中就已见端倪的绵长的西方写实主义传统";"十九世纪作家并不那么天真幼稚,他们已经意识到'写实'的深刻矛盾性;而现当代某些反现实主义的理论和创作也不那么突兀崭新,两者之间是有着'历史连续性'的";现代派小说在一些重要方面与"曾一度被它大加抨击的'写实'传统息息相通,所谓"转向'内心'是在飘扬已久的'写真实'的旗号下提出的";伍尔夫、劳伦斯、乔伊斯这些转向"内心"的现代派作家都有"写实情结",也都取得了突出的成绩,也就是说,"传统的写实精神"在很大程度上被现代主义小说"深化"了。[1] 肖明翰在《现代主义文学与现实主义》一文中也写道:

> 从整体上看,现代主义文学家在本质上仍然属于文学与现实密切相连的那一伟大的文学传统,现实仍然是他们的文学艺术的出发点和归宿。也就是说,他们的文学艺术不仅来源于现实,而且是对现实的表现、批评和探索……现代主义在本质上是现实主义在二十世纪的新发展"。[2]

应注意的是,上引诸学者都未借"人道主义"把现代主义和现实主义撮合到一起,从而赋予前者与后者同等的文学史地位,而是更多用文学史事实来证明,现代主义中包含了"写实精神"亦即现实主义的手法,从而提请知识界和文艺界注意,现实主义与现代主义之间有一种无可否认的"历史连续性"。这表明,论战性的"王

---

[1] 以上引文皆出自黄梅主编:《现代主义浪潮下》,第4—5页。
[2] 肖明翰:《现代主义文学与现实主义》,载《外国文学评论》1998年第2期,第80—81页。

义"之争开始朝更稳健、沉潜的学理探究的方向演进。

现代主义既然包含"写实精神"或"写实传统"，就是能够涵容现实主义的。现实主义既然能够被现代主义所涵容，就应当被视为一种文学手法、现象或传统。反之亦然。同样在 20 世纪 90 年代，陈立志、肖谊在《现代主义与现实主义再认识》一文中写道，现实主义是一种"手法"，不只属于 19 世纪，"而属于人类所有的时代"。事实上，"现实主义是自从有了文学这一形式以来就存在的一种表现手法"。因此，现实主义元素不可能不依然存在于各种现代主义派别中。既然如此，"不论现代主义作家采用的表现手法多么荒诞、多么离奇，他们的作品还是反映了不同程度的现实"。[1]较之此前发表的大量关于现代主义与现实主义的关系的文字，这篇文章最为直截了当地宣布：无论现代主义多么着迷于存在的孤独感、幻灭感、荒谬感、焦虑感、失落感、滑稽感，它仍然或多或少是对现实的"反映"。这就意味着，像"魏理"那样把现实主义和现代主义视为截然对立的两种"原则"，是没道理的。其实，即便两种主义可以视为"原则"，也并非势不两立、水火不容，而是彼此涵纳，你中有我、我中有你的。事实上，这时许多学者已注意到现代派作品中有大量现实主义元素，反之亦然。现代派兴起后出现了一大批回归"传统"，以写实著称的小说家，其作品中便包含明显的现代主义元素。英国 20 世纪 40 年代后期至 60 年代问世的大量"新现实主义"小说便是证明。[2]

---

　　[1]　陈立志、肖谊：《现代主义与现实主义再认识》，载《湘潭大学学报》（哲学社会科学版）1997 年第 6 期，第 55—56 页。

　　[2]　阮炜：《社会语境中的文本：二战后英国小说研究》，北京：社会科学文献出版社，1997 年，第 83—86 页。

四　存在主义的高光时刻

　　不难发现，在对西方现代派文学的译介和接受中，我国学术界、文艺界对西方现代主义诸"流派"的认知与西方同行虽大体一致，但也有较大的差异，对存在主义的归类便是一个明显的例子。简单说来，西方学术界、文艺界很大程度上并不认为存在主义文学属于现代派，而我国学术界文艺界却毫不迟疑地、高调地将其纳入现代派的范畴。

　　例如，2011 年出版的剑桥大学指南丛书《欧洲现代主义》，并没有把存在主义小说家视为现代派。该书篇幅为 273 页，却仅有两句话提到萨特、加缪和波伏瓦，认为他们所写的是"哲学的、参与政治的小说"，这种小说"偏重担当精神而非形式创新"，言下之意，与通常意义上的现代主义有距离，而存在主义小说之后兴起的"新小说"又重新"拾起现代主义的火炬"。[1]另外两部同样由剑桥大学出版社出版的著作——《现代主义、种族与宣言》[2]和《文学现代主义与音乐美学》[3]——全书中竟无一字提及萨特、加缪或波伏瓦。菲利普·特乌和阿列克斯·马雷编著的《现代主

---

　　[1] Maurice Samuels, "France" in Pericles Lewis (ed.), *The Cambridge Companion to European Modernism*, Cambridge: Cambridge University Press, 2011, p. 28.

　　[2] 此书篇幅为 242 页，Laura Winkiel, *Modernism, Race, and Manifestos*, Cambridge: Cambridge University Press, 2008, 全书各处。

　　[3] 此书篇幅为 288 页，Bucknell, Brad, *Literary Modernism and Musical Aesthetics: Pater, Pound, Joyce and Stein*, Cambridge: Cambridge University Press, 2001, 全书各处。

义手册》[1]和迈克尔·莱文森撰写的《现代主义》[2]同样全书无一字提及萨特、加缪或波伏瓦。杰夫·华莱士在 2011 年出版的《初习现代主义》篇幅长达 314 页，却仅只一句顺便提及萨特、加缪和波伏瓦三人。[3]

当然，现代派研究的权威著作马·布拉伯里与詹·麦克法兰编著的《现代主义——1890—1930》（1976）并没有把萨特和加缪排除在现代主义传统之外。然而，在这部长达 700 多页的著作中，目录中竟无一处出现"存在主义"的字样，仅在十几页的"内省的小说"一节用了一页多一点篇幅讲到两部最著名的存在主义小说，也即萨特的《恶心》和加缪的《局外人》，而且不止一次提及两部作品的现实主义手法，甚至认为《恶心》"自觉折回到许多十八世纪的小说'从文件中发现的日记'这一体裁"。[4]提纲挈领的第一章"现代主义的名称和性质"长达 36 页，却只有一处提到萨特和加缪，并且是在论及现代主义的一种宽泛的起讫界线——比如"从维柯到萨特，从歌德到华兹华斯到加缪到罗布·格里耶"——时顺便提到的。[5]恰成对照的是，编著者用 120 页篇幅分门别类地高调介绍现代主义"文学运动"，比如自然主义、象征主义、颓废派、印象主义、意象主义、旋涡派、未来主义、表现主义、达达主义和超现实主义，

[1] 此书篇幅为 248 页，Philip Tew and Alex Murray（ed.），*The Modernism Handbook*，Continuum，2009，全书各处。

[2] 此书汉语版共 350 页，参见迈克尔·莱文森：《现代主义》（田智译），沈阳：辽宁教育出版社，2002 年，全书各处。

[3] Jeff Wallace，*Beginning Modernism*，Manchester: Manchester University Press，2011，p.118.

[4] 布拉德伯里、麦克法兰编：《现代主义——1890—1930》（胡家峦等译），上海：上海外语教育出版社，1992 年，第 385—386 页。

[5] 同上书，第 17 页。

平均每个文学运动有 12 页篇幅，却单单把存在主义排除在外。[1]

在中国，现代主义的翻译者、引介者、研究者们是如何处理这个问题的呢？在《欧美现代派文学概述》（1980）一文中，袁可嘉列举了象征主义、表现主义、未来主义、意识流文学、超现实主义、存在主义、新小说派、垮掉的一代、荒诞派戏剧、黑色幽默派这十大现代主义"派别"。[2]回头看，在现代主义诸流派的划分上，袁可嘉不仅与西方学术界保持了距离，在我国学界也产生了定调效应。在他之后，陈慧的《西方现代派文学简论》（花山文艺出版社，1986 年）、林骧华的《西方现代派文学评述》（上海人民出版社，1987 年）、杨国华的《现代派文学概说》（华东师范大学出版社，1989 年）、徐曙玉和边国恩等（编著）的《20 世纪西方现代主义文学》（百花文艺出版社，2001 年），以及曾艳兵（编著）的《西方现代主义文学概论》（北京大学出版社，2006 年）大体上都遵循他 1980 年对西方现代主义流派的划分。[3]与西方学者拿不准存在主义小说究竟是否属于现代派形成鲜明对比的是，中国学者无一例外毫不犹豫地把存在主义文学纳入现代派的范畴。

问题是，为什么在存在主义文学的归类上，中国学者与西方学

---

[1] 布拉德伯里、麦克法兰编：《现代主义——1890—1930》（胡家峦等译），上海：上海外语教育出版社，1992 年，第 167—281 页。

[2] 袁可嘉：《略论西方现代派文学》，载《现代派论·英美诗论》，北京：中国社会科学出版社，1985 年，第 72—81 页。

[3] 除了在存在主义文学归类上，中国学者与西方学界明显有异外，在意识流到底是一个文学流派还是一种创作手法的问题上，中国学者与西方学界也不尽相同。西方学者并不把意识流视为一个"流派"或者"运动"。袁可嘉虽然称其他现代主义"派别"为"主义"或"派"，却拿不准意识流是否也是一个"派别"，于是称其为"意识流文学"。杨国华、曾艳兵袭用袁可嘉的术语。陈慧和徐曙玉、边国恩等稍有不同，称其为"意识流小说"。只有林骧华把意识流明确地视为一种"方法"。

者之间出现了如此明显的分歧？这与当时我国社会政治状况、知识结构转型的历史需要有关。也就是说，学术界之采取一种不同于西方的视角，并非属于一种"纯粹"的学术行为，而或多或少带有一种超越学术的思想政治动机。在某种程度上，这与马克思主义在中国传播的情形是相似的。如果说马克思主义传入中国后，经历一个适应中国经济、社会和文化环境的过程后，才产生了巨大的政治和社会效应，那么现代主义于20世纪70年代末重新进入中国，同样得经历一个本土化的过程，甚至暂时放弃其"纯"学术、"纯"文艺的做派，才能适应当时的社会政治环境，满足新时代思维转型之历史需要，最终在中国扎下根来。如果说在20世纪20—40年代，这种历史需要是反帝反"封建"，改造"国民性"，培养民主与科学新人的第一次思想"启蒙"，那么在1978年以后，这种历史需要就是拨乱反正，解放思想，改革开放，探索创新之第二次思想"启蒙"。问题是，存在主义的引进是如何适应这种时代需要的？

袁可嘉在《略论西方现代派文学》（1979）一文中说："在人与人的关系上，现代派文学揭示出一种极端冷漠、残酷、自我中心、人与人无法沟通思想感情的可怕景象。"法国存在主义作家让-保尔·萨特在《门关户闭》一剧中有一句名言：

> "别人就是（我的）地狱！"……这就从本体论上否定了人间交往的可能性，不仅反映了资本主义社会关系的阴暗可怕，而且全面地、彻底地取消了人类彼此了解的可能性、现实性和必要性。[1]

---

[1] 袁可嘉：《略论西方现代派文学》，载《现代派论·英美诗论》，第7页。

　　这里不难看出，为何在所有现代主义"派别"中，袁可嘉对存在主义情有独钟。他明确肯定这种文学是对资本主义社会人与人之间"极端冷漠""无法沟通思想感情"之可悲状况的反映和揭示。这难道不意味着，存在主义与马克思主义的立场多少是一致的？既然存在这种一致性，即使现代主义是西方资产阶级的一种文艺思潮，谁能说不该引进和评介呢？

　　这种判断与袁可嘉对现代派文学的总看法密切相关："现代派在思想方面的特征是对西方现代文明的危机意识、变革意识，特别是它在四种基本关系上所表现出来的全面的扭曲和严重的异化：[1]在人与社会、人与人、人与自然（包括大自然、人性和物质世界）和人与自我的四种关系上的尖锐矛盾和畸形脱节，以及由此产生的精神创作和变态心理、悲观绝望和虚无主义的思想。"[2] 这里的关键词是"异化"，而对此时袁可嘉和其他现代主义引介者而言，在所有现代主义"派别"中，萨特和加缪的存在主义小说最集中、最有力地表现了西方社会的异化问题（当然，卡夫卡的小说、荒诞派戏剧和后来兴起的"新小说"同样是揭示异化问题的现代派文学），[3] 就是说，存在主义或许比其他现代主义"派别"更有资格被视为现代主义的典型。如上所述，这种认知明显不同于西方主流

---

　　[1]"任何事物离开了自己的本质，走向反面，是谓异化，如人之成为非人，文学之成为反文学等。"——原作者注。袁可嘉：《略论西方现代派文学》，载《现代派论·英美诗论》，第5页。

　　[2] 袁可嘉：《略论西方现代派文学》，载《现代派论·英美诗论》，第5页。按，后来发表的几乎所有关于西方现代派的文字都或多或少是对袁可嘉这段话的转述或跟进。

　　[3] 除袁可嘉外，也参见王齐建：《现代主义与异化》，载《外国文学研究》1984年第4期，第16—18页。

看法。但不同又何妨？既然起到了揭示资本主义社会阴暗面即人之异化的作用，存在主义乃至作为整体的现代主义与正统思维的关系，就不是挑战它、对抗它，而是充当其思想盟友。即使袁可嘉没有明说，存在主义异化理论与青年马克思《1844 年经济学哲学手稿》中的异化理论有很大的相似性，或至少二者要解决的问题很大程度上是相同的。袁可嘉的思路和行文表明，他是一个深受马克思主义影响的学者。

　　需特别注意的是，在 20 世纪 80 年代，中国学者虽然认为存在主义与马克思主义立场相近，却并没有放弃马克思主义的正统地位；或者说，在引介存在主义文学的同时，他们并没忘记其"资产阶级"的"错误"的一面。袁可嘉虽然承认存在主义文学"反映了当代西方人对世界和人类的存在意义的深刻怀疑"，"描绘了西方社会的种种现实矛盾"，因而"具有很大的认识价值"，但又认为这种文学"彻底取消了人类彼此了解的可能性、现实性和必要性"，甚至批评萨特、加缪"散布了种种错误的思想，常常采用荒诞不经的手法"。[1] 同样，另一位论者更为明确地肯定存在主义批判资本主义社会的思想价值，指出存在主义作为一种"资产阶级唯心主义的哲学"：

　　　　在极端的异化已形成优势的资本主义社会里，试图解释资本主义社会中人的异化现象，并对此作了一些揭露和描绘……反对人的消极无为，强调人的存在，人的主观意志，突出人的自由，关心人的个性自由发展……在消除异化的口号下，否定

—————————
[1]　袁可嘉：《略论西方现代派文学》，载《现代派论·英美诗论》，第 4 页。

客观物质世界的存在，歪曲异化的真实根源，否认资本主义制
度是资本主义社会人的异化的原因；在强调人的意志的时候，
把它片面发展，以至作为一切存在的出发点；在突出自由的时
候，把它当作不受必然性制约的绝对的东西。[1]

五　引领新时代，开创新思维

为何分明是引介现代主义文学，却又对之持批判、否定的立
场？这是因为在当时的条件下，保守思维仍十分强大，故而对西方
思想的评介必须政治正确，从而尽可能降低政治风险。换言之，采
用在形式上批评和否定所引进的文学思潮是一种最现实、最有效的
引进策略。在前三十年尤其是"文革"期间，现代派属于"封资
修"之"资"的范畴，只有极少量的译介，仅供极少数高级干部
"内部参考"和"批判"；现在，现代主义虽然仍受批判，但至少已
不被视作"毒草"，更说不上"反动"。更重要的是，通过批评式的
引介，现代主义能够堂而皇之进入学术界、文艺界和思想界广大受
众的视野。于是，几乎不可避免地出现了这么一种认识：尽管现代
主义是一种"资产阶级唯心主义哲学"，却对资本主义社会进行了
深刻揭露和批判；尽管它属于非马克思主义的范畴，却不是反马克
思主义的。可以说，现代主义的知识身份恰恰处在中间地带。从当
时惯性思维的角度看，作为现代主义流派之一的存在主义即便非红

---

[1]　华长慧：《正视存在主义对青年学生的影响》，载《宁波大学学报》（教育
科学版）1983 年第 2 期，第 7—8 页。

却也非全黑，而属于一种非红非黑的中间色调。

不难想见，现代主义的这种知识身份对于新时代中国拨乱反正，解放思想，破除教条主义，扩大知识视野十分有利（难道萨特"存在先于本质"和"自由选择"之类哲学命题不有助于培养一种更加自由开放的心灵？[1]）。也不难想见，现代主义的传播和接受对于中国人养成一种宽容乃至尊重不同意见的习惯也十分有利。相当大程度上，正是在围绕现代主义的争论中，1978 年以后中国人逐渐从思想禁锢中走出来，学会了对非主流立场的宽容甚至接受，对外部世界保持开放状态、视角多元的新思维和新格局由此奠定。既然现代主义不仅"不是毫无审美价值"，而且"或多或少地对我们了解现代资本主义社会这个危机四伏的'荒原'有一定的认识价值"，[2] 重新打开心灵窗户的中国人为什么不学习它、借鉴它呢？所以，现代主义的引介和传播超越了文学本身，起到了引领时代、更新思维、扩大视野的重要作用。如果没有现代主义的适时引入和传播，学术界、文艺界以及意识形态领域要完成解放思想、转变知识结构的任务，就会缺少一个极其重要的媒介和支撑点。

回头看，及至 20 世纪 90 年代中期，现代主义已基本站稳了脚跟，"文学方向和道路的总提法"应该"用现实主义这个词来概括"的武断看法[3]大体上已没有市场。既然围绕不同"主义"的论战硝烟已经散去，现代主义协助知识界、文艺界解放思想的使命已大

---

[1] 武跃速：《西方现代主义文学的个人乌托邦倾向》，上海：上海社会科学出版社，2004 年，第 234—245 页。

[2] 王齐建：《现代主义与异化》，载《外国文学研究》1984 年第 4 期，第 16—18 页。

[3] 参见《如何认识现实主义与现代主义》，载《文艺理论研究》1983 年第 3 期，第 138—139 页。

体完成，对现代主义进行更沉潜的学理思考，做出更认真的学理回应的任务便提上了议事日程。及至此时，我国学者更大程度上已是把西方现代主义当作一个知识对象来认知与研究，对现代主义已有了一种大体上摆脱了意识形态束缚的把握，已认识到现代主义作为一种文艺思潮、时代精神、文学传统，是一种源于现代生产方式、生活经验和思维样式的文艺形式。从这个意义上讲，与其说现代主义是一个文学流派，不如说是一种涵括多种现代文学运动、流派、风格、手法甚至"宣言"的文学现象、文学传统，正如浪漫主义和现实主义是主导 18、19 世纪欧美的文学现象或文学传统那样。同样，正如现实主义和浪漫主义不可以单单视为一种文学手法，现代主义也不可以被单纯地视为一种文学手段，而应更大程度地被视为现代人的生活经验及世界观的艺术投射。[1] 它不仅为现代人的生活经验和世界观所制约和型塑，也艺术地反映现代人的生活经验和世界观，同时又深深地参与现代人生活经验和世界观的发展与丰富。

现代主义的出现有着深刻的历史和思想背景。工业革命的完成，达尔文主义、马克思主义和弗洛伊德式精神分析的崛起，使认识论和价值论双重意义上的怀疑主义成为时代风气，甚至出现了尼采式"重估一切"的至为激进的主张。1914 年，更是爆发了死亡 800 多万人的欧洲大战（即所谓"第一次世界大战"），对人们的心理所造成的创伤之巨大，再怎么估计也不过分，也成为现代主义——严格意义的现代主义——崛起的核心因素。[2] 与此同时，

---

[1] 布拉德伯里、麦克法兰编：《现代主义——1890—1930》，第 9 页。

[2] Jeff Wallace, *Beginning Modernism*, Manchester: Manchester University Press, 2011, p. 77.

在科学方面，爱因斯坦的相对论和海森堡的"测不准原理"深刻改变了人类对物质宇宙的认知。凡此种种表明，主客二分的传统思维已难以为继。主体与客体、主观与客观不再被视为截然对立而是相互依存的两个维度；主体之所以能够"把握"对象世界，并与之互动，不仅恰恰因为主体本身就是对象世界的一部分，也因为对象世界必须有主体活动的观照和切入方才成其为对象世界。[1]客观实在、时间空间也并非像人们在日常生活中所感知到的那么前后连贯，那么因果有序，那么遵从"规律"或源自主观向度的既有期待，而是无时不与主观世界进行着互动，并很大程度地为主观世界所规定。[2]主客二分式思维既然已不像先前那么绝对，被视为天经地义，传统意义上的"反映论"就不再完全适用。[3]

如前所述，20世纪70年代末至90年代前半期，由于特殊的政治和社会背景，现代主义在我国的引介和传播可谓学理探索、文学创作与意识形态论战纠缠在一起，难分难割，我国学者也对现代主义的思想理念明显给予了更多的关注，只是在90年代中期以后，我国对现代主义的认知才开始具有更严格的学理探究的性质。从思想理念传播的角度看，这种情形决非不正常。即便在其发源地欧洲，现代主义也决不是一种"纯粹"的文学运动，而是有着深刻的社会、政治内涵和深厚的思想史、文学史渊源，及至超越其酝酿期，在法、德、英、意、俄等国高调崛起，也无不掺入基于各国国

---

[1] 埃尼克·斯坦哈特：《尼采》（朱晖译），北京：中华书局，2003年，第8页。

[2] Maurice Samuels持完全相同的看法，参见Maurice Samuels, "France", in Lewis (ed.), *The Cambridge Companion to European Modernism*, p.15。

[3]《如何认识现实主义与现代主义》，载《文艺理论研究》1983年第3期，第138—139页。

情的政治和社会考量。"现代主义"作为一个名称,也不是一开始就使用的,甚至在不同的国度有不同的用法。例如,在英国和德国,"现代主义"指象征主义、表现主义、意象主义、超现实主义等文学流派或运动,而在现代主义公认的发源地法国,"现代主义"一词却与文学了无干涉,也就是说,作为一种"文学分期、样类(genre)或运动"的现代主义"并不存在"。[1]事实上,法语中"现代主义"一词并非指一种文学运动,"通常指的是绘画,1907年的天主教会危机,并非全然原始的旅游消遣设施,或詹姆斯·乔伊斯和威廉·福克纳之类的英国或美国作家。"[2]相比之下,现代主义作为一种文学思潮被引入我国后,立即深深参与了我国的知识、政治和社会转型,起到了超越文学本身,引领新时代,开创新思维的巨大作用。这根本不是其发祥地欧洲所能比拟的。另外,为何西方学者拿不准存在主义文学究竟属于现代主义与否,而恰成对照的是,中国学者毫不犹豫将其纳入现代派的范畴?这难道不是因为有关存在主义的讨论很好地适应了当时的思想政治情境,能够很好地满足新时期思维转型的历史需要?

最后要讨论的一点是,为何中国学者倾向于将现代主义的起讫时间置于1857—1950年这一较大的尺度中,而西方学者则倾向于

---

[1] Kimberley Healey, "French Literary Modernism", in Astradur Eysteinsson & Vivian Liska (ed.), *Modernism* (2 volumes), John Benjamins Publishing Company, 2007, Vol. 2, p. 801. 按,1857年发生了两起著名的文学审判,即福楼拜因《包法利夫人》受审,波德莱尔因《恶之花》受审,某些学者认为,这两起事件标志着"先锋"文学与国家审查机器之间的现代敌意的开始,故可视为现代主义的肇始。参见 Pericles Lewis, "Introduction", in Lewis (ed.), *The Cambridge Companion to European Modernism*, pp. 7-8。

[2] Healey, "French Literary Modernism", in Eysteinsson & Vivian Liska (ed.), *Modernism* (2 volumes), Vol. 1, p. 801.

将其限定在 1910—1925 年之"极盛期"（即所谓"High Modernism"）以内[1]（也有西方学者认为，实验主义盛行的 1910—1930 年为现代主义的极盛期；之后，因法西斯主义猖獗等因素，形式实验无以为继，就说不上严格意义上的现代主义了[2]）。当然，中西学界的这种差异尽管很明显，却并非绝对；西方人并非只使用了一种分期法，而是同时采用 1857—1950 年和 1910—1925 年大小两种尺度，而中国学者也并非没有注意到这一点。从上文讨论的多部西方出版的现代主义"手册""指南"或研究著作中不难看出，西方人虽然并非绝对排斥现代主义分期上的大尺度，却不约而同倾向于使用小尺度，就连对大尺度有较大包容性的布拉德伯里、麦克法兰也不例外。但这么做，是有后果的，即存在主义文学大体上被排除在现代主义之外（大多数西方学者之所以将存在主义排除在现代主义之外，很大程度是因为前者的全盛期在 20 世纪 40 年代，而非 1910—1930 年）。为什么中西学界会有这种明显差异？这当然与 20 世纪 70—90 年代前期的政治和社会背景有关。正由于特殊历史条件下的特殊需要，中国知识界才比西方学界更为重视现代主义的政治、社会及精神内涵，其形式上的"先锋性"则显得不那么重要，尽管二者并非总是泾渭分明，而是相互涵容，难解难分，尽管中国学人也十分注意西方现代主义的形式实验。

总之，在 1978 年后现代主义的重新引进与传播中，我国学人

---

[1] 布拉德伯里、麦克法兰编：《现代主义——1890—1930》，第 16—17 页。

[2] Lewis，"Introduction"，in Lewis（ed.），*The Cambridge Companion to European Modernism*，p.8.

承续中国古典文学和五四时代现代主义的传统，在对西方现代主义的认知和相关辩论中立足于中国现实，学习西方理念而不囿于西方理念，逐步形成了一种独立于西方、具有中国特色的现代主义传统。即便在对现代主义的总体把握上，20 世纪 90 年代中期以降，我国学界与西方学界渐趋一致，考虑到现代主义参与了新时期中国那种西方人根本无法想象的知识结构转型，起到了一种引领新时代、开创新思维的巨大作用，考虑到我国学术界明显比西方人更重视现代主义的政治、社会和精神内涵而非其手法上的先锋性或形式实验，也考虑到存在主义在我国受到了明显不同于西方的优渥"待遇"，被我国学人明确归入现代主义传统，置于突出的地位，完全可以说存在着一种中国特色的现代主义话语，一种加强了改开时代中国人文化主体性的现代主义话语，一种为文明再造工程做出了重要贡献的现代主义话语。

第九章　罪与欲

一　引言

从上世纪 70 年代末起，在改革开放的总精神下，掀起了一场"思想解放"运动。在这场运动中，我们打破了激进主义旧思维的禁锢，引入了大量域外新思想、新观点，甚至很快学会了宽容乃至接受他人所持的不同思想、不同观点或不同立场。正是在这种情形下，80 年代末 90 年代初出现了基督教热。之所以出现这种思潮，有两个主要原因：一是十一届三中全会启动的思想解放运动带来的宽松氛围，二是世界范围内兴起的具有反启蒙运动之倾向的传统文化复兴运动。当时一个不便明言的假定是：中国之所以明显落后于西方，不仅是因为一直缺乏西方式的民主与科学，更重要的，是因为儒家（以及佛教、道教）主导的中国宗教-文化缺乏基督教式的"拯救"或用世精神。这被称之为"基督教救国论"。

回头看，上述假定是站不住脚的。今天，基督教救国论者们早已放弃了当时的立场，但基督教热所引发的讨论仍有价值，可以视为 1840 年以来文明再造、文化主体性重建的一个有机组成部分。这是因为，儒家思想如若不与基督教思想之类"他者"碰撞、交锋，其自身精神特质就难以彰显，其自身宗教-文化身份就难以成立。儒家与基督教都是源远流长、博大精深的人类精神形态，分别塑造了东亚与西方文明的价值体系、精神面貌。尽管总体而言很难说哪家更"优越"（这种简单化思维有害无益），但并非不能就某些具体论题作一番理论。下文要讨论的罪与欲便属于这种论题。

人类要生存，要发展，就得组成社会。社会要存续，要运转，就需要有伦理道德、规章制度和法律法规。从古到今，与经济社会发展程度相适应，人类社会的伦理道德、规章制度和法律法规可谓千姿百态，五花八门，但是无论采取何种姿态或形式，多少都意味着对个人意志的抑制，对个人自由的剥夺。对任何一个人类群体乃至国家而言，若不适当地约束个人的意志和欲望，而是任其一味膨胀，则群将不群，国将不国，最后个人也必然失去生存和发展的依托。可是从另一方面看，如果对个人意志约束太甚，对个人欲望压抑太过，则不仅个人生命原欲会被戕杀殆尽，整个共同体也将丧失生命活力。问题的关键，在于度。

这不仅解释了为什么各大文明都有发达的伦理道德、规章制度、法律法规，也解释了为什么中国、西方乃至其他主要文明除了发展出极复杂的伦理道德、规章制度、法律法规体系外，还开出了系统性的神话、宗教、哲学等话语，藉以对个人进行习惯性、制度性的思想教育，以使其从灵魂深处相信，对其意志和自由的抑制乃天经地义。基督教关于"罪"（sin）和"原罪"（original sin）的一整套论说便起过这样的作用，儒家的"欲""利"及关联密切的"义利之辩""理欲之辩"也发挥过相似的功能。

但是，对个人意志的约束毕竟不能太过，否则生命的活力将不得伸张，所以基督教神学中除了有消极的罪或原罪之说，还有积极的神恩和拯救之论。同样，儒家历来就注重理欲之辩、义利之辩，甚至有"天人合一""理欲同体"的说法。近代以来，随着生产力的巨大提升，经济和社会的巨大发展，随着在文艺复兴、启蒙运动思潮的强烈冲击下，个体主义或个人主义意识强势崛起，西方人对个人与共同体关系的理解有了极大变化，先前习以为常、见怪不怪的压抑和限制，现在被质疑、被否定，基督教言说中的罪、原罪因而被淡化，重要性已被大大削弱。反观中国，尽管在时间上晚一些，儒家传统中的理欲之辩也有过类似的经历。20 世纪尤其是改革开放以来，中国人的义利观、理欲观明显有变，先前一定程度上被妖魔化的欲与利，现在被置于一个新的位置。

　　但总的说来，较之先秦时代就注重义利之辩的儒家传统，启蒙运动前基督教神学中的罪与原罪论说对于个人自由的压制更为严重。对此，我国学界应有认识。在当今全球化时代，中国和西方在个人、企业、机构乃至国家层面的交往频度之高、密度之大决非从前所能想象，所以对基督教神学中的"罪"和儒家言说中的"欲"作一个对比研究很有必要。但在 20 世纪 80 年代以降知识界、学术界兴起的基督教热中，这种对比研究处于一个很不显眼的位置，而我国知识界既已加入反省西方启蒙话语的行列，对启蒙话语中人性观的重新审视既已成为一个重要论题，罪与欲的对比研究便应提上议程。也不妨将这种研究视为儒家与基督教传统中都一直未曾中断的对人性反思的一部分。

　　以下首先将对基督教的罪和原罪的概念作一番考察，以此作参照系，再对儒家话语中的欲作一番比较式探讨，以使这些概念在各自传统中的内涵及作用得到进一步梳理和阐发，以期对中西两大精神形态之间早已开始的"视界融合"能有所推进，儒家思想和基督教神学能够在此过程中相互比照，相互勘对，彼此发明。很明显，视界融合是中国文化主体性重建的一部分，通过它，我们能更深刻地认知自己的文明与西方文明。同样，在视界融合中，西方人或许也能更深刻地认知自己的文明和中国文明。

二　"罪"的由来

"罪"作为基督教的一个核心概念，在《旧约》中有诸多含义，如犯错误或错失，被发现有缺失或缺陷，未能达到某一特定目标；也可指有意违反某一规约或准则，即在反叛、违犯等意义上使用；但更重要的是，罪指人在神面前的道德过失。在一种更宽泛的意义上，罪就是人对神或上帝意志的悖逆，如保罗·蒂利希所言："罪的本质是不信，一种与神疏离的状态，逃避神，反抗神，或将初级次要的关怀提升到终极关怀的地位。"[1]

《旧约》各书卷的早期作者与赫梯人、两河人共有这么一个基本假定：罪是一种普遍的道德缺陷，广泛存在于人类中。虽然在希伯来人的圣书中，这种普遍意义上的罪不如在两河人的宗教文献中出现得那么频繁，但是在《创世记》第3章中可以看到，夏娃和亚当在蛇（后来在基督教神学中，蛇被视为是撒但的化身）的引诱下，违背神或上帝的旨意，偷吃了智慧之树的果子。上帝注意到他们有了羞耻之心，知道他们已在撒但的引诱下犯了偷吃禁果之罪，

---

[1] Paul Tillich, *Biblical Religion and the Search for Ultimate Reality*, Chicago: The University of Chicago Press, 1955, p.55.

于是对他们施以惩罚，将他们逐出伊甸园；不仅如此，原本不死的他们不仅自己不能免死，子孙后代也不能免死。此即"堕落"（the Fall），亦即人类始祖亚当夏娃所犯、其后裔世世代代都因遗传而先天秉有的"原罪"。在《创世记》第 6 章，可看到堕落的人类已有诸多犯罪，所受的惩罚就更重了——神甚至"后悔"造了他们，并对此感到"忧伤"。[1] 对于"世界在神面前败坏，地上遍满强暴"，[2] 神的反应是"把他们和地一并毁灭"。[3]

可是，人为什么会犯罪？如果将《旧约》视为上古时期希伯来人集体思想的结晶，不难发现在当时的希伯来思维中，神虽然造了人，神虽然是存在论意义上的爱，至大至上且全知全能，但人之具有犯罪——此处的"罪"不能等同于刑事罪，而主要指伦理道德意义上的罪——作恶的倾向，却显然不是神或上帝使然。换句话说，人而非神必须对人自己的罪负全部责任。对于这一点，《旧约》作者虽没能提供明确的表述，却有同样的致思方向。他们可以指责神对本身就非常脆弱的人类的惩罚太苛严，[4] 甚至大胆指责神对其与以色列人所立之"约"的不忠，[5] 却从不曾否认人的犯罪倾向并非神所赋予。

那么，是否可以由引诱人犯罪的撒但来担此责任？如果可以，则除了仍没能解答夏娃和亚当何以未能抵制撒但诱惑外，在逻辑上又多出一个撒但之罪源自何处甚至为何有撒但的问题。后来基督教

[1]《旧约·创世记》6：6。
[2]《创世记》6：11。
[3]《创世记》6：13。
[4]《旧约·约伯记》6：12；10：4。
[5]《旧约·诗篇》89：38—52。

神学对这一问题的回答是，人在堕落之前，撒但及其使者就已然堕
落了；而撒但之所以堕落，是因为他骄傲，竟要与神平起平坐。问
题就来了：在希伯来人的思维中，撒但是否真像人那样，同样为上
帝所造？可这种推理本身意味着，人类的罪最终仍源自上帝。这就
与上帝是万事万物之主宰的信念，上帝为至大至上、全知全能的善
这一根本理念相矛盾了。这似乎也意味着，罪之由来的问题只能用
信仰或信念来解答，逻辑矛盾只好被撇在一边。这种信念在神学论
证中具有如此明显的重要性，以至于在早已经历了启蒙运动和科
学理性洗礼的今日，在基督教原罪说已被大大淡化的当今时代，
神学家们仍觉到有必要重申：人类自己应为自己的罪负责，而不
应责怪上帝。[1]

麻烦不是出在神或上帝，而是出在早期以色列人独特的上帝观
及相应的神话式思维。一个独一无二的、绝对的、永恒的、外在
的、超验的神是当时以色列人对终极实在的独特认识。可以说，上
古以色列人对人类社会和宇宙万物的看法，都是建立在这种神话式
认知的基础上的。从宗教社会学的角度看，这也是他们赖以维系民
族团结，以在险恶情境中求生存求发展的重要手段。同样的道理，
出于在种族内维系伦理、道德、社会、政治秩序的需要，对不适
当、不合道义、不正确、甚至犯罪的行为又必须有批评和惩罚，而
要使这种批评和惩罚显得合理或正当，又必须有一套彼得·贝格尔
所谓的合理化论证。[2] 不难看出，早期以色列人是以一个完整的

---

[1] Rosemary Haughton, *The Passionate God*, New York: Paulist Press, 1981,
pp. 105 - 106; Neil Ormerod, *Grace and Disgrace: A Theology of Self-Esteem, Society
and History*, Hong Kong: Morehouse Pub Co., 1992, pp. 139 - 149.

[2] "合理化论证"概念取自贝格尔的《神圣的帷幕》，指的是用各 （转下页）

神话体系来提供这种合理化论证的。神话终究是神话，一个神话体系如果暗含逻辑矛盾，也无可厚非。事实上，不同人类族群在早期历史上无不经历过一个神话时期。不同之处在于，有些族群较早摆脱了神话思维（如华夏世界的汉民族），而另一些族群直到其主流思维已高度理性化、社会形态已高度世俗化的现当代，很大程度上依然离不开神话思维，而南美和非洲更有一些族群的思维样式直到今天仍未充分理性化，基本上仍处在神话阶段，即尚未完成"脱魅"。

神话思维有其局限性。夏娃向耶和华神承认受蛇的引诱吃了禁果后，神对蛇说："你既作了这事，就必受咒诅，比一切的牲畜野兽更甚；你必用肚子行走，终身吃土"；[1] 又对夏娃说："我必多多加增你怀胎的苦楚，你生产儿女必多受苦楚。你必恋慕你丈夫，你丈夫必管辖你"；[2] 对亚当说："你既听从妻子的话，吃了我所吩咐你不可吃的那树上的果子，地必为你的缘故受咒诅：你必终生劳苦，才能从地里得吃的……你必汗流满面才得糊口，直到你归了土，因为你是从土而出的；你本是尘土，仍要归于尘土。"[3] 在此人类堕落的故事里，神对人类始祖所犯"原罪"及引诱其犯罪的蛇施以极严厉的惩罚：夏娃、亚当及其后裔即一代又一代人类不仅要遭受诸多苦楚，还不可逆地从永生坠落到必有一死的境地。

但如果不直解经文，则不难发现，这则故事以因果相续的叙事

（接上页）种各样的思想方法证明现有社会政治秩序是合理的。贝格尔认为，历史上使用得最广泛的合理化论证是宗教。参见彼得·贝格尔：《神圣的帷幕》（高师宁译），上海：上海人民出版社，1991年，第36—62页。

[1]《创世记》3：14。
[2]《创世记》3：16。
[3]《创世记》3：17—18。

描述解释了一些重要的自然和社会现象，而一个正常的现代人不会相信蛇吃土，而更可能会认为，蛇之伸出信子即叉型的舌状器官抖动，不是为了"吃土"，而是为了感受和分析空气中的温度、湿度、气味等，以探知周遭可能存在的美味或者危险；不会认为妇女生产的苦痛是由于始祖犯过失所致，而是一种自然的生理现象；更不会认为人会死去是因为其始祖犯下了某种道德意义上的过错，而会认为这只是一种自然的生命现象；当然也不会认为妇女倚赖丈夫甚至受到丈夫管辖是原罪造成的后果，而会认为这是男权社会中普遍存在的一种压制性的社会关系；同样也不会认为，世世代代的人类必须终生劳苦才能糊口，是由于其始祖的原初之罪或堕落而遭受的惩罚，而会认为这是社会生产力低下所致。

三 人孰无死，人孰无罪

对于上述自然和社会现象，上古时代的中国人或也有与希伯来人相似的解释，只是没能用文字系统记载下来。然而在先秦中国人的主流思想中，这些现象再自然不过，并不值得大惊小怪，根本不会以某种前因后果式的思维方式来解释它们。在中国人看来，天是沉默不语的。孔子说："天何言哉？四时行焉，百物生焉，天何言哉！"[1] 换句话说，自然即是天；用道家的话来说，自然而然即是天。可在上古以色列人那里，这些自然和社会现象被编织成一则则美丽的故事，不仅使这些现象得到了一种神话式、因果相继式的解释，而且使人与神之间也形成了一种动态紧张关系。事实上，上古

---

[1]《论语·阳货》。

以色列人的全部宇宙观、自然观、社会观、道德观、法律观都是透过此类因果式的解释和人神之间的紧张关系传达出来的。作为一种特定精神形态的承载者，希伯来人具有这种思维方式本来无可厚非，甚至很可能还会从中得到某种逻辑训练，但作为具有多元视角的现代人，将这种思维方式与表现在其中的宇宙观、自然观、社会观、道德观、法律观分开考察却是必要的。只要与原教旨主义划清界线，现代基督徒也并非不可以这样思考问题。

即使暂且不论原罪的由来，在原罪发生之前，人的由来也应有一个合理的解释。但拒绝承认人是上帝在创世过程的第六天所创造的，并不等于否认人类是上帝按自己的形象和样式造的；拒绝承认《圣经》经文中所说的上帝最初只造了亚当夏娃，之后所有人类都是亚当夏娃的子孙，并不等于否认上帝创造了最初的人类，更不等于否认上帝的存在。虽然从现代科学的角度看，地缘和种群意义上的人类单一起源论并非站得住脚，视亚当为人类共同始祖这种神话式思维更是站不住脚，但将人类乃至世界、宇宙的源头上溯到上帝或某种存在论意义的终极实在，却并非荒谬不经。同样的道理，尽管现在看来，犹太人对人类罪性起源的神话式、因果性解释并非站得住脚，但这并不等于从古到今人类是尽善尽美的。尽管《圣经》中有关罪的文字带有浓厚的神话气息，却并非不能使用希伯来人的思维框架来讨论罪的问题。

夏娃和亚当犯罪的影响是深远的。由于他们的犯罪，人被赶出了伊甸园，[1] 或者说人与上帝从此疏离了。由于亚当的犯罪，罪

---

[1]《创世记》3：23—24。

进入其后裔即全体人类中："罪由一人入了世界。"[1] 其实，即使不从神学的立场看问题，而采用经验事实的视角，也不可否认，道德意义上的罪、亏欠或缺点是一种普遍的人类现象。换言之，无论基督教神学在罪的由来上有什么表述，道德意义上的罪都是一种与人的存在本身密切相连的实然状态，甚至可以说，是人性不可分割的一部分，秉有某种不可被除的存在论基础。这也许可以解释为什么在罪的起源和罪的普遍性问题上，保罗会把上帝按自己的形象直接创造的亚当用作其论证工具。

问题是，保罗的论证并非理直气壮，而是显得颇迟疑。"罪是从一个入了世界，死又是从罪来的；于是死就临到众人，因为众人都犯了罪。"[2] 可是人为什么会犯罪呢？这是因为他们的始祖犯了罪。那么为什么人会因始祖犯罪而犯罪？对此，保罗并没有直接回答。但他将死与罪绑在一起的做法，似乎是一个还算过得去的权宜之计。[3] 这是因为人类因始祖犯罪而犯罪虽难以证明，但从罪的结果——死亡——倒推出人人都犯了罪，却非常容易。只是保罗的听众似乎既不理解也不需要这种逻辑推论，因此他仅只需断言（而非证明）人类因亚当有罪而有罪："因一人的悖逆，众人成为罪人。"[4] 这就难免招来质疑。有现代论者认为，保罗将罪与死亡联系起来的解释并非站得住脚，因为他

也可以使罪与死相脱离。如果罪已经为基督所克服，而死

[1]《新约·罗马书》5：12。
[2]《罗马书》5：12。
[3]《罗马书》5：12。
[4]《罗马书》5：19。

亡却没有……那么苦难和死亡就不能仅仅归因于罪。即使在死的同盟罪已经被基督击败，死也仍然像传染病一样统治着受造世界。苦难与有限性以及罪与死亡的关系仍是不清楚的。受造世界里似乎有一种死之残余，它与罪并非直接关联。[1]

将罪与死亡紧密挂钩，也不能解释经验中所常见的这种现象，即恶人之家未必养不出善人，善人之家所养也未必尽是善人，很可能也有恶人（19 世纪中叶兴起的生物遗传说对罪的传衍方式提供了一种新的解释，说服力虽仍嫌不够，但依然是一种较为有效的解释，只是在保罗时代尚未问世）。在《罗马书》中，保罗又说："没有律法之先，罪已经在世上；但没有律法，罪也不算罪。然而从亚当到摩西，死就作了王，连那些不与亚当犯一样罪过的，也在他的权下。"[2] 这里，保罗试图证明罪具有普遍性：尚无律法之时，罪就已然存在。可是他不能违反一个简单的逻辑：若无律法或者罪之尺度，人所可能做的或可以视为罪愆之事用什么尺度来加以衡量和判别？因此就有"没有律法，罪也不算罪"之说。[3] 保罗当然也不能武断地说，所有人都"与亚当犯一样罪过"，[4] 于是便跳过一个逻辑环节，将罪的结果即"死"加以利用。如此这般，就既绕开了罪本身，又暗中似是而非地证明了罪具有无可逃避的普遍性：人孰无死，人孰无罪？

---

[1]　J. Christian Beker, *Paul the Apostle: The Triumph of God in Life and Thought*, Philadelphia: Fortress Press, 1980, pp. 221 - 23.

[2]　《罗马书》5：13—14。

[3]　《罗马书》5：12。

[4]　《罗马书》5：14。

四　保罗：究竟谁最终对罪负责？

在反复利用"死"这一事实上，保罗已触及罪的存在论基础了。既然死亡是谁也无法避免的，那么很明显，罪也是谁都有的，无人能够逃避的。但这里有个棘手的问题，即死与生是捆缚在一起的。没有生，焉有死？可是，在基督教神学中，从亚当起遍及所有人类，生命都是上帝赐予的。这就意味着，保罗不得不处理罪是否最终来自上帝这个问题，而做这样的推断又很可能被视为不虔敬。实际上在其书信中，保罗多次几乎明确地表达了这么一层意思：上帝应对人与生俱来的罪负责。在《加拉太书》中，他说："圣经把众人都圈在罪里，使所应许的福因信耶稣基督，归给那信的人。"[1]《罗马书》中也能找到相似的言论："神将众人都圈在不顺服中，特意要怜恤众人。"[2]《罗马书》中还能发现更多诸如此类的话："倘若神要显明他的忿怒，彰显他的权能，难道不可多多忍耐宽容那应受愤怒、预备遭毁灭的器皿吗？这是为了要将他丰盛的荣耀彰显在那蒙怜悯、早预备得荣耀的器皿上。"[3]

这些话的侧重点虽在宣示上帝通过耶稣基督把救恩施予人，可稍稍读得仔细一点，就很难不得出这种疑问：人之获罪，不是上帝计划的一部分吗？甚至上帝当初很可能是故意让人类获罪的。不这样，怎么可能以后拯救他们？所谓"不顺服"即犯罪，是蒙神怜悯的前提条件，但犯罪和拯救都是上帝宏大计划的内容。不仅如此，

---

[1] 《新约·加拉太书》3：22。

[2] 《罗马书》11：32。

[3] 《罗马书》9：22—23。

人的生活本身在"虚空"下，万事万物都受苦劳作，此亦上帝使然。"受造之物服在虚空之下，不是自己愿意，乃是因那叫他如此的……一切受造之物一同叹息、劳苦，直到如今。"[1] 从古到今所有这一切苦楚究竟为了什么？与人处于"不顺服"或犯罪状态之目的相同，这一切都是为了"将来要显于我们的荣耀"，[2] 而与"将来要显于我们的荣耀"相比，我们"现在的苦楚"就"不足介意"了。[3]

不难体会保罗的二难困境。他不能仅仅停留在对罪之普遍性的简单认知及宣示上。一方面，他必须说明罪在存在论意义上的无所不在。另一方面，他又必须为上帝通过耶稣基督把救恩施予罪人的必要性、必然性做出论证。这其实是两项任务，既相互冲突，又不可分割地纠缠在一起。在前《新约》时代，前一项任务并不存在。但仅就前《新约》时代而言，《创世记》中罪之来由的故事本身，即已暗含上帝为万物之主宰与人似乎必须为其"不顺服"行为负责这两者间的矛盾。在两约之间及后《新约》时代，上帝无条件地将其独生子耶稣交出来以拯救世上的罪人。这一论说一旦出现，就必然产生一个新的任务，即协调上帝乃是至爱至善，藉耶稣基督对世界施以救恩，与上帝是万物主宰，因而人之犯罪也可能是上帝的意图这一推论之间的根本矛盾。他解决这一矛盾的策略似乎是，引入琐罗亚斯德教或摩尼教的世界为善恶二神所主宰的观念。

在保罗时代，这种善恶二元论思维早已传播到近东和整个东地中海地区，这从《约翰福音》第 1 章尤其是第 8 章 12 节的经文也

[1]《罗马书》8：22—23。
[2]《罗马书》8：18。
[3]《罗马书》8：18。

不难看出。受二元论思想的影响，保罗如是说："此等不信之人被这世界的神弄瞎了心眼，不叫基督荣耀福音的光照着他们"；[1]"那等人是假使徒，行事诡诈，装作基督使徒的模样。这也不足为怪，因为连撒但也装作光明的天使。"[2] 这里，"这世界的神"与犹太-基督教的唯一真神显然是对立的，即一为恶神，一为善神；而"光明的天使"暗含着与"黑暗的天使"的对立。"黑暗的天使"一语虽并未被保罗所使用，但撒但便是邪恶、便是黑暗的天使这一点，是谁都明白的。这些例子也许只能看作善恶二元论元素进入了保罗的新型拯救论，但保罗的拯救论本身也很可能是在二元论的影响下提出的。

对此，《罗马书》8：18—23——即"受造之物切望等候神的众子显出来"云云——便是证明。这里，保罗明确表达了这层意思：不仅从始祖亚当起就已获罪的人需要救赎，而且整个受造世界都充满了罪恶，同样需要救赎。这种思想并非希腊世界本有，而是源于波斯的琐罗亚斯德教。在琐罗亚斯德教中，尘世与天堂相对待，分别由恶神和善神创造并代表；属于尘世的物质、肉体既为恶神所造，是邪恶的表征，便必然与天堂、精神和性灵相冲突。而与拯救言说密切关联的，是罪与诸多事物的对立，如罪与义、[3] 罪与恩、[4] 罪（肉）与灵，[5] 以及罪（恶）与善的对立。[6] 这种有浓厚波斯色彩的二元论加强了保罗的拯救论。

---

[1]《新约·哥林多后书》4.4。
[2]《哥林多后书》11：13—14。
[3]《罗马书》6：16—20。
[4]《罗马书》6：22—23。
[5]《罗马书》7：23—25。
[6]《罗马书》7：19—21。

如果说拯救论是保罗论说的核心，也是基督教立教的核心教义之一，就难免做出这样一些判断：前《新约》时代的创世、被选、律法等都不能带来拯救，只有基督徒对耶稣基督的信奉才能带来拯救——在神子耶稣临世之前数千年里，整个世界无拯救可言。处在"虚空"和"劳苦"下的世界虽与纯粹二元论意义上的邪恶、黑暗的世界有本质区别，却并非不需要拯救，用《约翰福音》中的有关叙事来讲，即需要有"光照在黑暗里"。[1] 但是，拯救之光只可能来自对耶稣基督的信，也就是说，耶稣基督就是拯救之"光"。耶稣基督是"道路、真理、生命"；[2] 是"道"，是"神"，是"恩"。[3] 神派遣到世上的神子亦即道成肉身的耶稣，就是二元论意义上的与"黑暗"相对、与黑暗抗争的"光"，就是拯救之"光"——"我是世界的光，跟从我的，就不在黑暗里走，必要得着生命的光。"[4]

某种程度上，波斯二元论的影响有助于保罗解决罪愆、邪恶的本体论根源的问题，可在犹太-基督教传统中，上帝乃自然万物乃至历史主宰的思维终究是不可动摇的。这就解释了为何在《罗马书》第6—7章的经文中，"罪"的用法清楚地表明，它就是一个拟人化的、与作为人子的耶稣基督紧密相联的魔鬼或恶神。如：

"不再作罪的奴仆"；[5]

---

[1]《新约·约翰福音》1：5。
[2]《约翰福音》14：6。
[3]《约翰福音》1：1—14。
[4]《约翰福音》8：12。
[5]《罗马书》6：6。

　　"他（基督）死是向罪死了，只有一次；他活是向神活着"；[1]

　　"罪必不能作你们的主；因你们不在律法之下，乃在恩典之下"；[2]

　　"我以前没有律法是活着的，但是诫命来了，罪又活了，我就死了"；[3]

　　"我们原晓得律法是属乎灵的，但我是属乎肉体的，是已经卖给罪了"；[4]

　　"若我去做所不愿做的，就不是我做的，乃是住在我里头的罪做的。"[5]

　　值得注意的是，保罗虽试图避免使用"魔鬼"之类有二元论嫌疑的词汇，但在有些场合，不仅他本人而且其他《新约》作者乃至整个后《新约》神学传统都使用了"魔鬼"（Satan）一词，尽管大多不在与耶稣相对的意义上使用。

　　保罗虽因受波斯影响而大量利用二元论论说，但他毕竟还有《旧约》中强大的一神论传统可资利用。在这一传统中，撒但在相当大程度上代表了恶或罪，但它无论如何也不像在摩尼教中那样，是与代表真与善的上帝等量齐观的另一个神。其实，按犹太-基督教传统的一贯说法，撒但为上帝所造；它本为天使，因骄傲而堕

---

[1]《罗马书》6：10。
[2]《罗马书》6：14。
[3]《罗马书》7：9。
[4]《罗马书》7：14。
[5]《罗马书》7：20。

落；它只有灵，没有身体，为了欺骗人类而用了"蛇"的形体。保罗为了不在罪的由来问题上使上帝显得故意与人类作对，便诉诸二元论，但为了不违逆叙利亚型宗教[1]的唯一神信仰，又不得不将二元论大大变型。但无论他采取何种方略，在其叙述中都不难见到这些画面：上帝不仅创造了世界，也支配着历史；他遣独生子耶稣来到世上，通过他的死和复活来拯救世界，使世界与他和好如初；其他一切甚至包括罪在内，都是他意志的体现，都服务于拯救恩典这一宏大目的。

尽管如此，既引入波斯二元论，又坚持上帝乃万物主宰这一犹太-基督教论说，毕竟是相互矛盾的两件事，要自圆其说相当困难。有现代神学家认为，"罪"是难以理解的，是一个"谜"，其起源是"神秘"的，是一本糊涂账：

> 我们不能像佩拉吉厄斯[2]那样将邪恶"思"掉，仿佛它是微不足道的；也不能允许自己像摩尼教二元论那样，把邪恶"思"入我们自己的体系，好像它从来就在那里一样，要么来自上帝，要么来自某个反上帝（Anti-God）。从理论上解决罪恶问题，是不可能的。解决办法只能是实践上的，那就是生活在上帝宽宏大量的恩典之中。[3]

---

[1] 参见"释义"部分相关词条。

[2] 佩拉吉厄斯即 Pelagius，生卒年份约公元 360—415 年。他生于英国，古罗马著名的禁欲主义道德家，反对预定论，强烈主张自由意志论。奥古斯丁和其他基督教思想家指责他否认善功有赖于神助或恩典。

[3] Ormerod, *Grace and Disgrace*, p. 146.

保罗的做法产生了另一个后果：罪在他之后被大大强化了。这种强化了的罪具有相当强的负面性，而且似乎越到后来越突显。然及至近代，由于受到启蒙运动的强力反拨，在现代自由平等思潮、个人权利意识的强烈冲击下，神学领域里涉及罪的人性论叙事又龟缩至一个不那么显眼的位置。不过，保罗对二元论话语仅加以有限度的利用这一事实本身也多少表明他有某种睿识洞见。何以见得？

从品质上看，二元论既然将世界之腐坏、人性之罪恶的根源——恶神——提高到一种终极实在的高度（与另一个等同、甚至更高的终极实在即善神平分秋色），在认识上便必然视世界、人性与天国、神性为水火不容，对世界、人性与天国、神性采取一种非此即彼或非黑即白的态度；在实践上便极可能导致全然否定世界，压制生命原欲之后果。作为一个雅斯贝斯意义上的"轴心时代"宗教，琐罗亚斯德教是一个伟大的宗教，其后继者或变体宗教为摩尼教，而早期基督教异端诺斯替派又引入了大量摩尼教教义（如所周知，奥古斯丁本人深受其影响，详下）。此外，犹太-基督教中一些非主流教派因受其影响而有非常强烈的二元论倾向，拜占庭帝国境内曾经活跃过的保罗派就是这样。然而，所有这些二元论取向的宗教思潮或教派在历史上都未能真正繁荣过。这一局面的形成，固有其他社会、经济方面的因素起作用，但不能说与二元论思维本身毫无纠葛。

五　奥古斯丁：存在即罪

与保罗一脉相承，奥古斯丁（Augustine of Hippo，354—430年）虽然认为"人的本性真实受造，无辜也无罪"，但人类自其始祖亚当之时便已败坏——"人人生而即有的传自亚当的那本性……已不再无辜"——即已经处在有罪状态中了。[1] 但是，人犯罪并不是神的安排，而是出于他自己："罪毫无疑问是他自己的。"不过，人虽然有罪，却并非毫无希望，因为耶稣降世来拯救他。[2] 神通过耶稣基督将其恩典施于罪人，罪人"因他（耶稣基督）的血就白白地称义"。很明显，这里最为关键的还是恩典，因为

> 凡未藉着恩典得救的人，无论他们是因为不能听福音，还是不愿顺服福音，甚或是因年幼未能听到福音，以至于未曾接受重生之洗（这本是他们要接受并藉以得救的）——就都公义地得到了谴责；因为他们并非无罪，无论这"罪"是指生而即有的罪，还是指他们自己犯的本罪，都是如此。[3]

既然人完全可以因非主观的原因如年幼未能听到福音，未能接受洗礼，便"公义地"遭受谴责（这意味着不能得救），那么人之"罪"是天生的：存在即罪。

奥古斯丁显然并非从单纯伦理道德的意义上，而是从一种对人性本质上的脆弱性的深刻体会中来认识罪的。对人性脆弱的体会固然与他的个人经历有密切关联，但也并非不具有某种教义基础。在回答人类始祖亚当在未犯罪之前，对于禁果是否动过欲念（perturbation）这一问题时，奥古斯丁认为，动欲念是不可能的，

---

[1]　奥古斯丁：《论原罪与恩典》（周伟驰译），北京：商务印书馆，2016 年，第 94—95 页

[2]　同上书，第 120 页。

[3]　同上书，第 95 页。

因为这无异于犯罪。他引用《新约》中的经文来证明这一点："凡看见妇女就动淫念的，这人心里已经与她犯好淫了。"[1] 这种论证当然会涉及人的自由意志的正当性的问题，也就是说，上帝既然赋予人自由意志，便已赋予人犯罪的可能性。这就意味着，人有犯罪的可能性与人存在着这一事实是同一的。由此，必然得出这样一个结论：人只要来到世上，便不可能没有犯罪——因为罪是存在的一种不可剥离的本质。存在即罪！

这里，奥古斯丁的意思非常清楚：人犯罪的倾向极强。既然如此，既然人性如此脆弱，一个人即便成为基督徒，也不等于他立马便从本来有罪的旧人变成了一个完全无罪的新人。成为基督徒，一个人的罪性最多只是得到了宽宥，却是不可能得到彻底清除的。换句话说，成为基督徒并不能使一个人自动成为完人。教会只不过是一所医院；在那里，品质有缺陷的人能得到疗养，以期恢复健康的灵性。[2] 然而人的罪衍极深，仅靠其自己的努力是不可能得到克服的，只有靠上帝的恩典才可望清除。[3] 基于这种人性观，奥古斯丁之坚持 extra ecclesiam nulla salus 即"教会之外无拯救"，便毫不奇怪了。既然教会之外无拯救，那么进入教会便是得救的唯一道路；要入教会，就必须受洗，即使婴儿也不例外。受洗入教虽不等于罪立即就被清除了，但罪可借以减轻。更重要的是，人可因此免下地狱。

既然入教与不入教有如此重大的区别，人们就必须加入教会，

---

[1] Aurelius Augustinus, *The City of God*, Book XIV, 10; 也参见《新约·马太福音》5：28。
[2] 奥古斯丁：《论原罪与恩典》，第 109 页、120—121 页。
[3] Augustinus, *The City of God*, Book XIV, 11.

即便是婴儿也非例外。对于这种基于不断强化的原罪说，尤其是在婴儿洗礼之事上得到充分反映的宗教排他性，当今之日，即使不算开明的教内人士，恐怕也会感到不安的。但也应看到，奥古斯丁视为极其重要的婴儿受洗礼有着悠长的希伯来主义[1]渊源，这就是"选民"观念；受洗成为教徒，就是被神所"选"，就会受到神的青睐；否则非但不能受神眷顾，反而会被神抛弃。随着欧洲的全球扩张，这种观念已深深影响了人类历史进程。不用说，在现代条件下，"选民"说——一种毫不加掩饰的自我与他者的相互对待——有着诸多变型，如阶级的、种族的、民族的或意识形态的，不一而足。这些新版本的"选民说"与"教会之外无拯救"说无本质区别。对不属于基督教传统的人类而言，"教会之外无拯救"的后果肯定严重得多。无论他们是默罕穆德、佛陀，抑或是孔子、孟子、老子、庄子、墨子等，恐怕统统早下地狱了。[2]

这种思维当然是宗教的排他性所致。任何宗教都具有排他性，但基督教的表现太过突出。不妨问：假如一个婴儿没受洗便死了，即使它没时间或机会犯罪作恶，其灵魂也免不了下地狱，这对该婴儿公平吗？对于这样的问题，奥古斯丁的回答是：即便婴儿也秉有原罪。为什么说它秉有原罪？因为人类始祖亚当不仅生了后代，而且将其所犯之原罪连同对罪的惩罚也传衍（generate）给了后代。[3]奥古斯丁以当时非洲教会为婴儿施洗礼的通行做法为论据，认为既然给婴儿施洗礼，就必得有一个原由。洗礼是为了什么？是为了减轻罪愆。反向推之，婴儿必然有罪；即使尚未犯罪，婴儿也

---

[1] 关于"希伯来主义"，参阅本书"释义"部分相关词条。
[2] 参见本书"释义"部分"希伯来主义"词条。
[3] Augustinus, *The City of God*, Book XIII, 3.

必然秉有某种不同类型的罪——它身上必有亚当的罪，一种由遗传而得之罪，即原罪。[1] 很难说这种推理站得住脚，尽管从存在论的意义上讲，人性远非完美，而这种不完美性完全适用于婴儿。

可是，奥古斯丁并不满足于原罪层面的推理。在他看来，即便现实经验层面，婴儿也不可能免于个人意义上的罪。他所给的论据是：

> 我亲眼看见过一个婴儿表现出嫉妒，知道这意味着什么。他很小，还不能说话，但只要一看见抱养的弟弟碰奶头，就会嫉妒得脸色发白……这肯定不能叫无辜。[2]

从婴儿这种个人之"罪"出发上升到存在论意义上的原罪高度，就再自然不过了："如果说'我是在罪孽里出生的，在我母亲怀胎的时候，就有了罪'，那么我问你，主啊，我，你的仆人，何时何地曾清白过？"[3] 这里，奥古斯丁虽未直接断定婴儿经由父母继承了原罪，但他所表达的意思非常清楚，无任何歧义。

奥古斯丁对原罪神学的推进和深化，还不止于提出原罪继承说。有论者认为，将苦难与原罪挂钩，以证明人生而受苦乃情理中事，奥古斯丁也是始作俑者。人类为什么会有无穷无尽的苦难呢？那是因为上帝对有罪的人感到忿怒。上帝既然对罪人感到忿怒，则人类生而受苦，便理所应当。总的说来，人类遭受苦难是自作自受，是活该。但他们的罪不仅是从亚当那里继承来的，而且是在此

---

[1] Ormerod, *Grace and Disgrace*, p. 102.

[2] Aurelius Augustinus, *Confessions*, Book I, 7.

[3] Augustinus, *Confessions*, Book I, 7；也参见《旧约·诗篇》51：5。

基础上继续造因即继续犯罪作恶的结果。因此，人类与罪是不可能绝缘的。[1]像保罗那样，奥古斯丁也拒绝了摩尼教二元论认为人类苦难源于一个具有创造力、并与善神作对的恶神的思想。[2]但奥古斯丁维护犹太信仰文化的唯一神论传统，将苦难归咎于人类始祖的"堕落"或原罪所导致的社会后果，即人的自我贬抑、自我压制，却不能说与源于波斯的善恶二元论了无关涉。当然，将苦难归咎于原罪这种宗教叙事，只是在生产力水平低下、生活条件艰苦、社会政治压抑的时代方容易产生效力。至近现代生产力水平提高，生活条件改善，社会政治压抑缓和，这种说法便难以立足了。

奥古斯丁为原罪神学增添的第三项内容，是提出"情欲"（concupiscence）概念。情欲指的是人身上低下的欲望，尤指性欲。在奥古斯丁看来，情欲从本质上讲是一种混乱或失序，因为它不受理性的控制。这种混乱或失序不可能是上帝最初创世时就有的，因为本身即是完美的上帝，所创造的世界也必然是完美的。因此，这种混乱或者失序只可能来自一种原初之罪。这就是亚当的堕落。[3]基于个人经历，一定程度上也受当时流行的斯多亚派哲学影响，奥古斯丁将情欲与性冲动等同起来。在他看来，性交本身就是可羞耻的，性器官本身就是可羞耻的，[4]虽然这一判断对于婚姻并不适用。[5]不用说，这样的性爱观或爱欲观只可能进一步导致人的自我贬抑和自我压制。奥古斯丁的情欲还扩展至涵盖一切对上帝不顺

[1] Ormerod, *Grace and Disgrace*, pp. 102-103.
[2] Augustinus, *Confessions*, Book VIII, 10; Book XIII, 30.
[3] 参见 Ormerod, *Grace and Disgrace*, pp. 103-106。
[4] Augustinus, *The City of God*, Book XIV, 16-24.
[5] Augustinus, *The City of God*, Book XIV, 22.

服的行为，仇恨、嫉妒和恼怒等很自然地都被看作情欲的表征。为此，他用保罗的话来支持自己的观点："情欲的事是显而易见的；就如奸淫、污秽、邪荡、拜偶像、邪术、仇恨、争竞、忌恨、恼怒、结党、纷争、异端、嫉妒、醉酒、荒宴等类。"[1]

将情欲与混乱失序的性欲挂起钩来，使奥古斯丁能够方便地解释原罪何以能够传衍。既然人都得藉着父辈的性欲或者色欲才能孕育，那么当他出生时便一定染上父辈的罪了。[2]对奥古斯丁来说，这样的解释丝毫不是什么问题。如果说人出生时已然带上了父辈的罪，那么按照灵魂为上帝所造并被注入每个新生命这一当时流行说法，上帝一定将一个已染上了罪的灵魂注入新生命了。这是否意味着，上帝应该对罪的传衍负责？但奥古斯丁比保罗小心，一再声明上帝虽然造了人，却并未造人身上的罪。[3]是的，上帝虽给了人自由意志，却是人因滥用自由意志而犯了罪。所以人应对自己的罪负责，不应责怪上帝。

必须承认，奥古斯丁虽像保罗那样就原罪问题说了一些很荒谬的话，但在他那里，神恩从来都位于一个极重要的位置；甚至可以说，人之所以滥用自由意志犯了罪，却并非没有一个目的——人之所以犯罪，正是为了藉耶稣基督蒙受神恩以得到拯救。这本身似乎就是上帝的一种逻辑或安排。无论是抑或否，强调人虽犯了罪，却有耶稣基督牺牲自己来对其施以拯救，这种恩典论述本身就是一种积极、正面的论述。人的本性并非全黑、全恶，人是可以得救的，

---

[1] 同上书，*The City of God*，Book XIV，*The City of God*，Book XIV，2；也参见《加拉太书》5：19—21。

[2] Ormerod，*Grace and Disgrace*，p. 105。

[3] Augustinus，*Confessions*，Book I，7、10。

也是值得拯救的。若无恩典或拯救的平衡，罪实在太过压抑。不难看出，奥古斯丁的恩典论为中世纪后期新型人性观的崛起埋下了伏笔。

六 阿奎那：用原义冲淡原罪

进入中世纪后期后，具有存在论意义上二元论倾向的柏拉图神学式微，起而代之的是强调万物统一性的亚里士多德形而上学。强调万物统一性的一个必然结果，就是重新树立起对人的信心，对理性的信心，对人的无限潜力的信心。这实际上是现代人本主义的先声。在这种形势下，肇始于保罗、奥古斯丁的原罪神学经历了一次从悲观主义到乐观主义、从性恶论到性善论的转向。托马斯·阿奎那（Thomas Aquinas，约 1225—1274 年）神学便是这种新思潮的集中反映。虽然阿奎那的原罪神学与奥古斯丁的一样，都建立在神恩和拯救的基础之上，但至 13 世纪，阿奎那得以利用经阿拉伯语转译的亚里士多德理论，用存在论范畴将恩典描述成一种超验性的提升，一种灵魂的本质习性。这就明显比简单地将恩典视为上帝的赐予高出一筹。把这种恩典观运用到原罪或堕落故事上，便能得出这一观点：亚当在犯罪之前不仅完全无罪，还蒙享超自然的、提升性的神恩。

这种对人之善性的明确表述，在奥古斯丁时代是不可想象的，而只有在经院哲学对神恩与人性（grace and nature）做出系统区分后才有可能。亚当所蒙恩典中最重要的一种，便是原初正直（original integrity）或"原义"（original justice）。原义的基本含义是：人的意志顺服于上帝。更重要的是，阿奎那不仅认为亚当具有原义是上帝本来的旨意，而且由于人是亚当的后代，全人类都在亚当里蒙享了原义。这也是上帝本来的旨意。可是，这一上帝本来的旨意因亚当犯罪、丧失恩典而未能实现。亚当犯罪的直接后果，是其内在的和谐被打破了，这样一来，他就丧失了"初心"，即原初的正直或原义。事实上，原义的缺失或亏欠，是阿奎那原罪说的核心（当然，原义的缺失作为一个神学主题，最早是由圣安瑟伦提出的）。

这种新型原罪说使阿奎那的情欲观与奥古斯丁的情欲观有了重要区别。现在，情欲已不能简单地等同于原罪，已不能像原罪那样，因亚当的过失而传衍到我们所有人里。另一方面，阿奎那的情欲虽不能等同于罪，却依然具有罪的意味。这是由原义的亏缺造成的。一旦这种亏缺通过洗礼而被祛除，虽然仍有情欲在那里，却不再带有罪的意味了。按照这种分析，人之具有情欲，感受情欲甚至满足情欲，并不等于被降低到人性以下即动物的水平，而只是处在人之所以为人的"自然"状态中，这就无异于把情欲置于一种既非恶也非善的位置上了。在阿奎那看来，情欲只能通过上帝的恩典才能祛除；一旦人因犯罪而丧失了上帝的恩典，其自然状态中的情欲便又复辟了。

不难看出，阿奎那的情欲在道德判断上是中立的，是人类有限性之自然结构的内在组成部分。在亚当那里，原义的丧失导致"人性"或"自然"里的和谐被破坏，这种遭到破坏的状态又传到亚当的子孙里。上帝原本的旨意是，人性因亚当而蒙恩，这种蒙恩状态也同亚当的人性一并传给了世世代代的人类。但是，亚当不仅丧失了自己所蒙之恩，也因此连累了他的后代，使他们统统丧失了人类本应蒙享的恩典。因此，他传给子孙的只有人性而无原义。此后，所有人类都出生在一种"原义亏缺"的状态中，即未能继承某种本应继承的性质。有了这种原罪观，阿奎那认为，在"原罪"中死去的儿童是不会受到下地狱之惩罚的；而未受洗的婴儿仅仅失去了"上帝的照看"（the vision of God），但它们仍享有一种自然的幸福，因为他们并不知道自己失去了什么东西。由此产生了经院哲学的"炼狱"之说，这种学说成为解决奥古斯丁以来原罪说所造成的麻烦的一种权宜之计。

对于原罪的这种有力的反拨，使阿奎那得出新的人性观：人性并未因亚当的堕落而完全败坏。在他看来，人内在的趋善倾向仍然在人的灵魂中发生作用，甚至就是人之所以为人的本质内涵。如果说这种趋善的倾向在亚当堕落之时便已彻底摧毁，人就不成其为人了（阿奎那系统而严密地论证了这种观点）。问题是，我们仍然是人。只要我们仍然是人，人性便以其所有向善的可能性存在于一切人类个体里。可是，我们趋于善的倾向会与其他欲望和情感发生冲突。这种倾向会与那些欲望和情感不断进行斗争；因此，我们对善的渴望不再能始终如一地实现其目标。不难看出，阿奎那依然没能放弃奥古斯丁式悲观主义的人类自由观——没有上帝的恩典，我们不可能不犯罪。对于这一难题，阿奎那提出了他的解决办法：人性虽未败坏，却生了"病"，或者说处于一种"患病"状态，需要医治。这种医治来自上帝的恩典亦即神恩。神恩对于人性既有医治的效用，更有提升的效能。应当注意的是，特伦特公会议对阿奎那新的恩典观和原罪说虽有所保留，但总的说来是肯定的，这就为此后思想氛围的进一步宽松化打下了基础。

在宗教改革运动时期，在教会当局普遍奢靡腐败的情形下，一直在进步的基督教人性观遭遇了一次强有力的回潮或反动。在新教叙事的凶猛浪潮中，即便是阿奎那开明的、有限乐观主义的人性观，也受到了加尔文主义、路德主义的猛烈抨击。路德认为，不仅人的意志完全败坏了，就连人的理智也完全败坏了；所有的人类行为都是罪恶的，所有的人类理智活动都是虚妄的。虽如此，青山挡不住，毕竟东流去。随着欧洲各国生产力的不断提高，经济的不断发展，国家治理水平的不断提升，社会观念的不断进步，乐观积极的人性观终将成为主流。[1]

七　仁义与礼制视域中的人性论

先秦时代中国人的精神形态与古代希伯来人和后来的基督徒大为不同。尽管华夏思维中曾也有过类似于犹太-基督教唯一神的"帝"或"上帝"，但至孔子时代，这种人格性的至上神已演变为一种非人格性的终极实在，即"天"。这个意义上的"天"与自然之天不易区分，大致与欧洲启蒙运动时期的理性神或自然神相当。那么是否可以说，早在孔子时代，中国人的理性思维水平已达到欧洲启蒙运动的水平？这个问题是可以讨论的。

如果不再有一个至高无上的神或上帝，就不会有绝对意义上的人神对待，基督教的原罪也就不可能产生了。事实上，在秦以降两千多年中，人神对待这一西方人思维中最重要的预设，在中国主流思维中处于一种若即若离，若有若无的状态，尽管民间信仰与文人士大夫的信仰大为不同。对西方人来说，即使在高度世俗化的现代，人神对待虽已遭到严重质疑，但仍不失为一个重要的观念。其

---

[1] 以上有关阿奎那思想的讨论，参考了 Ormerod, *Grace and Disgrace*, pp. 119-127。

至可以说，西方人的整个价值体系都建基在这一至关重要的预设上。不说仍然信奉传统宗教者，就是在康德、黑格尔、胡塞尔和海德格尔一类哲学家以及牛顿、爱因斯坦一类科学家的思维中，人神对待也是一个或明或暗、或扭曲变型或直接呈现但无处不在、无可逃避的思维模式。即使在学界公认的消解宗教权威、高扬人之主体性的文艺复兴时代，这种思维模式也远未受到动摇。

相比之下，中国式思维早在春秋战国时期，便经历了一个理性化——这里"理性化"中的"理性"应理解为实践理性——的过程，人格神的上帝或者"天"演化为孔子式的非人格神或人格性大大淡化的"天"，很快进一步演变为荀子式的自然意义上的"天"。有着神圣根源的"仁"的精神逐渐为人们所认同，其一大表征是"卜筮而希"，"卜筮而希"的直接原因又在于"君子德行焉求福，仁义焉求吉"[1]式的道德实践。孔子的"不语怪力乱神"，其实就是仁的一种表征。仁所体现的道德理性精神恐怕连晚至文艺复兴时期的西方人也未必能比，甚至当今时代的"先进"者也应感到惊诧。用韦伯的理性化理论来观照，周文化是一种世俗化、理性化即"脱魅"程度相当高的文化。虽然如此，这种理性精神不宜视为一种现代式的世俗化或"脱魅"，因为在先秦中国文化中，终极实在——并非人格性的终极实在——与社会道德价值之间仍存在一种根本性联系。孔子一生所身体力行和谆谆教诲的仁既是这一情境的表征，又是达到这种状态的进路或原则；既是达至那贯通天人的生命样式的方式，又是这种生命样式的体现。孟子则提出了"仁

---

[1]《马王堆帛书易传·要》，转引自陈来：《古代宗教与伦理：儒家思想的根源》，北京：生活·读书·新知三联书店，1996年，第11页。

义礼智根于心""尽其心者，知其性也，知其性则知天"[1]"仁，心也"[2]之类的主张。宋明儒者更是充分利用佛道思想资源，大大深化和发展了天、天命、天道、心、性或心性等理念，其思想体系中的"理"或"天理"虽可追溯至上古，但已变得高度抽象，很难同周前期乃至商时代与人相对待的人格神挂起钩来。

可以说，先秦至宋明儒者虽表现出了一种无与伦比的理性精神，但这并非意味着他们生活中的神圣性被摈弃了。但这神圣性已从迷信与神秘主义的话术中抽离出来，被加以社会性的规范，往下打通落实为人的生命的神圣性，转化为以礼为表征的社会政治秩序的神圣性。无论如何，这是对人的价值的尊重。"仁也者，人也"[3]的命题实际上将仁提升至人之所以为人的存在论高度，从而使个人可望从卑下的生存状态跃升至一种超拔的生命境界，而这种超拔的生命境界又是以较高的经济社会发展状况为基础的。因此，如果以先秦中国精神形态为尺度来衡量古希腊罗马时期的西方文明，很难不得出这一结论：同一时期西方的理性化、世俗化程度不如中国，对人的尊重程度也不如中国。当时西方仍有数量巨大的奴隶存在。[4]当时的西方人一方面有"人是万物的尺度"之断言，另一方面包括亚里士多德在内的"先进"哲人们统统不承认奴隶是

---

[1]《孟子·尽心上》。

[2]《孟子·告子上》。

[3]《孟子·尽心下》。

[4] 按宗教社会学家彼得·贝格尔颇有点玄虚的说法，西方的世俗化过程早在以色列的旧约时代就开始了：亚伯拉罕从美索不达米亚出走和摩西领导以色列人出埃及这两个事件不仅具有地理和政治蕴涵，而且意味着以色列人彻底摆脱古埃及和古两河流域所固有的神圣秩序。彼得·贝格尔：《神圣的帷幕》（高师宁译），上海：上海人民出版社，1991年，第36—62页。

人，而只是一种人形动物或工具。在被视为西方现代人文主义源头的普罗塔戈拉思想中，道德向度是缺失的。在他那里，快乐是生活的唯一目的；人的感觉和知觉即知识，而知识只是谋生的手段，而非达到一种更高生命境界的途径。此外，在整个古希腊罗马时代，都有驱使奴隶作人与人、人与兽的生死斗以为娱乐的野蛮习惯。恰成对照，孔子以其强烈的道德诉求和明确的人道主义立场，主张"有教无类"。这是一种取消阶级差别、平等主义的现代性思维，与希腊人罗马人的做法相比，高下立判。

　　由于当时中国的人观、神观与西方大为不同，与基督教的罪或原罪相等的观念在汉语中并不存在，在宋明儒生提出跟"理"相对的"欲"之前，甚至可以说连与之大致相当的概念也不存在。但这并非意味着，中国文化语境中不存在特定的观念和制度安排，以执行与西方类似的社会功能，以批评和惩戒道德、社会、政治上的过失或犯罪。然而，基于一种从根本上形塑了中国人思维的性善论，中国文化中相关的理念和制度安排往往采取一种积极肯定、而非消极否定的方式来规范伦理道德，节制不恰当、不正确的行为。礼制便执行着这样的功能。对于种种社会、道德和政治行为，礼都具有明显的规范和节制作用。作为礼节仪文，礼是实践仁德的一种方式。不同社会、道德和政治规范，可以通过相应的礼体现出来。所谓"克己复礼为仁"，主要是指践履礼节仪文，以克制不合乎自己社会身份和道德规范的言行，以达到仁德之境界。道德行为必须与礼相配合，以礼为表达形式。子之尽孝，要"生，事之以礼；死，葬之以礼、祭之以礼"；臣之尽忠，也要"事君尽礼"。[1] 尽礼，

----

[1]《论语·八佾》。

或实施尽孝尽忠的仪文，即通过外在的行为规范来实现内在的道德规范。

除礼的规范和节制作用外，对理想人格的追求，也以积极肯定而非原罪说的否定方式来执行社会道德功能。要实现理想人格，成为仁人、君子，成为履行道德规范的楷模，仁智合一的人，必面临成德和进学的双重任务。此即"修己"。"修己"意味着依靠主观努力而非仰仗某种外在力量来提升自己的道德状况，所谓"我欲仁，斯仁至矣"即是。[1]这就对个人提出了很高的要求。第一个要求是守志不渝，信念坚定，如"无终食之间违仁，造次必于是，颠沛必于是"；[2]又如"三军可夺帅也，匹夫不可夺志也"。[3]第二个要求是勤于实践，即通过行动来达到仁，孔子所谓"能行五者（恭、宽、信、敏、惠）于天下，为仁矣"即是。[4]这里，孔子认为，行动优于空谈："讷于言而敏于行。"[5]第三个要求是一种努力学习的精神。这是获得理想人格的最重要的两个条件之一，因为"好仁不好学，其蔽也愚"。[6]也就是说，要实现理想人格，不仅要在成德方面下功夫，还必须在学习上下功夫。除此之外，还得有一种谦虚好学、不耻下问的精神——"三人行，必有我师焉"；[7]还得有一种义无反顾追求真理的精神——"朝闻道，夕死可矣"。[8]将成德与进学有机结合起来了，仁智统一的理想人格方能

---

[1]《论语·述而》。
[2]《论语·里仁》。
[3]《论语·子罕》。
[4]《论语·阳货》。
[5]《论语·里仁》。
[6]《论语·阳货》。
[7]《论语·述而》。
[8]《论语·里仁》。

第九章 罪与欲 | 221

最终实现。

八　人性本善，人已得救

如果说在孔子时代，性善论总的说来还只是一种暗设，尚未明说，那么到了孟子那里，性善论就不再仅仅是一种暗设，而已成为一种明言的命题性陈述了："人性之善，犹水之就下也。人无有不善，水无有不下。"[1] 这个命题还有另一种表述形式，即人心共同秉有"理""义"：

> 口之于味也，有同嗜焉；耳之于声也，有同听焉；目之于色也，有同美焉。至于心，独无所同然乎？心之所同然者何也？谓理也、义也。圣人先得我心之所同然耳。[2]

在秉有理、义或一种普遍善性（而非基督教的罪性）方面，人皆同然，圣人与小民之间并无本质区别；即使有区别，也只在于时间上的先后（不妨将此看作"人同此心、心同此理"的原始表述）。在这种思维中，基督教意义上的罪或原罪是不可能产生的。可是如何解释现实生活中有善也有恶这一现象？在此问题上，孟子并非一般所认为的那样毫无保留地主张人性善。他对这一问题的解释是，由于后天客观环境的影响和个人主观努力的不同，每个人保持其善性的效果也不一样。但他解决问题的办法与孔子成就圣贤人格的进

---

[1]《孟子·告子上》。
[2]《孟子·告子上》。

路大体上相同，即自我修养，如"尽心""养性""反求诸己""养吾浩然之气"等。

应当看到，当孟子作"仁义礼智，非由外铄我也，我固有之也"之类的断言时，[1] 他实际上已将人之善性建立在一种先天根据上了。如果采用基督教原罪说的论说形式，这就等于说人性本善，无所谓"原罪"；既无"原罪"，也就无所谓"堕落"了。更为重要的是，人的善性是先天的，是上天赋予的。现实生活中的确有善也有恶，但那是后天环境的影响和个人努力的不同所致，或者说，是个人保持和发扬善性的效果不同所造成的。因此个人道德上的差别仅仅是善与不善的差别，而非善与"罪"或恶的不同。"不善"[2] 仅仅是一种先天秉有的性、理、义的缺失或者亏欠。通过修身养性，"善"的亏缺或不足是完全可以克服的。孟子的"不善"说虽然是一种正面价值的负面表述，但其立足点仍然是正面价值本身，即善。"不善"说完全可视为对孔子"性相近，习相远"之说的发挥，13 世纪阿奎那提出的"原义亏缺"说与之不无相似。既然"善"是人的本质属性，那么人必然是生而蒙享天恩，完全不需要某种神人中保甚或救世主的帮助或救赎，尽管现实生活的不良影响和个人努力的亏欠或"习""不善"，会一定程度地抵消天恩（或可视为基督教话语中的神恩）。这就不啻越过了《旧约》的罪观和保罗、奥古斯丁的原罪说，一步进到阿奎那的原义亏缺说，而现代西方人文主义的人性观便建立在这一根本性的神学命题上。区别在于，孟子的"不善"产生于一种并不存在神与人紧张、恩与罪对待

---

[1]《孟子·告子上》。

[2] "不善"与"善"相对。原文见《孟子·告子上》里孟子与告子的争论。

的思想文化环境中，而通过人的主观努力，是完全可以克服的。两相比较，阿奎那的原义亏缺说虽有积极意义，却并不那么乐观，因为高高在上的神恩仍是得救的根本。

儒家乐观主义人性论的产生必须有一个基本前提或背景，而这个前提或背景在西方文化中大体上是缺失的。这就是深深扎根于中国文化中的礼、修身观念及相应制度安排。礼当然是一种能够带来社会政治秩序，维系社会政治稳定的制度形式，却也是建立在一种不乏负面价值的人性观的预设上的。为什么这么说？如果没有首先预设人们的观念和行为并非先天圆满、毫无亏欠，为什么要制礼作乐以节制和规范人们的本能、欲望、思想和行为呢？这种未言明的人性观与西方的原罪说和堕落说很接近，只不过在先秦时代不见诸典籍，或者说缺乏系统、连贯的理论阐发。作为一种规范个人伦理道德以节制不适当、不正确行为的社会政治手段，礼在历史上无疑发挥了减少社会纷争，促进社会和谐，缓解社会矛盾，从而整合一个越来越大的共同体的功能，尽管用现代眼光看，对于个人意志的自然表达、个人潜能的充分发挥而言，过于严苛的礼制、过于强烈的礼意识是不利的。从逻辑上看，修身作为中国文化中一种极重要的观念和实践，其实也是建基在一种负面的人性论预设上的，否则便没必要让个人做出极大的主观努力，反省和克服思想意识乃至行为上的不足、缺点甚至缺陷，从而提高道德水平了。尽管如此，从意图和效果两方面看，比之礼，修身显然更加强调人的善性，或者说，是更多建立在性善论或人之可完善性这一预设上的。而从着眼点看，修身与礼制的区别就更明显了。前者侧重于人的道德潜力的释放、道德素质的提升，后者则致力于在社会政治层面对个人行为进行规范和节制。

可是，即使像孟子这种明确主张性善论的人，也难免注意到个人在感性欲求与道德理性的冲突上所面临的二难抉择。孟子如是说：

> 口之于味也，目之于色也，耳之于声也，鼻之于臭也，四肢之于安佚也，性也，有命焉，君子不谓性也。仁之于父子也，义之于君臣也，礼之于宾主也，智之于贤者也，圣人之于天道也，命也，有性焉，君子不谓命也。[1]

很显明，无论是感官的满足，还是仁德的实现，都既受客观条件制约，也依靠主观努力。可是，感性欲求的满足主要依靠客观条件，所以不谓之"性"；而道德状况的提升主要靠自己的主观努力，这才叫作"性"——"天""理"之终极意义上的"性"。此外，孟子的"理义之悦我心，犹刍豢之悦我口"，[2] 以及杀身成仁、舍生取义等说法，着重点虽在"理义"或"仁"上，但也是以道德自觉与感性欲望之间的紧张为预设的。也就是说，孟子虽将道德理性提升到一个与终极实在相通的人类本质的高度，但毕竟认识到，人的道德自觉与感性欲求是相对待的，尽管后者也是"性"或"自然"意义上的本能。这种二元对待其实已然包含道德理性与感性欲望的紧张、对立乃至冲突，尽管孟子除提出"寡欲"之主张外，没能就此展开讨论。至宋明时代，在佛道思想的影响和刺激下，这种二元论意义上的紧张、对立和冲突将得到淋漓尽致的发挥。

---

[1]《孟子·尽心下》。
[2]《孟子·告子上》。

九　荀子：人可完善

如此看来，孟子的性善论与荀子性恶论尽管有区别，却并非像通常认为的那么大。荀子虽断定"人之性恶，其善者伪也"，以及人生而"目好色、耳好声、口好味、心好利、骨体肤理好愉佚"，[1] 但也说"性也者，吾所不能为也，然而可化也"，[2] 更认为，人"可以为尧、禹，可以为桀、跖，可以为工匠，可以为农贾，在注错习俗之所积耳"。[3] 也就是说，荀子虽很注重人性的感官欲求乃至趋利习性——这相当于基督教话语中的人性之"恶"——但他同时也强调后天环境和惯习累积对于人的形塑和改造作用，甚至不否认人有通过礼义教化成圣成贤的可能。荀子与孟子的不同主要在于，后者明言人的善端或践履"仁义礼智信"的能力具有先天性，此即所谓人之"性"，而荀子虽然不这样看，甚至认定人性本恶，却认为人是可改造、可完善的。这就不啻暗设了一种既非恶、也非善的中立的"性"或人性，与其性恶论多少是矛盾的。这里的逻辑是："恶"既然是"性"，便是不可改变的；如果"恶"可以改变，则不可谓之"性"，而是一种不同的人类特质。

如果说这种人类特质不是"理""义"意义的"善"，至少也是中性的。如所周知，荀子主张人性本恶。荀子为何有如此主张？因为他特别注重礼义、法度和道德教化的作用。但这也意味着，在人性这一问题上，礼义、法度和道德教化方面的制度安排必须有一个

[1]《荀子·性恶》。
[2]《荀子·儒效》。
[3]《荀子·荣辱》。

多少具有积极意味的预设，否则对个人的形塑和改造作用将失去认识论根据。因此，只是在某种表层的意义上，才可以说，荀子的性恶论否定了道德理性的先天性，否定了人在道德方面与生俱来的可完善性；而在某种深层次意义上，可以说他像孟子一样，也是一个性善论者。事实上，在肯定人的道德可完善性方面，荀子与其他先秦思想家并无二致。他与其他先秦思想家的区别仅仅在于对礼义教化的重视程度不同，对人性的肯定程度不同，以及表述上的差异。他虽然明确主张人性本恶，但他并没有也决不可能使用与基督教的"罪"或"原罪"多少相似的概念，如宋明儒式的"欲"。实际上，在先秦儒家的论说中，与"天""理""道""义"相对的"欲"或与之密切相关的概念如"君子喻于义，小人喻于利"之"利"，尽管偶尔也被使用，但并不居于中心位置。

至宋明时代，因前所未有的经济社会大发展，"人""欲"或"人欲"在儒家论说中的地位急剧上升，其在与"天""道""理"和"义"的关系上，才有了某种程度的二元对待乃至冲突，而这种对立冲突庶几可与基督教的罪与恩的对立冲突相比拟。应当看到，从孔孟到荀子的先秦儒家虽已在某种意义上认识到"欲"和"理"的紧张，但对于"欲"却从未采取一种全然否定的态度。既使有所否定，也仅仅停留在较为温和的"寡欲"层面。即使孟子讲"生，亦我所欲也；义，亦我所欲也；二者不可得兼，舍生而取义者也"，[1] 他所谓"生"也不能简单地等同于"欲"，而可以视为一种很大程度上与"义"同样值得肯定的价值；只是，一个人若面临一种必须在"义"与"生"二者之间做出选择的终极情境，则他应

---

[1] 《孟子·鱼我所欲也》。

选择"义"，也就是说，"义"对于"生"具有优先性。除此之外，先秦儒家还将道德理性意义上的"仁""理""义"与感性欲求意义上的声、色、味、臭等统统归在"性"的概念下，这也说明他们对于"欲"并非持一种绝然否定的态度。

还应看到，先秦道家对待"人""欲"的态度几乎可谓无保留地正面、积极。这就与荀子形成了对比。在道家来看，天即自然，而人也是自然，或者说是自然的一部分。这就从根本上排除了天人二分、理欲对待的可能性。庄子说："有人，天也；有天，亦天也。"[1] 道家主张的天人合一即源于斯。问题是，一个人类群体为了整合成越来越大的社会政治共同体以应对自然或其他人类群体的挑战，不得不制定道德规范和法律规章。如此这般，人必然会丧失其自然本性，天人关系必然会失去应有的和谐，人与天或自然必然会疏离，必然会发生对立冲突。对此，道家的反应是"绝圣弃智"，即破除人为的藩篱，将人性从"伪"即人为的社会道德的桎梏中解放出来，返朴归真，回返自然，以期重新达到天人合一的境界。道家既主张将人置于与天相同的高度，其立场与西方原罪说便大异其趣。

十　朱熹到胡宏的理欲观

作为理学的开创者，周敦颐深受道家思想影响。在对"欲"的看法上，他明确主张"无欲"，这与孟子主张的"寡欲"明显不同。

---

[1]《庄子·山木》。

周敦颐写道："无（欲）则诚立明通。诚立，贤也；明通，圣也".[1] 宋代儒者因出入释老，对于佛家、道家的心性修炼功夫是非常认同的。在他们看来，进入一种超觉入静的"无欲"状态，便能达到与天、道或者理合而为一的崇高精神境界，而这种崇高精神境界经过周敦颐式的道家儒学的阐释，便是与天道、天理契合的"诚立明通"的境界。这里，理与欲被最终对立起来。周敦颐"无欲"说对欲的否定尽管较为温和，但抑欲循理的思路毕竟被提上了议程，在佛道修炼功夫的襄助下，竟成为儒者成圣成贤的重要进路，后来更演变为朱熹"存天理，灭人欲"的口号。[2]

不难发现，这种天理与人欲的对立与基督教话语中的神人对待，以及原罪与神恩、犯罪与救赎的对立是相似的。两种对立都意味着一种世俗、感性欲求意义上的卑下状态与一种超越的、道德理性意义上的崇高状态之间的矛盾紧张，尽管在对这种矛盾紧张的认知和解决方法方面，宋明新儒家与基督教神学之间有不小的区别。宋明儒天理与人欲的关系既然已是一种二元对立的关系，其与渗入基督教思想中的摩尼教式的善与恶、灵与肉、物质与精神、尘世与天国的二元对待也就有了可比性，尽管前者在儒家理念系统中的重要性方面，远远比不上后者在基督教理念体系中的重要性，故未产生像在西方那样的严重后果。此外，儒家和基督教这两大理念系统还有这一重要区别：欲可以依自力而被克服，而罪只能倚靠神恩救赎才可望祛除。事实上，周敦颐虽主张"无欲"，其他宋儒也颇多附和，但比之奥古斯丁式的基督教神学家，他们这方面的言论和行

---

[1] 周敦颐：《养心亭说》。
[2] 《朱子语类》卷十二。

为并非过激。例如，二程就并不反对色欲。程颐虽也有"去欲""灭欲"，甚至有"饿死事小，失节事大"之类博眼球的言论，但他本人从未断绝过男女之欲。理学集大成者朱熹虽也主张理欲相对，甚至主张"存天理，灭人欲"，但也说过"饮食男女，固出于性"之类的话。[1]

尽管与奥古斯丁的原罪观相比，宋儒的理欲观总的说来更为开明，但是比之先秦儒家对待人欲的宽松态度，却明显更为严苛。例如思想家程颐、程颢兄弟便有过"不是天理，便是人欲"[2]之类非此即彼、非黑即白式的断言，"饿死事极小，失节事极大"云云更产生了一定的不良后果。朱熹也说过"圣人千言万语，只是教人明天理，灭人欲"[3]和"人之一心，天理存则人欲亡，人欲胜则天理灭"之类的话。[4]甚至心学泰斗王阳明也有"学者学圣人，不过是去人欲而存天理耳"的看法。[5]乍看上去，这些言论与奥古斯丁绝对主义的神人对待说十分相似。但是，怎么强调也不过分的是，二程和朱熹所"灭"之欲，并不是"饮食男女"或感官欲求之欲，而更多是针对社会、伦理和政治问题发话。换句话说，"存天理，灭人欲"本质上是一种社会政治层面的诉求，旨在社会政治秩序的维系，是呼吁人们完善其道德伦理修养，在社会政治领域安于命分，去除非分之想和非分之举。这里，理学家的无欲说或去欲说似乎与道家"无为"说并不搭界，但在效果上却相似——无论是

---

[1] 朱熹：《孟子或问》卷十一。
[2] 《二程遗书》卷十五。
[3] 《朱子语类》卷十二。
[4] 《朱子语类》卷十三。
[5] 王阳明：《传习录》上。

无欲还是无为，目的都在于一种井然的社会政治秩序。

以上理学家理欲对待、存理灭欲的主张，也并非没有反对意见。几乎与他们提出这种观点同时，另一些理学提出了针锋相对的主张。例如，当二程断言"不是天理，便是人欲"时，大致同时代的张载便明确反对将天理与人欲对立起来，主张"饮食男女皆性也"。[1] 当然，二程的本意并非反对追求感官满足本身，而是反对越分的个人追求，因为这可能对伦理道德和社会政治秩序造成破坏。即便如此，对"欲"持一种消极的态度，也不可能不起到一种戕杀生命原欲的作用。不妨对比一下基督教的原罪说。即使是经阿奎那改造过的原罪说，虽仍具有压制性，却更多只讲的是一种抽象或存在论意义上的负面品质，况且与此同时，基督教话语中还有神恩或恩典说在抵消原罪说的负面作用。因而总的说来，经阿奎那改造过的原罪论对于个人是否安于社会伦理意义上的"命分"，并不太在乎，如果说生命原欲会有什么"戕害"作用，那可能也主要是像奥古斯丁那样将原罪与"情欲"亦即原欲、本能等同起来的结果。相比之下，二程和朱熹的理欲二元论对个人的压制似乎并不亚于原罪说。

宋代思想家胡宏（五峰、五峰先生）恰逢此时走上前台，以"天理人欲，同体异用"[2]说来纠拨理欲对待说或理欲二元论，便不奇怪了，尽管完全模糊理与欲的界限，有导致价值失范的危险。胡宏的"理欲同体异用说"可视为宋明时代理欲统一论的肇始。与朱熹同时代的思想家陆九渊也有类似的言论："谓人欲，天理，非

---

[1] 张载：《正蒙·乾称篇》。

[2] 转引自姜广辉：《理学与中国文化》，上海：上海人民出版社，1995年，第309页。

是。人亦有善有恶，天亦有善有恶，岂可以善皆归之天，恶皆归之人?"[1]继陆九渊之后，明代思想家刘宗周的理欲观更是迥异于二程和朱熹。他说:"生机之自然而不容已者，欲也;欲而纵，过也;甚焉，恶也。"[2]刘宗周一方面肯定人的正当欲望，另一方面也批评了纵欲无度的行为，目之为"过""恶"。现在看来，这里是宋明以来理欲之辨中最为契合现代理念的理欲观，尽管刘宗周所讲的欲主要是感官需要层面的欲。

刘宗周的学生、思想家陈确对老师的思想作了进一步发挥:"人欲正当处，即天理……天理、人欲分别太严，使人欲无躲闪处，而身心之害百出矣。"[3]这里，虽然什么是"人欲正当处"缺乏具体说明，也必然因具体的经济社会发展阶段不同，而有不同的界说，但理欲二分、理欲对待所可能造成的社会弊端，在陈确看来显然是一个大问题，一个亟待解决的大问题。陈确提出的问题是一个实实在在的问题。在他之后，从明末到清中叶，有李贽、王夫之、顾炎武、黄宗羲、戴震等一系列重要思想家跟进，旗帜鲜明地反对理欲冲突论。清末民初及新文化运动以来，戴震对"以理杀人"的强烈控诉更是被视为现代人文主义的先声，梁启超等甚至将这一现象视为中国自发的"启蒙运动"。[4]

[1]《陆九渊集》卷三十五。
[2]《刘子全书》卷七。
[3] 陈确:《别集》。
[4] 参见本书第六章"明清启蒙话语的现代性格"之相关讨论。

十一　从神人对待到天人合一

　　无论罪还是欲，从根本上看，都讲的是人的有限性或非自足性，都是对人本身的欠缺的一种体认。按基督教哲学的说法，人的欠缺或有限性、非自足性最终都源于人的自由意志；人之所以为人，是因为他不仅是上帝按自己的形象所造，而且还被赋予了自由意志；上帝给人以自由意志，同时也叫人不要滥用它；可伊甸园里人类的始祖亚当却违逆上帝旨意，滥用了自由意志，犯了罪；人的罪性或人性中的恶便源于斯；对此，人只能自己对自己负责，而不能责怪上帝，即使上帝因人之罪而严厉惩罚他们也如此。

　　可是，人类的始祖为什么如此轻易地"堕落"了？上帝造他时给了他自由意志，但为什么未能给他不"堕落"的自由？由此产生了这一疑问：上帝赋予人自由意志的同时，是否将滥用自由意志的可能性也给了他。毕竟，上帝是按自己的形象而非本质造人的。换言之，人性的亏缺或者亏欠是一种存在论意义上的不可逃避的状态，是人之所以为人所必须接受的一个不可更变的事实；不滥用自由意志是不可能的；而滥用自由意志所导致的人性亏缺又具有一种存在论意义上的终极性，是人之所以为人的一个根本属性。这里不难看出，基督教的罪性-救赎话语有一个难以克服内在矛盾：上帝既然是至善，是全知全能的，那么他当初造人时为什么不将人造得更完美些，以使他们不至于"堕落"、犯罪、作恶，打世界大战，搞种族灭绝？一个眼睁睁看着人类相互残杀、毁灭而冷漠超然、形同路人的上帝，怎么可能同时又是那个不求回报地将恩典撒向人间，遣独生子耶稣基督来世间拯救人类于苦难的至善的上帝？这一明显的矛盾或所谓"原罪之谜",[1] 保罗和奥古斯丁等不得不用信仰来解决。直到目前,西方神学家仍不得不用信仰或"实践"来解决这一矛盾。

这里并不是要证明,基督教的上帝并非至善全能,更不是要进而得出上帝根本不存在的推论,而是为了说明,基督教对终极实在的独特认知包含了一个难以克服的内在矛盾;只有解决了这一内在矛盾,基督教论说方能与经验事实相符。毕竟,同属于亚伯拉罕宗教的犹太教、伊斯兰教并无原罪论,[2] 遑论中国思想传统。自阿奎那尤其是启蒙运动以来,西方思想传统中的原罪说之被不断修正或淡化的历史也表明,原罪论在不断变化的社会经济语境中决不是一个不可质疑的对象。[3] 相比之下,宋儒陆九渊"人亦有善有恶,天亦有善有恶(日蚀、月蚀、恶星或旱、涝、虫等),岂可以善皆归之天,恶皆归之人?"的说法更符合经验事实,也更符合现代思维。

这里的"天"当然不可理解为神,而可理解为一种非人格的终极实在,与人虽有区别,却并非完全是对立冲突的,否则便不会跟人一样,既有善也有恶了。有了这种质朴平实的天人观的指引,处理天人关系、理欲关系,便不太可能走极端,要避免西方思维中的天人二分和天人对待,即神与人、心与物、灵与肉、理想与实际对立冲突这一缺陷就更容易。这就是为什么相对于基督教文明中的神

[1] Ormerod, *Grace and Disgrace*, pp. 139 - 149.

[2] E. P. Sanders, *Paul and Palestinian Judaism: A Comparison of Patterns of Religion*, London, 1973, p. 114, p. 216; W. Montgomery Watt, *Islamic Philosophy and Theology*, Edinburgh, 1962, pp. 30 - 31, pp. 67 - 68.

[3] Aylett Rains, *A Refutation of the Doctrine of Total Hereditary Depravity*, Dayton: Van Cleve & Comly, 1833, 全书各处。

与人、罪与恩来说，理欲之辨在中国思想史上不仅出现时间较晚，而且从一开始就正反两方面针锋相对，争论一直持续到近现代。这也是为何儒家的人性观和理欲之辩与开明化了的西方人性观竟如此相契相合。

自 20 世纪 80 年代末 90 年代初的基督教热以来，我国知识界流行这种说法：儒家思想传统中缺乏一个外在超越的、人格性的终极实在，此乃近代中国一切不幸的根源。这种说法基于一个重要预设，即一个绝对的、人格性的终极实在或至上神对一个文明来说只有好处而没有坏处。很明显，这是一个未经思考便被全盘接受的预设，似乎西方的富强完全依赖于一个绝对的、人格性的终极实在，而非诸多极为复杂的原因；似乎西方文明建立在这样一个终极实在或至上神的观念基础之上，就不会做蠢事和坏事了。从理念和经验事实两方面看，这都是站不住脚的，更何况启蒙运动以来，西方一直处在世俗化大潮中，基督教传统中的人格性唯一神一直处在被消解状态中，而西方文明又主要是在启蒙运动以后，才取得其经济、社会和科技等各方面的重要成就的。

这里，不妨再看看梁启超是如何看待这个问题的。第一次欧洲大战——即通常所谓"第一次世界大战"——在梁氏心中造成了巨大震荡，甚至可以说，极大改变了他先前的中西文明观。在出访战后欧洲过程中，梁氏对西方文明的道德缺陷有了比先前更明确的认识，在对人类文明发展前景的认识上不再像从前那样，是一个盲目的社会进化论者了。他向全盘西化论方兴未艾的中国知识界指出，欧洲人自相残杀的"大战"的最终原因是西方的二元论思维这种根本缺陷："宗教家偏重来生，唯心派哲学高谈玄妙，离人生问题，都是很远。科学一个反动，唯物派席卷天下，把高尚的理想又丢掉了。"[1]不难发现，梁氏的判断并未因时间推移而失去效力。很快便发生了第二次欧洲大战，即所谓"第二次世界大战"。这次大战同样发端于欧洲，主要战场也在欧洲，所造成的破坏比第一次欧战大得多。紧接着第二次欧战，又发生了以美国为首的西方集团与以苏联为首的东方集团之间的"冷战"。有神学家认为，这场"冷战"也"完全是自我摧毁性的"。[2]

最后要指出的是，陈确"人欲正当处即天理"的说法虽嫌笼统，却点出了天人相通、天人合一而非分裂、对待的道理。在本来就注重修身养性的精神环境中，"人欲正当处即天理"的思想对于培养一种日日新、又日新，既葆有生命原欲，又精进健动、不断完善的人格，无疑是大有裨益的。其实阿奎那以后，尤其是启蒙运动以来，西方人对保罗、奥古斯丁式具有压制性的原罪说不断进行修正和淡化，就是为了取得这种功效。

附论　比较视野中的个人价值与国家、社群

美国哲学学者安乐哲、郝大维在其《儒家民主主义》一文中说：

---

[1] 参见梁启超：《中国人之自觉》，载《梁启超哲学思想论文选》，北京：北京大学出版社，1984年，第285页。无独有偶，大致同一时期，大力翻译引进西方新思想尤其是进化论的严复也说："彼族三百年之进化，只做到'利己杀人，寡廉鲜耻'八个字。回观孔孟之道，真量同天地，泽被寰区。"严复：《与熊纯如书》，《严复集》第3册，北京：中华书局，1986年，第692页。

[2] Jacques Waardenburg , "Encounters between European Civilization and Islam in History", in Jorgen S. Nielson (ed.), *The Christian-Muslim Frontier: Chaos, Clash or Dialogue?* London, 1998, pp. 16 - 7.

有不少人这样认为,每当中国全社会开始反思的时候,道德和政治秩序便容易被破坏,很自然地,中国人就会特别关心社会和谐。这些人还认为,中国人特别关心社会道德秩序,因为他们认为社会道德秩序是社会稳定的保障。可见,中国知识分子主要追求的是"道"。

······

为了促进真正的社会和谐,儒家思想强调情感方面的默契,这种默契通过合乎礼节的社会角色和行为来表达,这种礼节在意识层面上掩饰了人与人之间的分歧。人们在使用礼节进行交流的过程中,重视的是具有很强道德实践意味的"道",而不是去发现某种客观的"真理",在这样一种道德实践中,人们不再简单地流露自己的情感,那种过分随便流露感情的方式一般不为接受。

······在个人与社群的关系方面,中国儒家社群模式与西方自由主义大相径庭。西方人关心如何限制国家权力,并尽可能保留个人自主性。从许多方面来说,中国传统中对个人和社群关系的学说接近杜威的观点,比如说,在杜威看来,人类社群的凝聚力有助于确立个人的价值。[1]

安乐哲、郝大维所说西方人关心如何"限制国家权力",并尽可能保留个人自主性,而中国儒家的"社群模式"与西方"大相径

---

[1] 安乐哲、郝大维:《儒家民主主义》,http://www.tecn.cn/data/detail.php?id=4919。

庭"，基本上是符合事实的。为什么说中西两种思维模式"大相径庭"？恐怕主要是因为，中国传统思想中除了有"民为贵，社稷次之，君为轻"以及"天视自我民视，天听自我民听"一类的笼统表述外，一直缺乏政治学意义上的深入详尽的展开论述，在制度安排及相应实践方面同样有颇多欠缺。由于地缘、经济、社会和文化诸多方面的复杂原因，王朝时代的中国未能得到发展现代样式的宪政民主的机会。相比之下，西方在合理限制公权力方面一直做得更好。中国之废除君主制，采用共和制度，就是模仿西方政制，以更有效地限制政府尤其是其中个人过大的权力。

但也应看到，西方人并非从古至今一以贯之地"限制国家权力"，也并非从来就是以目前这种议会政治、民主选举、分权制衡的方式"限制国家权力"。最"先进"的英国虽然早在 1215 年就有了贵族对国王分权制衡的"大宪章"，但是晚至 19 世纪 30—60 年代，中产阶级或中下阶级中的富裕者才开始拥有选举权和被选举权，而英国妇女晚至 1918 年以后才获得普选权，更晚至 1921 年才获得被选举权。因此，与其说"大宪章"限制了国家权力，不如说通过它，大贵族们与国王达成了一个分享国家权力或分走一部分国王权力的"契约"（Carta 或 Charter 既可译为"宪章"，也可译为"契约"；这里暂且不讨论契约是否得到了遵守），这样，国王与贵族共同控制国家便更加名正言顺，或者说有了一种根本性的法律依据。但很清楚，国王和贵族所垄断的权力，中下层人士是不可能染指的。只是到了工业革命已大体完成，经济社会格局已发生了质变的 19 世纪，中下层人士才开始真正享有贵族阶级数百年来一直享有的政治权利。"先进"如英国尚且如此，不那么"先进"的其他欧洲国家可想而知。法国妇女晚至 1945 年以后才获得普选权，西

班牙更是晚至 1975 年才实行普选制意义上的民主共和制。美国从
建国时代起，很长一段时间内存在奴隶制。美国人的种族意识极
强，可以说根深蒂固，虽有《独立宣言》中天赋人权之类的原则性
宣示，但晚至 20 世纪 60、70 年代民权运动高涨时，才可以说大体
上有了某种形式意义上的人民民主。此后，美国虽在思想乃至制度
层面大体上废除了种族歧视，但这并不等于现实生活中不再有种族
歧视。事实上，不仅有种族歧视，当今美国性别歧视问题也相当
普遍。

此外，安乐哲、郝大维还引用杜威的观点说，"人类社群的凝
聚力有助于确立个人的价值。"尽管他们未就这个问题展开讨论，
但杜威的说法并非空穴来风。随着宋明理学的兴起，尤其是随着王
阳明心学的繁荣，传统意义上的"个人价值"的确得到了很大提
升。但明眼人应能看到，在官僚帝制的社会政治氛围中，这种"个
人的价值"大体上只是人格尊严意义上的个人价值，是家族神圣、
皇权至上以获得"社群凝聚力"这一前提下的个人价值，而非希腊
古典时代那种可以随时随地背弃母邦，像色诺芬那样加入任何一支
雇佣军，听命于任何一个雇主，与任何一个城邦（包括其母邦）作
战意义上的个人主义——这种个人主义虽有助于希腊式哲学乃至科
学的诞生，却是有根本缺陷的。心学意义上的个人价值以其本身的
性质，很难开出精细思辨的哲学，更开不出高度形式化的科学演绎
思维。这个意义上的个人价值也应该对王阳明"格竹"失败负责。
如我们所知，王阳明"格"了好几天竹，不仅没能"格"出任何结
果，还大病了一场。

第十章　儒家有传人吗？

一　引言

在被激烈攻击、抹黑和边缘化了大半个世纪后，比基督教热的兴起略晚，20 世纪 90 年代中后期出现了传统儒学的复兴，至新世纪初甚至可以说出现了儒学热。之所以出现儒学热，原因跟基督教热多少是相同的：一，打倒"四人帮"后思想解放运动所带来的宽松的智识氛围；二，世界范围内的宗教及传统文化复兴运动。当代新儒家眼里的中国与基督教救国论者不无相似之处，都是"落后"，但有一点刚刚相反，那就是前者认为，清末民初以来中国一味西化，引入了太多西方元素，以至于传统儒家文化不仅是"花果飘零"，甚至已坠入万劫不复之局。一个夸张的说法是，今日中国人面临着"断子绝孙"的危险。基督教救国论者则认为，中国之所以陷入目前这种境地，是因为一直以来虽努力学习西方，却未学到家，或路子不对，未能把西方文化精髓即基督教或基督教精神引入中国人的思想意识。这两种思想都有问题。当代新儒家的问题是，把儒家视为一种一成不变的精神形态，只要从外部引入了新的元素，就是数典忘祖，就是背叛。他们不愿意承认，一种文化要想永葆活力，就应在其自主性的演进中，在与他者的交流和互动中，努力守持其既有精神品质，同时创造性地重构一个新的自我，一种新的同一性。一个生生不息的文明，必然是一个每时每刻扬弃旧我、重构新我的文明。[1]随着中国的不断崛起，儒学热已悄然消退，但完全可视为鸦片战争以来文明再造、文化身份重建的一个有机组成部分。

二　文化永远在流变

我们来讨论一下中国文化的所谓"危机"。近年来有学者认为中华民族、中国文化到了最危险的时候，差不多快要灭绝了，所以每个人都被迫发出最后的吼声——再不挽救，不久之后中国文化恐怕就根本不存在了。目前，北大哲学系张祥龙教授可能是中国文化危机论最重要的代表。

他的《中国传统文化的危机》一文大概是两年前发表的吧。比这更早，大约是 2002 年夏天，张祥龙教授接受了一家电视台的采访，声称中国文化现在濒临灭绝，如果再不挽救就会"灭亡"。他甚至提出了一个具体挽救方案：在某个地方建立一个传统文化保护区，也就是说，让那里的人们完全保留传统的观念、习俗、服饰、建筑等。这个观点提出来后，媒体上猛炒作了一阵子。

我要问的一个问题是：文化是否可以像濒危动物那样被圈起来加以"保护"，不让它接受外部影响，让它永远保持既有模样，甚至制订一些标准，说凡是不符合标准的，就不是传统文化？可一个

---

[1]　参见《文明研究》系列卷一《文明理论》第四章第二节"文明是否有一种可把握的规定性？"的相关讨论。

根本事实是,但凡是文化,就是总处在变化中。你能把它圈起来,说这就是中国文化,说外面其他东西,麦当劳,肯德基,可口可乐,MP3,麦克尔·杰克逊,玛里亚·凯里,都不是中国文化?你能说只有这样,中国文化才能得到有效的保护,才不至于"灭绝"?但如果真能这样做,文化就肯定不能发展了。西方流行文化很浅薄,现代流行文化总体而言是肤浅的。它会给你一时的刺激和快乐,哪管未来洪水滔天。所以,张祥龙教授的话是有一定道理的。但是,西方还有非流行文化,即他们的主流文化,自有其深刻之处,例如马克思主义,再如巴赫、莫扎特、贝多芬,又如达·芬奇、米开兰基罗等。中国文明不接受这些新东西,就很难有新发展。当然,张祥龙教授说这些话,是出于他对中国文化的深切体认。不是总有人说中国人没信仰吗?这不符合事实。张祥龙教授的话表明,中国人是有信仰的。

但不可否认的是,任何一种文化都是变动不居的。华夏文化并非例外。华夏文化从来都在变。甚至在一直以来被认为停滞不前的两千多年"封建社会"时期,中国文化也一直在变化。16、17 世纪西方人来中国传教时,并不说中国文明停滞不前,因为那时欧洲并不比中国先进,可能与中国差别不大,但是到了19、20 世纪的时候,欧洲物质文明大大进步了,明显比中国富强了,于是他们说中国文明两千多年来一直停滞不前,一直没发展。这种看法是错误的。不光西方文化,不光中国文化,所有文化都在发展变化。

怎么能说两三千年来一点没有变化呢?我们从春秋战国看吧,那是一个剧烈动荡的时期。那时,中国还没统一,有许多国家(春秋时期有几百个,到战国时期仍不少,其中七个较大),而国家与国家之间征战不息,一会儿这个国家被灭掉了,一会儿那个国家崛起了，甚至有"兴灭国、继绝世"的说法。那时候，中国人的思想观念或价值形态还未最终定型，学说蜂起，学派林立，"百花齐放"，"百家争鸣"。也就是说，"士"或知识分子之间经常辩论，大家都不觉得这有什么不对。总之，春秋战国是历史上一个迅速变化的时代，这并无争议。有争议的是春秋战国以后尤其是秦始皇统一中国后，中国文化是否停滞了。

三　汉唐文化的发展

很多人会说，这以后中国文化就停滞不前了。秦朝建立了中国第一个大一统王朝。在此之前，秦人的国家是秦国，不大，主要是陕西、山西一带。他们治理秦国很成功，最终战胜了东边所有国家，统一了中国。但他们在管理一个大一统王朝方面缺乏经验，所以秦始皇一死，秦朝就崩溃了。继起的汉朝汲取了秦朝灭亡的教训，从汉武帝起，主要用儒家学说作为治国思想，大体上实现了"长治久安"。长期以来流行一个说法，即汉武帝罢黜百家、独尊儒术，春秋战国时期传下来的其他学派统统受到压制，从此中国文化停滞不前。这种看法并不正确。秦汉政治体制是相对稳定的郡县制，在这种体制下，皇帝有很大的权力。可是这并非意味着，中国文化从此就不发展了。在一个广阔区域里建立一个大一统王朝并维系四百来年，这本身就是一个天大的变化。同样值得注意的是，儒家文化正是在汉代开始从中原地带向整个华夏世界播散。也从那时起，儒家文化开始向中国周边的现朝鲜、韩国、越南和日本传播。汉代艺术也明显进步了，这从出土文物是不难看出的。

但我认为有一个被严重忽视的重大变化，那就是两汉之际佛教的引入。佛教的引入对于中国文明的发展至关重要，这一点许多人都意识到了。佛教引入后，中国人的精神形态发生了深刻变化，变得更加精微、博大。大家有兴趣的话，可以读一下魏晋南北朝时期或之后一段时间写的东西，再将那些作品与魏晋南北朝之前写的东西做一个比较。你会发现有很大的不同。《文心雕龙》那样精深、严密的大部头理论著作，在春秋战国和汉代是不可想象的。它并非直接受到了佛经的影响，但至少借鉴了佛教的论辩方法，这只有在佛教引入以后才是可能的。魏晋以后，中国人的许多理念要么佛教化或印度化了，要么在佛教文化刺激下有了新的展开，新的发明。我们只要稍稍用心，就能发现佛教的影响。到了唐宋，这点就更清楚了。没有佛教，便没有王维和苏轼。

唐代是一个公认的强大的朝代。大家历来喜欢"汉唐"并提。一般认为，唐文化比较发达。唐代是公认的一个非常开放的时代。唐人有文化自信，故对外国事物持接受、开放的态度（其实汉代也是非常开放的一个朝代；不开放，就不可能开启与西域的交通，就不可能开辟影响深远的丝绸之路，中国与西域文化就不可能交流）。不少人对此作了分析，说这是因为唐代强大，是因为唐人自信，一点也不担心对域外文化搞"拿来主义"。与周边相比，唐朝的确太强大，似乎没什么文化能跟它匹敌。放眼世界，那时罗马帝国风光不再，欧洲处在"黑暗"中世纪，只有阿拉伯帝国可比。所以唐人能毫不迟疑地接受域外的东西。大家知道，白居易的诗里面有对胡人歌舞的详尽描述。这说明唐时人们听胡歌、观胡舞，就像今日中国人看美国大片一样平常。不难想象，那时候长安街头上常常有西域艺人进行各种表演。现代汉语中有许多带"胡"字的词，应该是那个时候或更早时间开始出现的。

"胡"表示什么？表示这东西是从西域或外国人居住的地方传过来的。"二胡"就是从西域传过来的一件乐器，琵琶同样是西域传过来的乐器。现在人们都以为，它们是地地道道的中国乐器，在现在的"民族"乐器、"民族"乐团、"民族"音乐中，它们都是主力。可中国原先根本没有任何拉弦乐器，连拉弦乐器的概念都不存在。中国本土的打击乐器很丰富。钟、磬、编钟、编磬都是中国土产。二胡肯定是从外面传进来的。任何胡琴都是。除了二胡，还有高胡、大胡、板胡、京胡等。总之，现在被认为是中国乐器的胡琴类乐器是引进的，至少是在引进的原型基础上发展而成的。大多数弹拨乐器同样是从西域引进的。

学生：《广陵散》是不是中国的？

那是"正宗"的中国乐曲。《广陵散》是用古琴或"琴"弹奏的。古琴是中国的本土乐器。有名的古琴曲还有《高山流水》《阳春白雪》等，现常常被改编成古筝曲或箜篌曲。不过最潇洒的还是《广陵散》。它与思想家嵇康的名字联系在一起。在一些文学或影视作品中，嵇康临刑前弹了一曲《广陵散》，随即把琴扔在一边，引颈受戮。正因为古琴纯粹是中国本土的发明，联合国的世界文化遗产机构给予古琴很高的地位，认为这是纯正的中国乐器，是真正代表中国人音乐思维的东西。1969 年，美国向太阳系外发射了一艘宇宙飞船，里面收录了一段中国音乐，就是用古琴弹奏的。但是，古琴在现在的民族乐器中已属于不受追捧的一类。更受青睐的民族乐器是二胡、琵琶、古筝等。

讲了这么多，是要说明什么问题呢？无非是要说明，中国文化历来都不是封闭的，而是开放的，大一统后，成为亚洲第一强国以后，仍然如此。决不是大一统以后，就自我封闭起来，把自己关在长城以内，自成一统，自高自大，瞧不起其他民族和文化。这并非事实。从汉代经魏晋南北朝再到唐代，都不是这样的，有大量事例可以证明。

四 宋代文化的发展

我们历来认为，宋代不是一个伟大的朝代，因为它不像汉唐那么强盛，老是受游牧民族侵挠，南宋甚至还向金政权称臣纳贡。我们也总是说，唐代是一个对外开放的朝代，言下之义，宋代是一个闭关自守的朝代。这也不对。之所以有这些印象，是因为宋代军事力量明显不如汉唐那么强。宋朝开国伊始便有辽国与它对峙，被局限在长城以内。可实际上，从国际学者的研究以及中国学者最近二三十年的研究中，可以得出一个非常不同的判断：宋代是中国最辉煌的时代之一。甚至可以认为，它在文化上高于汉唐。

为什么这么说？首先，宋代知识分子的地位非常之高，在所有朝代中是知识分子地位最高的一个朝代。据说，宋代皇帝立国之始就立了一条家训，刻在一块石碑上，放在皇宫里某个地方。碑上说的是什么呢？说的是以后不管赵家什么人在位，都不可以任何理由杀士；杀士便是对祖先的大不敬。一个士人即便被认为做了天大的坏事，也不能杀。当然，这只是一个传说。但不管这个传说是真是假，同其他朝代相比，宋朝皇帝非常尊重知识分子这一点是没疑问的。这解释了为何宋朝知识分子表达自己意见，参与甚至主导国家管理的自由度和积极性都非常高。连列宁都知道，宋代搞过堪称"现代"的改革。可这是谁在搞改革啊？是知识分子，是王安石之类的士大夫撺掇神宗等搞改革。

按通常的思维，大家会认为王安石是臣子，为皇帝"打工"，但稍稍深入一下历史，就会发现神宗并没有自己的治国构想，甚至说不上有对全局的把握。他的功劳在哪里？在于放手让王安石去干。这就意味着，皇帝被知识分子推着走，或者说是皇帝与知识分子形成了一个密切合作的共同体，与知识分子共治天下。当然，宋代有"党争"，而"党争"历来被认为是缺乏原则性的无谓争斗，包括现在最有名的一些历史学家也这么认为。为什么不批评西方式的民主政治？那不也是两派甚至多派斗来斗去，斗得死去活来？可是国家照常运转，甚至可能比其他国家运转得更好。不能只让一些人说话，而让所有其他人都闭嘴，说这才是对的，才是无派系之争，才会天下太平。毛泽东就说过"让人说话，天塌不下来"。宋代虽有党争，却能斗而不破，王安石与司马光甚至一度是朋友关系。宋代"党争"类似于现代政党政治，代表了一种新的政治形态，一种新的时代精神。台上之人不管多么正确，我既然在台下，就会找你的茬；不管我怎么找你的茬，只要不违法，就不能说我做得不对。这就是政党政治的游戏规则。宋代两派知识分子的关系有点像现在西方国家的政党政治。

这是一种前所未有的现象。这种现象与宋代经济的发展大有关系。宋代经济是当时全世界最发达的经济。据世界体系论学者的描述，是宋代经济的大发展导致西亚经济的发展，由此引起了连锁反应，发展的浪潮波及欧洲，启动了意大利北部的经济。这时那里的经济发展起来了，才发生了所谓"文艺复兴"。文艺复兴最先是在意大利北部若干城市如威尼斯、佛罗伦萨、那不勒斯、米兰等开始的。这些城市国家恰恰都在跟西亚做生意，也只有跟西亚人才能做生意，因为欧洲其他地方经济太落后，没什么可以贸易。而那时，西亚跟中国的海上贸易已颇具规模。宋代的高度发展除经济方面外，（以当时的标准来衡量）也表现在其他很多方面，尤其在文化方面。经济发展了，文化和科技也会发展。

文化方面，我们看到正是在宋代，出现了人类历史上罕见的文学大繁荣，诗人、词人和散文家之多，创作量之大，质量之高，在人类文明史上是罕见的。不说三苏、辛弃疾等人，仅陆游一人就写了一万多首诗词，其中九千多首流传至今。科技方面，宋朝处于全球领先地位。火药和指南针技术这时有了明显提升，开始广泛运用，甚至流传到西域、欧洲，从而深刻影响了人类文明进程。宋朝的活字印刷技术、船舶技术、农业技术等都大大领先于世界。特别值得注意的是，印刷术正是在宋代才真正得到了普及。之前印刷术是存在的，唐末就开始应用了，但只是到了宋代，才开始大规模应用。在此之前，绝大多数典籍都是以手抄本的形式流传的。实际上，宋代不光在中国历史上，而且在整个人类历史上，都是第一次大规模使用印刷术，可以说在宋代，人类第一次进入印刷文化时代。印刷术使信息的保存和传播发生了质的变化，文化得到了空前的普及，识文断字的人口明显增加，整个社会教育水平大大提高了。与此紧密相关的是，科举、学校和书院得到了大发展，书院讲学之风盛行，书籍和图画等大规模地被印刷发行、流通和收藏。[1]若非如此，李清照夫妇怎么可能有那么多藏书和藏画？可以肯定，宋人是当时世界上受教育水平最高的民族。

总之，宋代是一个辉煌的朝代，可一直以来我们都大大低估了

---

[1] 参见王锦民：《古典目录与国学源流》，北京：中华书局，2012年，第282—283页。

它。清末民初，因为要救国，要"保国保种"，由于有这种压力，知识分子就老是把唐代、汉代拿出来做榜样。汉唐的强大表现在军事上，宋代不同，它的强大表现在经济、文化而非军事上。我们对此视而不见，认为宋朝不强大，甚至窝囊，但不能要求每个朝代在军事上都强大。宋代从一开始就受到游牧民族的挤压。先有北边的辽国，后来又有西北边的西夏，再后来又有金人和蒙古人。北方民族占据了出好马的地方，宋人没有好马，所以在军事上非常被动（当然还有诸多其他原因）。没好马，怎么打仗？战略上，宋代一开始就很局促。但这种格局并不妨碍它与辽朝签订和平条约，即澶渊之盟，获得一百多年时间的经济和文化和平发展。当时游牧民族是劫掠者，他们会突袭中原农耕区，甚至会闯入大城市，掳掠一番后很快又撤走了，来无影去无踪。他们几百人或几千人组成一个团队，抄一条近路，突破宋军防线，一下子就杀到京城一带。他们是马背上的游击队，汉人怎么防？防不胜防。汉族是农耕民族，不可能像他们那样全民骑马作战。他们用很少量人马，就能使定居民族陷入被动。

　　尽管如此，以任何标准衡量，宋代仍是一个幅员广大、人口众多、经济、文化和科技发达的大国。它的经济、文化等不仅仍在发展，而且发展得比世界上其他所有地区都好。还应注意的是，尽管宋代版图相对较小，但包括辽、金、西夏在内的华夏世界即现在"中国"这块地方的大多数人口仍是汉人。尤其值得注意的是，即便是辽国、金国，其人口主体仍然是汉人。汉人数量巨大。游牧民族军力强，以少量人口统治大量定居民族。在古代条件下，人口众多意味着经济繁荣，有人口才有经济，才有文化。总之，应放弃从前的片面看法，不能简单地以军事强弱来评价一个朝代。

五 明清文化的发展

也可以看看明代和清代。明代虽然有它的问题,其实也是一个很不错的朝代,但不如宋代。明代中央集权程度太高了。知识分子说话的余地相对来说较小。明代的朝政总的说来也比较黑暗、腐败。即便如此,明代的经济和文化仍在继续发展。如果说秦汉以来,中国文化一直在按照一条相对固定的路线演进,或者说在西方文化进入以前,中国文化的发展一直遵循着某种内在逻辑,那么可以说,明代就是这种逻辑发展的顶点。达到了这个高点后,中国文化似乎走不下去了。从各个方面看,发展到明代,中国文化可以说达到一种烂熟的程度。不妨看看明代的绘画,那种朴素、简洁、自然、空灵、甚至有点颓废的风格,很有点 20 世纪"现代主义"甚至"后现代主义"的味道。再看看明代的家具,它的线条如此明快、流畅、优美,造型如此老到,好像是受到了 20 世纪现代派雕塑的影响。这种艺术思维是从哪里来的? 只能说中国文化发展到了一种极高的程度,不好再继续按照先前的逻辑独个儿前行了,得有全新概念或视角的吸纳、全新养分的注入,才能继续向前发展。有刺激,才有新的可能性。

说中国文化发展到明代似乎达到了极致,并不意味着在清代就没有发展。在取代明朝的满人看来,明代之所以亡国,很大程度上是因为明人"腐朽堕落",所以清人提倡一种类似于清教主义的生活方式。在思想方面,明末清初的重要知识分子都提倡实学,反对谈玄论空,认为这是明亡的主要原因。再加上清朝当局的思想压制,于是读书人纷纷转向,搞起"小学"即考据之学了。但是,清朝对现代中国的最大贡献，是把中国的版图确定了下来。两千多年前，秦朝军队便进入现越南中部和北部（河内那时属于中国），但所建立的行政区真正控制的地方并非广大，因为秦朝（以及后来汉朝）军队只控制了交通干线及沿线的小城小镇。不妨想象，我们随秦朝大军从长安城出发，往南行进，往越南北部推进，虽然偶尔会遇到难以逾越的自然障碍，但因有较为先进的工具和技术，也不缺人力，所以总能辟山、填壑、架桥、渡舟，在没有路的地方走出路来（当然，大体上现成的行军路线是存在的，即商人们走出来的商道）；那时，包括广州在内的整个珠三角地区可能还是一片蛮荒，所以有后来有南越王的自立（我到广东后逐渐发现，广东人对曾经自成一统，不无独立意图的南越王很是崇敬，多地建有南越王庙）。总之，汉唐实际控制的地方比印象中小得多。

我从前也模模糊糊地以为，汉唐疆域广大，直到有一天看到了西方人制作的历代中国地图，才意识到，汉唐版图远不如清代。这两个伟大朝代只控制了一些交通干线，未能在大片区域建立起行政区，派官员来直接管理并在那里有意识地推广中原文化。当然，秦代军队把现越南北部纳入中国版图（直到 10 世纪即五代时期越南才独立），也对中国文化的传播起了很大作用。当今越南其实是一个儒教国家。跟越南人打交道，你会发现他们的思维方式跟我们差不多，却与东南亚其他国家的人们明显不同，与西方人的差异就更大了。

举了这么多例了，是为了说明什么？是为了说明文化不是一堆死物，而是活体。它一直在演进，在生长，在新陈代谢，在吐故纳新。

当然，中国文明最大的一次发展是在 1840 年以后的事。从主观上讲，这种发展不是当时的中国人所愿意看到的。因为国门是被别人用大炮轰开的，还有一系列不平等条约被强加在中国头上。当时清朝政府还以为，这些不平等条约就像历朝历代与游牧民族签订的那种条约（打败了得赔款，为了不打仗或少打仗，得嫁公主过去"和亲"；南宋甚至对金称臣纳贡；称臣在面子上过不去，但现在也有历史学家在为宋高宗赵构等说好话，说这其实是一种策略，为保国家的安宁，牺牲一点皇家面子，也值了），但实际上，这种变化是后来李鸿章所说"三千年未有之大变局"的开始。

但中国文明开始大发展了。因为在这以前，中国文明虽然一直接受外部的刺激，但总的说来，是不足以引发结构性变化的强刺激。现在，按先前既有的模式再往前走，已走不下去了。实际上在明代，中国文化已达到一个难以逾越的高点。清代在文化方面似乎并无大的创发，但在经济方面却有很大的发展。清代的人口增长尤其引人注目。大家注意，在18世纪中叶乾隆时代，中国的人口就已达到4亿，约占世界总人口的三分之一。现在大家不都认为中国人口太多吗？可只勉强占世界总人口的五分之一。那时可是三分之一啊！在前现代条件下，有人口，就有经济，就有文化，就有国力（不一定是纯粹军事意义上的国力）。工业革命以前，一个国家、一个文明人口规模基本上可以代表该国家或文明的经济发达程度。对中国来说，1840年以后发生的变化，用天翻地覆来形容一点也不夸张。甚至直到今天，我们仍然处在这种巨变中。但清朝对现代中国的最大贡献，还是把版图确定了下来。没有清朝的文治武功，我们会仍蜷缩在长城以内，现代中国版图将只有实际版图的三分之一。

就文明的总体演进而言，今日中国人是幸运的。因为，我们既能参与当下文明巨变的过程，也能把这个过程当作一个对象来观察，来研究，来评价。历史上发生过很多次文化大交融，但古人不像我们这样，对文化交融有清楚的意识。古人不像我们这样有理论自觉。他们参与了文化交融，他们是文化交融的载体，可主观上他们并不知道这是一个有趣的过程，是一个足以改变子子孙孙命运的宏大过程。

六　变迁中的传统文化

再看看鸦片战争以后中国发生了多大的变化。不妨以戊戌变法为界。1898 年以前，中国人中普遍存在的社会文化观念是什么样的呢？最起码，三从四德、三纲五常、天地君亲师等宗教情感是强烈的。谁说中国无宗教？中国到处都是宗教。谁说中国人无信仰？儒家思想也是一种信仰，只不过与基督教之类宗教的形态不同。不能说信耶稣基督就是有信仰，不信耶稣基督就是没有信仰。很多人就是这么看问题的。现在仍有很多人说中国人没信仰。这是不对的。没有信仰，你一天都活不下去。

中国人的传统观念，比如孝，现在就是对祖辈、长辈的尊敬态度，是我们所特有的生命态度，是我们所特有的价值观。把它叫做信仰并非不可以。不能说只有崇拜上帝、信三位一体才是信仰。"天地君亲师"牌位很多人仍然在供奉，这不是宗教崇拜，是什么？"天""地"是神圣的。"君"即国君、皇帝，也是神圣的。"亲"说的是父母、祖先，"师"是老师，都是非常神圣的。直到现在，这些传统观念还在发生作用。"天"对许多中国人来说仍是某种形而上的、主宰万物的终极实在。"地"较为形而下，可以说就是自然。

人来自大自然,最终要回归大自然。"亲"讲的就是孝道,对于当代中国人来说仍极为重要。至于"师",中国现在仍有相当强大的尊师传统,如果早已不是旧时代的"师道尊严"的话。这从学生乃至整个社会对老师的称呼上就可以看出。西方不存在这种传统。当然,经历了大半个世纪的革命,尊师传统已被削弱了。在目前的中国大学,好像各职能部门的官员,甚至普通工作人员都认为自己比老师更重要(大家都在抱怨办事难,中国高校衙门化了,这是一个大问题)。这种情形必须改变。但另一方面,师道尊严的传统也应该有所削弱。这个传统若不有所削弱,新思想、新人才就难以脱颖而出,新的可能性就很难展开。我虽然主张复兴传统文化,但我本人还是比较"新派"的。记得有一次在外边开会时,我遇到一个山东来的老教师,这位老师在众目睽睽之下摆出师爷的架子,换大衣时,竟让一个女弟子在旁边伺候,恭恭敬敬地递来衣服,他自己则是"衣来伸手"。这样的做派,对我来说是不可接受的。举这个例子是要说明,师道尊严在现代条件下虽已有所消解,但依然存在。

现在也有人认为,中国之所以未实行西方式的议会民主,主要原因在于传统文化。这种看法我是不能苟同的。中国历史上有皇帝,常常被认为实行"专制"统治,可是日本历史上的天皇虽是"虚君",幕府将军、大名等权力却极大,故而历史上日本政体远非现代民主制,可日本现不是已经实行议会民主了吗?韩国以前也有国王,大体上也实行"专制"统治,它不也实行议会民主了吗?不能说,暂时还没能实现西方式的选举民主,便是搞"专制"。更不能说这全是传统文化的过错。这种思路是有问题的。

学生:"BBC前不久讲了一个月的中国问题,中国的党派政治问题。有个记者谈到中国搞的是无产阶级专政，中国向来是中央集权，中国又比较大，他说地理原因还有历史的原因决定了中国是无产阶级专政，而且他觉得西方人应该能理解这一点，这并不是专政，而有特殊的地理文化方面的原因。"

他的话很有意思，我从前以为BBC总是在反华，现在看来未必总是如此，它不像从前那么充满敌意。甚至可以说，BBC和VOA最近这几年已变得有点亲华，准确地说，变得比较中立客观一些。这些电台以前对中国并不那么友好。

应当看到，晚清以来，整个中国文明的变化是剧烈的。这导致一些人说中国文化已经消失了。我举上面那些例子，是要说明许多传统观念仍然存在，而且还在起作用。不知道大家是否还记得我第一次讲课，就提到台湾人直到目前还在供奉祖先牌位。中国大陆许多农民仍然在供奉祖先牌位，但在城市这个传统已不存在（也许某些沿海城市是例外）。就我个人所知，大陆"当代新儒家"中最著名的人物，他们在家中并没有供奉祖先牌位。按理说他们应该起表率作用，最应该做这种事。其实，他们都是知识分子，跟我一样是老师。可是为什么台湾人能做到，台湾的哲学工作者或"当代新儒家"能够做到，中国大陆"当代新儒家"就做不到呢？这主要是因为，在中国大陆的社会文化大环境中，大家都不这样做了。如果一定要这样做，就会有点可笑。还有技术上的困难。具体怎么操作？供奉祖先牌位，得有牌位、香台等实物，得敬香，还得有较为宽敞的空间，得有专门的房间或"堂屋"，甚至独栋祠堂。刻有祖先名字的木牌不说得非常精致，至少所用材料过得去，做工不能太粗糙，可是到哪里去找？同样重要的，还有一个与室内陈设和装修风格搭不搭的问题。这都表明，在中国大陆，传统文化的存续面临比台湾更严重的挑战。甚至可以说一些传统已经消失了。我不久前听说南京大学有个老教授去世了，是历史系的教授，结果全系竟找不出一个能写出像样挽联的人。按理说，大家是专搞中国历史的，应更熟悉传统中国文化，对这种事应较为在行。这清楚地说明，传统仍在消失之中。当然，最近几年春联又很红火起来，甚至中央电视台也带头写春联，这是令人欣慰的。

无论如何，文化虽然必须变化，必须发展，但如果传统丢失得太快，那也太可惜了。那么是不是一定得像建一个濒危物种保护区那样，开辟一个保留地，把某些专家所理解的传统文化关在里边，养在里边？不如此，就会遭受外界污染？这显然不行。文化是个活体，总是在变化发展的。更棘手的问题是：何种传统非常重要，得尽快进入保护区？何种传统不那么重要，可缓一缓？何种传统应完全摈弃？诸如此类的问题，是不可能达成共识的。尤其在什么是"传统"这一最根本的问题上，是不可能达成共识的。先秦的还是两汉的？唐代的还是宋代的？明代的还是清代的？更不用说即便同时代，还有此地或彼地的传统的问题。

暂不讨论何为传统，这个问题实在太大。80年代末我来到广东，才发现这里盛行求神拜佛，之前我所认为的"迷信"传统保存得相当好，比四川好得多。按理说，经济越发达，信息交流越频繁，就越不容易保持传统文化和习俗。四川经济不那么发达，相对比较封闭，按理说传统文化和习俗应该保存得更好，但实际情况相反，四川不如广东。广东经济发达，对外交流也比四川频繁得多，可是为什么传统反而保留得更好？这恐怕并不是因为广东人对传统有一种天生的热爱，或者说他们的认识水平本来就更高，本来就有保护传统的意识，而主要是因为广东出海打鱼或经商的人很多，海上风云变幻莫测，人们对自己的命运明显不如在陆地上那么有把握，因而更倾向于认为自己的命运掌握在某种不可控制的力量手中。所以求神拜佛的人比比皆是。四川是典型的农耕省份，人们心目中的大自然更有规律，所以求神拜佛的传统比广东淡薄。

七 谁是儒家传人？

晚清以来，我们一直在引进西方的东西。鸦片战争后不久就开始了洋务运动。但洋务运动只是在器物层面学习西方。后来有戊戌变法，要从制度层面学习西方。再后来就是新文化运动和五四运动，那更是从更深层面，即思想观念层面学习西方。这一系列运动对中国文化的冲击是巨大的，中国文化的变迁同样是巨大的，是所谓"三千未有之大变局"。但是，不能因为巨变，便认为中国文化不存在了，甚至认为中国人要"断子绝孙"。是不是一定要回到历史上某个阶段，才算回到正宗中国文化？迄今为止，就连最积极提倡恢复传统儒家思想的人，也说不清楚究竟什么才是正宗中国文化。

文化本来是不断发展的，永远是一个活体，是一个变动不居的、活生生的动态结构。不能说汉代或唐代的中国文化才是最"正宗"的中国文化。也许，军事上被动的宋朝中国文化更"正宗"。汉唐宋中国文化像其他时代的中国文化那样，都在不断地流动。文化是一条巨大的水流，不可能用一部巨大的制冷机把流到某处的文化冻住，不让它再流动，然后对所有人说，擦亮眼睛看看吧，这就是传统，这就是正宗的中国文化！这么做是不可能的，也根本做不到。文化是活体,永远在生长。文化也是流体,永远在流变。所以,能够做的,是把本质的东西保留下来,同时根据时代的需要,不断创造新东西,不断吸收其他文化有趣的、于我有用的东西。

问题又来了,什么是本质的东西?这其实是非常大的问题。张祥龙教授在他的文章里给了几个标准,认为如果符合这些标准,文化就还在;如果不符合,文化就不在了。他说:"不少人有这样一个幻觉,以为中国还在,中国人还在,普通话还在,关于中国的学问和文化遗产还在,中国的传统文化就安安稳稳的存在着,甚至在发展着,不管是令人欣喜的还是令人讨厌的。"我不能同意这种表述。我们无法假定,传统文化的方方面面都是好的。张祥龙教授的说法已包含这个假设:凡是传统的都是好的。可文化是相对的、发展的。历史上的好东西不一定现在仍然是好的。包括西方文化在内的各种文化在历史上都曾歧视女性,你能说这也是好传统?历史上儒家曾说"君为臣纲",就是说"臣"要绝对服从"君"。可是现在"君"和"臣"这两个概念早已过时,现实生活中早已不存在"君"和"臣",有的只是各个领域各个层面的领导者和被领导者,或上下级,这在全世界都一样。更重要的是,这种领导与被领导的上下级关系不可能不变,甚至非常迅速地在变,而且这在全世界都一样。社会流动性在各个现代国家都是一种普遍现象,如果不断强调君臣,强调下级对上级的服从,强调这种关系的永恒性,就是不让社会流动,不让社会发展,是逆潮流而动。我想,当代新儒家不会糊涂到坚持君臣或上下级关系的绝对性、永恒性。他们毕竟是当代知识分子。

张祥龙教授还认为,一个文化到底存在不存在,有一些具体标准。它们是什么?第一个标准是,该文化是否还有严格意义上的传人，是否存在一些以团体方式，用个人生命实践自觉地传承文化道统的人们（可什么是"道统"呢？事实上，不仅不同意张祥龙教授观点的人们会这样问，就是持相似观点的"当代新儒家"们自己内部也在"道统"问题争得一塌糊涂）。第二个标准是，该文化赖以生存的社会结构是否还存在。第三个标准是，该文化的价值取向是否还能影响人们在生活中做出重大抉择。第四个标准是，该文化的独特语言是否还活在人们表达关键思想、深刻感情的话语和艺术形式之中。

提出这些标准并非全无意义，这里主要讲"传人"的问题。张祥龙教授认为，今天基本上已不存在以团体方式，用自己全部生命活动来自觉继承儒家道统或文化精髓的传人了。真是这样吗？先讲讲如何认识儒家吧。我们知道，儒家是一种入世而非出世的生命形态，这在中外学者中是一种共识。历史上根本不存在类似于佛家出家人社团的儒家出家人团体，或者类似于天主教从教宗到一般教士那样的教阶组织，更不存在类似于天主教修道院、海外传教团的儒家团体组织。儒家的确没有这些东西。按张祥龙教授的说法，儒家已无传人。当然历史上的儒家肯定是有传人的，否则怎么可能有从先秦一直到民初的儒家？怎么可能有当代新儒家？怎么会有晚至1905 年（这一年清政府正式废除科举）仍然存在的传统形态的儒家？我以为，就连在今天，儒家也是有传人的，儒家传人就是我们大家，就是目前绝大多数中国人和大多数海外华人，或还得算上朝鲜人、韩国人和日本人等。

历史上，中国有很多读书人。中国曾经有很多秀才、举人、进士。这还只是考中了"功名"的读书人。还有很多书读得不太好的读书人，因种种原因没能考上秀才、举人的读书人。他们一直都在读"圣贤书"。历史上的读书人，无论是有功名还是无功名的，他们的思想观念、思维方式和行为模式都是儒家的。能说他们不是儒家传人？但他们的的确确不是以团体的形式出现的。更大的问题是，如果他们不是儒家的传人，那么谁是？所以我们不能机械地用"组织形态的传人"的框框去套历史。

用是否以团体方式传承道统作为衡量标准，也表明有一种狭隘的我-他意识，即刻意区分自己或他人所属之派别或思想主张——我所属之派别或思想主张是"正统"，是真理，而其他什么派别或思想主张是旁门左道，是谬误。儒家从来不搞这一套。同世界上其他宗教-文化相比，儒家非常开放，非常大气，并不在乎什么是或不是儒家。儒家不搞某些宗教非此即彼、非是即非那一套。可看看佛教、基督教，它们历史上发生过多少次教派之争（当然，佛教比圣书宗教温和，至少没发生过教派战争）！一个教派把另一个教派视为"异端"，残酷斗争，无情打击，置之死地而后快。各派别都会说，我是正道，你们都是歪门邪道，我才是正宗，你们都是邪门。相对来说，儒家最具包容性。

不妨再直接问一问：历史上儒家是否形成了张祥龙教授所说的那种自觉地、有意识地维护和传承道统的团体？跟佛家相比，儒家确实没什么出家人团体。住在庙里的和尚其实是一个远离主流社会，组织紧密的特殊团体，即"出家人"团体。佛教中国化过程中形成了很多派别，如天台宗、华严宗、净土宗和禅宗等，而且每个派别都有相应的团体组织，团体组织里通常也存在等级关系。

儒家的确并没有佛教那样的僧侣组织，不仅如此，它还跟世俗政权结合得异常紧密。因此，儒家有政治意义上的传承者，主要是那些已经获得功名的士人，包括进士、举人、秀才出身的各级官员以及当官后致仕者。当然，还有一个庞大的后备军，就是希望获得功名的读书人。他们长期以来浸润在儒家思想中。他们会在私塾或书院里学习，讨论，谈学论道。这些人都是崇拜孔子和孟子等的。儒家读书人跟地方共同体也结合得非常紧密。那些知书识礼但未必获得过功名的人，如私塾教师或自由学者，还有当官后致仕在乡的人，他们在地方上往往都是很有影响的人。自由学者在明代和清代比较多，因为那时经济相对比较发达，社会养得起的读书人更多。宋代前所未有地经济发达，自由学者也相对较多，不然理学即"新儒家"是不可能出现的。自由学者可能是未能考取功名的读书人，也可能是有功名但自愿归田的读书人。这些人的生计可能不是大问题，因而能把主要精力放在研究或传播前人的学说上，或者自己发明一种新的学说。当然，"自由"不是绝对的。

要特别注意草根阶层。从草根层面看，亿万普通中国人其实都是儒家的传人。大可不必说，儒家一定得有佛教式的和尚，或基督教式的主教、一般教士、修士、修女一类人，才叫有传承者。大家如果到农村去，随便跟哪个年岁较高的人聊一聊，或者就和那里的年轻人聊一聊，会发现他们身上的传统观念比城里人多。实际上，我们大家都是在儒家传统里长大的人。我们的祖祖辈辈都是这样的。现如今，每个中国人都是儒家的传人。所以张祥龙教授的观点是站不住脚的。当然，他也不会认为我的观点是正确的，但我们可以交流。我的看法已写成文章发到网上去了。我认为，草根民众身上的儒家信念是最具活力的，也是最持久的。最不应该忽视的，就是草根阶层。

相比之下，佛家和道家因有出世倾向（特别是佛家），在历史上大部分时间都没能充当国家意识形态。南北朝时期不少皇帝信佛。唐代皇帝信道也尊佛。唐代佛教的势力很大。但一旦寺庙势力过度膨胀，威胁到国家的根本利益时，国家也会采取措施予以打击，这叫"灭佛"。有"三武灭佛"之说。所谓"三武"指的是北魏太武帝、北周武帝和唐武宗。他们为什么灭佛？因为佛教势力实在太大了，佛寺占有了太多土地和人口。当时有大量青壮年出家到庙里当和尚。一旦当了和尚，就无需对国家尽义务，既不用交税也不用服役。这样一来大量资源转移到寺庙，国家不就被掏空了吗？这种情况下，任何一个思维正常的皇帝都不可能袖手旁观。既然佛教不关心世俗事务，甚至消耗了大量资源，国家机器的运作便不可能指望它。道教情况差不多。其实，这两种宗教的根本旨趣都不在参与国家机器的运作。这主要靠儒家，靠读书人，儒家因而与政治结合得最紧密。也需要注意，中国历史上虽有过一些信佛尊道的皇帝，但这不等于儒家受到了压制甚至打击。隋唐时期崇道尊佛，但与儒家关系至为密切的科举制度也兴起于隋唐，大儒孔颖达、韩愈都出在唐代。

佛教和道教思想虽然影响过无数的中国人，但由于其出世倾向，也没能成为支撑地方共同体的主流思想或价值观，最多只对某些个人的精神生活产生影响。在清末民初急剧的社会转型中，儒家的第一种和第二种传承者——士人与本可能成为士人或期望成为士人的一般读书人——很快转变成为现代政府的公务员、军人、医生、教师、工程师，以及政治活动者——国民党的、共产党的和民主党派的。[1] 为什么上世纪 20、30 年代产生了那么多革命者？就

---

[1] 参见本书第七章"乾嘉考据学的现代品质"第三节"过剩的智力资源"的相关讨论。

是因为清末废科举以后，传统"仕途"一下子断了，众多读书人不得不另找出路。本来，科考做官就是千军万马过独木桥，很少有人能考中进士当大官的。现在大家不再有这个念想，就都奔着黄埔军校、保定军校等去了。权且把进军校等读书看作新时代读书人考中了秀才甚至举人。事实上，现代中国很多有名的军人都是黄埔军校出身。无论国民党还是共产党，都有不少黄埔军校出身的高官。

当然，1949 年以后，乡村缙绅阶层消失了。乡下的读书人一变而成为城市里新时代的职业人。在乡下，取代读书人或"缙绅"的，是后来的人民公社、大队的领导吧。50 年代初搞土改吸收了大量知识青年，很多人还是"出身不好"的知识青年，这些人中的一些后来就成了乡政府、区政府、县政府等的工作人员。也就是说，政府机构里面吸收了很多从前的读书人。你不能说新形势下参与国家机器运作的知识分子不是儒家传人。他们当然深受现代思潮如民族主义、自由主义或马克思主义等影响，但其祖祖辈辈都是受儒家文化熏陶的，他们成长的环境也是儒家环境，所以他们所接受的最基础的价值观教育是儒家教育。他们怎么可能将儒家伦理道德和思维方式丢得干干净净？怎么能说他们不是儒家的传人呢？1949年以后中小知识分子也不再信佛教、道教或基督教了，"封建"会道门更是受到严厉镇压，但是传统样式的儒家仅仅是被冷落。禁止中国人信仰儒家是不可能的，因为儒家思维方式本来就在每个中国人血液里，本来就与通常所谓"信仰"不同，更无所谓佛教或基督教式的团体组织，而只是一种思维和行为方式。

第三种传承者就是草根层面的传承者，他们的变化相对较小。即便经历了文革浩劫，他们的变化相对而言仍是比较小的。如果到农村去跟农民接触，会发现他们的观念明显比城里人传统，甚至会觉得他们的想法跟城市居民差别非常大。我认识一个湖北农村来深圳打工的人。他为怡宝公司送水，比我年龄还小，已有了四个孩子，其中最大的已26岁。我问他，他的儿子以后会不会同样有四个孩子？他说肯定不会了，因为现在人们的观念已经变了。相对说来，农民在观念上比城里人变得更慢，也更少。对于坚持传统观念，这个湖北农民工可视为一个榜样。他以身作则，在不利条件下成功地实践了儒家的家族延续观念。为什么不可以将这种人视为儒家传人？当然，我们不能仅仅从这个角度来理解儒家文化，儒家文化显然也不只具有这一个向度。努力延续家族血脉没什么不对，在一定条件下甚至是美德，但这显然不是儒家文化的唯一内容，更何况其他文明中香火意识也很强，如印度、古希腊罗马等。儒家文化还必须得有超越的一面。若无超越的精神，从古到今中国人的视界里除了多子多福，还是多子多福，就没法解释中国历史上为什么出现了那么多杰出人物。

　　总之，儒家是有传人的，虽不是其他宗教那种团体式的传人。占全国人数93％以上的汉族虽接受了大量现代观念，但他们仍然是儒家传人。另外，接受了汉族文化的少数民族也理应视为儒家传人。但不能说，边疆地区的穆斯林由于在法律上是中国人，所以也是儒家传人。这样说，他们是不会同意的。到美国英国或法国德国走一趟，稍稍观察一下，不难发现儒家背景的中国人与印度人、欧洲人、美国人、阿拉伯人等是何等不同！

八　有"团体传承者"未必是幸事

　　历史上的儒家因其自身特质，从来就未以宗教团体的面貌出现过。既然如此，就不能说它的传承者团体消失了。总不能说一种原本并不存在的事物消失了吧？为什么偏偏在工业化早已实现的21世纪中国，一定得把儒家同形形色色的宗教——佛家，道家，或基督教——相提并论，然后说，儒家已无有团体意义上的传承者，因此儒家文化正在消失，甚至面临"断子绝孙"的危险呢？这个说法是站不住脚的。

如果看看印度或日本，会发现，那里的印度教和神道教虽然依然存在，但是支配这两个国家的政治和社会生活的，已主要是现代世俗主义的现代意识形态了。什么现代意识形态呢？现代意义上的宪政、民主、自由、人权等观念，当然还有现代法制。主要是这些现代观念在支撑印度和日本的经济、政治、社会和文化生活。从总体上讲，即便在日本或印度，传统宗教如印度教和神道教也在衰落。如果说从某种意义上讲，这些宗教仍然红火的话，那对于日本来说不是什么好事，对印度来说同样不是好事。大家知道，印度在20世纪80、90年代经常发生教派冲突，根本原因就在于传统宗教意识太强了。印度教徒看不惯清真寺里的穆斯林，穆斯林也看不惯印度教徒。两种宗教经常发生冲突，我烧你的神庙，你烧我的清真寺。这种事经常发生，一发生，就会有大规模的流血冲突，动辄死伤几百人甚至上千人。这究竟是好事还是坏事？在日本，国家神道仍有相当大的势力，或者说右派分子在后面支撑它。我们知道，正是因为有国家神道，一些政客才一而再、再而三地参拜靖国神社。我们知道，参拜靖国神社的主要是右派分子。他们都是保守派。这些人参拜靖国神社引起了其他日本人的忧虑。凡是有见识的日本人，甚至一些著名公众人物，都觉得首相为了拉选票，老是这样参拜，对日本国际形象损害很大。这从对小泉参拜靖国神社的忧虑，从日本媒体言论和民意调查中都是不难看出的。

再看看西方国家。西方基督教有没有"以团体的方式、用自己的生命实践在自觉地传承'道统'的人们"？表面上看，是有的。但是要全面、历史地看问题。自公元 3 世纪基督教大体上形成，到 18 世纪启蒙运动，支撑西方文明最重要的意识形态是基督教。但现代资本主义兴起以来，西方经历了文艺复兴、宗教改革、科学革命、启蒙运动、工业革命、现代社会主义运动等。从科学理念、思想意识层面来看，西方经历了日心说、牛顿力学、自然神论、进化论、弗罗伊德、马克思，再到爱因斯坦相对论、量子力学、测不准原理、"现代主义""后现代主义"的演变，现在还得加上福柯、哈贝马斯等当代哲学家。这些都是现代理念、现代思想。西方人经历了这一波波的现代洗礼。在这些现代观念背后，是工业革命，现在还得加上互联网时代的信息革命、生物技术革命。从社会层面来看，在遭受工业革命和诸多现代观念冲击的同时，西方人还经历了种种社会政治运动，甚至流血革命。在这种情况下，传统基督教观念已不得不做出重大调整才能适应现代世界天翻地覆的变化。

这里，观念调整的最重要标志，是 1962 年梵蒂冈公会议。在这次会议上，罗马教廷被迫放弃"教外无拯救"这个奉行了一两千年的蛮横教条。这是一个极为重要的姿态，极具象征意义。这等于否定了自己。作为一种主要的叙利亚宗教[1]或希伯来型宗教，基督教从本质上讲比其他任何宗教更大程度地是一种唯我独尊的宗教，一种真理独占的宗教。基督教历来认为，唯我独有真理，其他所有宗教都是不正当的，信奉其他宗教的人们不但得不到拯救，甚

---

[1] 关于"叙利亚宗教"，参见本书"释义"部分相关词条。

至会下地狱。明末西方传教士到中国来，不就对中国士大夫说中国人中所有先贤都已下了地狱，或只有孔子是例外吗？这就是他们的逻辑。若严格采用他们的希伯来主义[1]逻辑，孔子既然没能赶上基督教兴起的时代，没能信基督教，肯定也下地狱了。若不是出于策略，对可能入教的中国人客气，传教士们是不会把孔子当作例外的。真理独占是基督教一个突出的特点。

那么，为什么梵蒂冈当局会在1962年做出这样一个重大决定？天主教内部是否有人反对？肯定有人反对，甚至可能是激烈的反对，但毕竟天主教内部最终达成了共识，即我们是天主教徒，但我们不是保守的天主教徒，我们也能与时俱进；在平等、博爱、民主、自由等现代观念的冲击下，我们的认识必须跟上时代；我们甚至意识到，只有天主教徒才能得到拯救，全世界其他几十亿人不仅得不到救赎，甚至还会下地狱的看法，是一种极端自我中心主义，是非常错误的。全世界人口的80％并不是天主教徒。即使天主教徒与新教徒、东正教徒合在一起，基督教徒总共仍然只占世界人口的40％左右。如果不信基督教的人们都得下地狱，上帝未免太残忍了吧？基督教不认为上帝是仁慈的吗？

无论从哪个角度看，梵蒂冈当局都做了一个重大决定。但要强调的是，天主教最高当局的这种认识并不是主动得出的，而是不情愿地、被动地得出的，或者说是被世俗主义的现代观念倒逼出来的。世俗社会或者说世俗社会的精英分子，早在二三百年以前就已达到了这样的认识水平。梵蒂冈当局在1962年的这个决定，只是对存在已久的现实社会政治状况迟到的承认，一个迟到了很久的承

---

[1]　参见本书"释义"部分"希伯来主义"词条。

认。大家可能注意到了,1992 年梵蒂冈终于为布鲁诺平反了。三百多年前,布鲁诺是因其"异端"信仰被教会当局判罪处死的,晚到 1992 年才平反。实在太晚了。不过能平反,也不错。为什么?因为基督教作为一种叙利亚型宗教,有着一种非此即彼、非黑即白的思维倾向,教廷能做出这种决定实属不易。平反布鲁诺是教廷一项重大的自我否定,对梵蒂冈当局来说是一件了不起的事。

举了这么多例子,要说明什么问题呢?表面上看,基督教仍然有大量信徒,仍有严密的组织。表面上看,西方国家仍是教堂遍布,高耸入云,可实际上呢,西方文明实质上早已变色,或者说早已转型了。尽管西方文明中宗教的力量仍十分强大,但主导国家社会政治生活的主流思想观念,早已不是传统基督教理念,而是林林总总的现代理念或现代意识形态。甚至基督教本身也在不断现代化,也在不断与时俱进,否则不仅教外的人们不答应,对教内那些与时俱进、倾向于"进步主义"信众也很难交待。

我们知道,1962 年罗马天主教当局放弃了"教外无拯救"的信条,承认基督教以外的其他宗教——如佛教、印度教、伊斯兰教、儒家、道教等——也有自己意义上的拯救。那么何为"拯救"?这是基督教的一个独特观念。所谓"拯救"最终说来就是获得上帝眷顾。所谓"教外无拯救",反过来看,就是唯我天主教(最多还有其他基督教形态如东正教)才能得到上帝的青睐。罗马天主教今天仍有很大的势力,但同中世纪甚至近代初期相比,毕竟逊色多了。那时候,远在罗马的教宗和各地天主教会所享有的权力往往会超过世俗政权。它动辄干涉世俗政权的事务,罗马当局尤其如此。天主教势力今天看上去虽仍然很大,但实际上早已陷入被一波波世俗主义思潮和科技革新边缘化的境地。目前看来,这个过程很难逆转。

暂时看不出基督教的复苏——成千上万的年轻人再次对基督教发生强烈兴趣，甚至成为虔诚教徒——有多么明朗的前景。除非出现重大变故，如发生一系列人类完全无法解释、且破坏力极大的全球性灾难，否则基督教重新成为主流是决不可能的。

九　文化变迁带来了文化活力

更值得思考的是，再过一两百年或两三百年，生物技术可能会有翻天覆地的发展，导致一场类似于瓦特蒸汽机所引发的那种大革命，甚至更大的革命。届时，人类可能已完全解决了生命的有限性或死亡这一大问题。届时身体不重要了，脑子里的意识才重要。届时肉体老化了就可以换掉，所以不再需要肉体。如此这般，基督教面临的问题就更大了。不仅基督教，所有宗教都面临着多余或可有可无这个大问题。如果人类不再需要肉体，而只以信息的方式存在，那可就是真正的永生。这对将来的技术来说或许不是难事，可那时，宗教怎么办？宗教不是要解决生死问题吗？现在技术就能解决这个问题，而且解决得更好——人类能以信息的形式永生，甚至有能力在灵魂和肉体的双重意义上获得永生。相比之下，宗教最多只在象征或比喻的意义上解决人死后灵魂安顿的问题，只能给人以心理安慰，这比技术可能带来的实实在在的永生差远了。[1] 届时，宗教怎么立足？实际上这是全人类面临的一个巨大课题。作为儒家传人，中国人也得面对它。但若哀叹儒家不具有基督教、佛教式的传承道统的团体，那显然是无的放矢，与人类发展的大方向背道

_____

[1]　参见阮炜：《2045：当人类获得永生》，载《读书》2013年第5期。

而驰。

我还认为，使基督教边缘化的，不仅仅是工业革命、技术革命和种种现代观念，各种形式的社会政治运动也起了重要作用。大家要记住，20世纪60年代西方的民权运动意义重大。在这以前，很多基本权利，弱势群体如黑人、妇女、同性恋都是不享有的，而按《独立宣言》的说法，他们本应该有这些权利。在60年代民权运动中，他们才开始真正获得应有的权利。提倡恢复传统文化的人们，应该好好想想如何使传统文化现代化，使其适应现代社会的期望和要求。哈佛大学有个Lamont Library（哈佛有十几个图书馆，Lamont是其中较大的一个，是专门服务本科生的图书馆），直到1965年都是不准妇女从正门进入的。而美国是最大的发达国家，不少先进理念是从那里传到全世界的，起源于美国的民权运动就产生过世界性影响。相比之下，今日中国妇女处境不错。从妇女解放的角度看，中国做得不仅不差，甚至很好。中国妇女解放运动与西方几乎是同步的，中国妇女地位并不低于西方。

有人说这几年中国妇女地位下降了，"包二奶"就是证明。错，大错特错！"二奶"毕竟是极少数，在总人口中所占比例微不足道，更何况何为"二奶""小三"并没什么标准。总体上看，中国妇女的地位比从前不知高出多少倍。大家看到现在有这么多女大学生，如果是文科，女生比例就更高了；英语女生与男生的比例可达到十比一，甚至二十比一。可是在上世纪50—80年代，有机会上大学的人非常少，我读书的时候（70年代），班上女生只占百分之五十。在体育界、文艺界、甚至学术界，中国妇女就更活跃了。商界妇女的声音也非常大。从音乐方面看，以前我以为只有男士才能演奏乐器啊，女生智力比男生差，玩不好乐器。现在看，真是大错特

错。今日中国有一大把的女性音乐人。现在的独奏演员似乎女性更
多，而在几十年前，女性独奏演员实在是凤毛麟角。现在各个方
面，似乎都是妇女厉害。大家不常说"阴盛阳衰"吗？上海、四川
等地不是由男性做饭吗？以前这是不可想象的。可若无一百多年来
一波波革命和改革，若无对传统文化不符合现代潮流的方面的批
判，妇女的解放便无从谈起。一波波革命、改革都是在消解和摧毁
传统文化中与时代潮流不合的东西。现在看来，什么是应当保留的
好传统，什么是必须抛弃的"糟粕"，要有一番认真的思考，应该
有一种起码的共识。

刚才说到技术进步、现代理念以及社会革命对基督教观念的消
解。再接着讲几句。今日美国，定期上教堂的基督徒明显多于欧
洲，但这种美国人主要集中在经济不发达地区，如所谓"中西部"。
只要一打开历年来美国的大选地图，就会发现，共和党和民主党的
分野非常清晰，甚至可以说泾渭分明。凡是东西两海岸工业发达、
信息交流量大的地方，民主党得票就多。凡是经济不那么发达，信
息比较闭塞的地方，就是共和党占优。相对来说，共和党定期上教
堂的人更多。社会总是在发展的，美国经济会继续发展，中国经济
多少对它会起带动作用的（当然，改革开放以来，美国经济也一直
在带动中国经济，甚至在更大程度上带动中国经济）。怎么能保证
以后那些保守的美国人观念不变呢？现在经济发达地区从前并不那
么发达，从前那里人们的思维也是比较传统的。所以，得看宏观趋
势，那就是，经济进一步发展会造成基督教乃至所有宗教价值观进
一步淡化甚至边缘化。

从总体上看，基督教在欧洲边缘化的程度高于美国，结果是，
欧洲人显得比美洲人更开明。比如说在堕胎、同性恋婚姻、安乐死

等问题上就是这样的。荷兰甚至使所谓"软毒品"如大麻合法化。在这些敏感问题上,欧洲人走在了美国人前面。这里顺便讲一讲,欧洲人在这些方面与中国人是比较接近的。中国社会并无太多传统观念和法律的束缚,所以安乐死还未立法,便已在一些医院执行了,似乎并未引起太大争议,但在发达国家尤其是传统观念仍相对强大的地方,就会引起很大的震动。媒体会搞事的。有些人因为安乐死打官司,媒体便炒作这种事以吸引眼球。这就是现代生活方式。媒体必须来事,制造新闻卖点。新闻热点是媒体的生命线,无热点媒体人会丢饭碗,这是现代游戏规则。

总之,任何一个文明、任何一种文化形态都是不断发展变化的。清末以来,以儒家为核心的中国文明在方方面面经历了急剧变化或转型,到目前为止,也仍未结束。在转型中出现了传统与现代之间的剧烈碰撞,这大概是张祥龙教授所谓传统文化正面临"断子绝孙、无以为继"之巨大危机的根本原因吧。总的说来,中国经历巨大变化是好事。巨变给了中国前所未有的机会,使它重新焕发了活力,所以才有"崛起"。

十　"断子绝孙",抑或"吐故纳新"?

传统文化真的面临"断子绝孙"的危机?我是不会讲这种狠话的。我首先会假定,一切文化都在流变之中,不变化就不成其为文化了。中国文化决不是例外。我们甚至可能说不清楚到底什么是传统,什么是创新。或者说在很大程度上,到底何为传统,何为创新,取决于人类的言说或主观判断。

再过几年或最多十年,今天大家觉得时髦的 MP3 不也就成为传统了吗？实际上，现在已经有 MP4 了。在我们都接受因特网文化的大前提下，老师或许会比学生保守一些。我觉得以前用惯了的软件很好用啊，对于换上新软件，比如说视窗 2003，我会觉得它虽然有一大把优点，但反应速度却比视窗慢。用视窗 2003 输一个字，要停顿一下才显示出来，这可能跟电脑本身的速度有关，可是让人觉得很难受。这里，我想要表达的观点是，即便我们接受同样一种东西，即便我们身处同一种潮流中，都还能分出一个传统和非传统来。换句话说，所谓"保守"或"激进"是相对的，有不同程度的"保守"或者"激进"。如果再回到传统文化究竟是否还有传人这个问题上来，我会说，若能把眼光扩大到两三千年以来人类文明的总体发展，就不会得出如此悲观的结论，说中国文明"断子绝孙、无以为继"了。事实上，中国文明像世界上其他所有文明一样，数千年来一直都在变化，演进，成长壮大，只不过最近一百多年来中国文明发展、变化的速度确实非常快，确实经历了非常大的震荡。但我们不可否认，中国文明正在重新崛起。

这里讲的中国文明，不仅仅是儒家文化。不能说儒家文化就是中国文明。但有人真的认为儒家文化涵盖了一切中国文化，儒家文化就等于中国文明。在逻辑上，我们只能说"马是动物"，而不能说"动物是马"。可是有人偏偏不要逻辑，偏偏要说"动物是马"。他们也不顾一个非常显白的事实，即中国文明除儒家以外，还有其他很多要素如道家、佛家、阴阳家、法家、各种形式的民间宗教和习俗，以及很大程度上已本土化了的外来的伊斯兰教、基督教。甚至可以说，现代世俗意识形态如社会主义、自由主义、保守主义等也已在中国扎下根，是中国文明现代转型的重要因素，甚至已成为中国文化的一部分。

当然，文明不光表现在观念上，还表现在器物层面上。大家不认为在器物层面，中国文明正在迎头赶上吗？至少在城市，物质文明已相当发达了。大家如果有机会到国外去，到发达国家去看看，就能进行比较、鉴别。我知道一些深圳人出国走了一圈后，自信心一下子增强了很多。他们会说，发达国家其实也不咋的，也就是那个样子。其实，这些深圳人是拿中国最发达的地方与外国相比。客观地讲，中国的居住环境、自然环境、人口素质、农民生活状况、劳动生产率以及经济竞争力与发达国家相比仍然有较大的差距。但毕竟，中国已经大大进步了。回头看，二三十年以前中国人出国时，就不像现在这么自信。为什么今日中国人更自信呢？因为今日中国明显比那时更强大，其发展速度超快，而且这一切发生在一片巨大土地上，涉及巨量的人口。这是人类文明史上是前所未有的。这不是我个人的看法。大家如果读报，会发现今天全世界很多人都有这种看法。人类文明史上还从未出现过在如此巨大的一个国家，牵涉到如此众多的人口，速度如此之快的经济发展。可是，我们也在为这种发展付出代价。除环境迅速恶化外，还有我们刚刚讲到很多传统文化的东西，甚至很优秀的东西正在消失。这时我们应该怎么做呢？应该尽可能地保护传统中真正优秀的东西。

但如果我们把与社会经济发展密切相关的观念变化，都看作是文化本身的变化，那就有问题了。儒家文化有它的"非本质的连生物"（汤因比语）。[1] 它里边有些东西在发展过程中本来就应抛弃。比如说，三纲五常、三从四德，再比如说像衙门酷刑，这些东西本

---

[1] 一个文明、一种文化或宗教既有其"本质"或精神核心，也有其"非本质连生物"。参见阿诺德·汤因比：《一个历史学家的宗教观》，第286—307页。

来就该被抛弃。当然还有裹脚，那也是应该抛弃的（但也得注意，缠脚在当时的社会条件下也并非全无意义，不能将其判为绝对邪恶。清末民初时，中国人的观念变了，普遍认为有强壮的身体很重要，女子缠脚，就会行动不便，尤其是不能跑步，长此以往中华民族不仅仍将是"东亚病夫"，而且体质还会越来越弱，所以要放足，所以发生了"天足运动"。可是在这些观念流行之前，如果不让某个女孩缠脚，很可能会害她一辈子，她一辈子都会低人三分。裹脚之风最早是在唐代宫廷里兴起的，后来渐渐扩散到社会中下层）。再比如说，五世同堂，这也不合时宜。从前，五世同堂被视为一种理想，可在现代条件下，这几乎是不可能的事。三世同堂都有难度，怎么能要求五代同堂呢？可旧时代大家都崇尚这个。从前，一个人二十岁就可能得儿子，四十来岁就当了爷爷，六十来岁就当上了曾祖，五世同堂完全是可能的。可是现在，大家都晚婚，很多人甚至不婚，能三世同堂已很是不错。即便三世同堂，也有一些实际问题。如现在居住条件大不一样，城市人口是密集居住，一幢楼里住几十户甚至上百户人家，不像以前一大块地皮上建一个大院子，一个大家族住在里面，并不嫌拥挤。还得考虑到思想观念和生活习惯的代际差异。这可能造成矛盾冲突。现在，大家住的都是套房，即 apartment 或 flat，面积不大（在香港，可能只二十来平米），结构紧凑，再加整个社会风气都尊重隐私，里面怎么可能长期住几代人？

现在还有 个十分普遍的现象，即老人因种种缘故，不大与年轻人住一起。这背后一定有原因。最根本的原因是，今日社会经济结构跟从前大不相同，大家的观念也与从前大不相同了。其实，大家庭是不利于经济发展的。五世同堂这种理想，是与从前的社会结构、思想观念、经济发展程度密切相连的，并不是儒家文化"本质性"的东西，并不是一个在任何时代都值得追求的理想。提倡保护这一传统的当代新儒家若觉得这一传统至关重要，一定不能抛弃，那就得自己带个头。如果三世同堂都很难做到（城里人也许太"先进"了，当代新儒家连设个祖先牌位都会觉得尴尬；也许是因为住房太狭窄？也许是因为观念早已大变？相比之下，乡下人传统价值观保存得好得多，用某种形式设祖先牌位者仍不少）。一个千真万确的事实是，中国文明的重新崛起正是在对旧文化、旧习俗的抛弃中，在对旧文明的"非本质连生物"的抛弃中实现的，当然也是在对新文化、新观念的吸纳和利用中实现的。

今日中国早已不是衰弱的清朝，也不是刚刚成立时的中华民国。现在已无必要整天呼天抢地，高喊救亡的口号。所以完全可以心平气和地、客观地看待自己的文化传统，看待自己文化从古到今的变迁。哪些方面现在看来仍是可取的，就保留。如果某个传统明显与时代潮流相背，为什么不抛弃？就算你主观上不想抛弃它，也很难做到。中国文明只有吐故纳新，与时俱进才有前途。只有把该抛弃的东西抛弃掉，把该吸收的东西吸收进来，新观念和新思想才有立足的空间。只有这样，才能迅速发展、强大起来，最后才能像历史上那样，再次对其他国家或地区产生重要影响，对人类文明做出新的贡献。

（本文据2006年11月深圳大学外国语学院"文明研究"硕士课程讲课录音整理而成，整理者为艾小丽、张媛。）

结语 不存在的"花果飘零"

一 立而后废的孔子像

2011年1月12日，一座高达在9.5米的孔子石雕像在国家博物馆北边广场落成。此地属于天安门广场区域，所以这件事极具象征意义。在舆论的一端，这可能标志着传统文化在长期遭受压制和摧残后姗姗来迟的拨乱反正；在舆论的另一端，这是"封建专制主义"卷土重来的明确信号。可是仅仅三个多月后，这座大型孔子像又于4月20日被移至国家博物馆西内院北部安放。总的说来，舆论界并未就此做太多文章，但似乎仍印证了一个说法，即晚清至今，儒家文化"花果飘零"。

回头看，孔子像立于天安门广场区域，在中国崛起，文明进入复兴轨道的今日，是可以理解的，而三个多月后又重新被移走，也是必然的。这就好比一个演说家再高明，也会有口误，必得纠正，或人人都有意识和下意识的行为，必得加以节制那样。无疑，孔子像之立于天安门区域，会传达一些晦暗不明的信号：是否从今往后，长期以来被否定的儒家思想或随着中华国家的进一步"崛起"，中华文明的进一步复兴，更将遍播寰宇，引领全球？莫非当今中国要利用其强大的经济、科技和军事力量推行一种新型的政教合一体制？

孔子像立于天安门区域会传达不清不楚的信号。而无论从1905年废除科举或1911年清朝覆灭算起，抑或是从1916年新文化运动、1919年五四运动算起，儒家作为一种国家意识形态之与政治权力分离，都有一百年时间了。期间，经过历次革命、战争与诸多改革，中国文明历经磨难，浴火重生，走向复兴。而在此之前，儒家作为华夏世界的国家意识形态，在各个层面或级别都与政治紧紧捆绑，及至清末，已长达两千来年，只是在西方势力进入后，两者之间天撮地合的共生关系才土崩瓦解于一旦。

退一步说，即便某种意识形态化的新型儒学能够兴起，最终成为主导性意识形态，在政教分离已不可逆转的今天，在天安门区域树起一尊孔子像这样一种高调的符号宣示，[1]究竟合适不合适？考虑到在人类历史上，从来还没有出现过一个如此超大规模的国家如此迅速而强势地崛起，以至于中国威胁论不绝于耳（这不仅是西方媒体的老生常谈，从孔子学院在某些国家遭到抵制也可见一斑，遑论西方军舰在鸦片战争已发生一百八十年后仍万里迢迢到中国南海耀武扬威），而且不仅来自发达国家，甚至来自某些发展中国家，问题就愈发凸显了。应看到，晚清以来中国人习惯于当受气包的时代一去不复返了。未来几十年，摆在中国人面前的一个大课题是，如何在不断崛起中重新自我定位，逐渐学会并习惯于扮演一个受人尊敬、不使人感到恐惧的强者。

可在天安门区域树起一座孔子像，如此强力地推出一个经济总

---

[1]　参见本书第一章关于"弱符号性"的讨论。

量已然世界第一[1]的超级大国的精神象征，究竟会赢得其他文明里人们的尊敬，还是恐惧？如果美国人在国会大厦前面，英国在威斯敏斯特大厦前面立起一些巨大的十字架，巴西、法国、意大利等天主教国家在国家最高权力机关前面竖起一些巨大的耶稣雕像（十字架上受难的耶稣像），那会发出怎样的政治、社会、文化信号？美国人、英国人、巴西人、法国人、意大利人乃至全世界的人们会作何感想？更何况，这些国家历史上都信基督教，而基督教历来就有在公共场合立十字架或耶稣像等供信徒瞻仰、崇拜之传统。相比之下，历史上的中国作为一个儒家主导的国家，对于儒家精神以及历代圣贤的教诲历来是重心传而非形传，在文庙之类场所祭拜的，通常只是孔子、孟子等贤哲的牌位而非塑像。

很明显，天安门区域的孔子像之立而后废，是理性思维的结果，是对不恰当举动的纠正。从宏观历史层面看，这昭示着复兴中的中国文明——从古到今以儒家理念为精神内核的中国文明——的深厚自信。或有人会说，儒家是哲学而非宗教，孔子不是神，故在天安门区域树孔子像，就像美国在国会山区域建林肯、杰弗逊纪念堂，立林肯、杰弗逊像一样。问题是，儒家果真只是一种哲学而非宗教？或许，问出这样的问题，便说明思维已固化，只能按一种非此即彼的套路来进行认知及判断了。立而后废这件事本身难道不说明，儒家即使不算一种宗教，也具有宗教式的挑动敏感神经、激起情感波澜的能力？

---

[1] 按，据世界银行和国际货币基金组织等按购买力平价统计，中国经济总量在 2014 年即已超过美国。

二 儒家也是一种宗教

如果采用通常所谓"宗教"或"哲学"定义，可以说，儒家既非严格意义的宗教，也非严格意义的哲学。如果采用一种包容性更强的定义，则可以说儒家既是宗教又是哲学。如果把是否信奉某种超自然的神秘力量或人物作为判定宗教的一个根本标准，则儒家可能显得不那么像宗教，至多只能说在西周或者更早时代，才算得上严格意义的宗教。如果把是否有基于智识手段和伦理道德约束，对智慧的热爱和追求作为判定哲学的一个核心尺度，那么儒家从孔子甚至周公时代起，一直以来都是一种哲学。

尽管在认识论方面，儒学（以及先秦时代诸子"百家"中其他精神样式）可能弱于古希腊罗马的哲学，但它完全有自成一体的本体论、宇宙论、自然观与价值论，融合了佛道思想的宋明理学更是达到了可谓精致的程度。事实上，即便采用基于逻辑推理而非经验方法的对实在、知识或价值的本质、原因或原理的探究这一严格的"哲学"定义，精英层面的儒学（而非大众层面的祖先崇拜）仍然是一种哲学。难道对天、天道、无极、太极、天理、理、性、性理等的终极探究不属于通常所谓"哲学"？若以"人们藉以生存的价值体系"作为"哲学"的定义，提倡仁、义、礼、智、信，忠、恕、恭、宽、敏，惠、勇、孝、悌、友等意义上的道德约束和自我修养的儒家，难道不比任何一种西方哲学更像是哲学？

可另一方面，儒家也有通常所谓宗教的诸多精神特质。"祭如在""祭神如神在"等所表现的精神气质，使得儒家难以同严格意义上的宗教区分开来。皇帝祭天、祭地、"封禅"以及祭祀皇家祖先，地方官员祭山川、祭城池守护神"城隍"，士大夫乡绅祭孔孟"圣人"，普通百姓祭祖宗和"文曲星"等，都无不彰显儒家的宗教性。事实上在 20 世纪之前的中华社会，天、地、君、亲、师对于儒家精英乃至信奉儒家理念的大众来说，都是至为神圣的。甚至晚至今日，中国农村不少人家仍然供奉着天、地、君、亲、师的牌位。而在先秦儒家文献中，作为人格神的"天"（可追溯到商周时代的"上帝"）的使用频度虽已不如之前，但仍然颇高。需特别注意的，是历史上儒家与政治体制异常紧密的结合。众所周知，在前现代儒家社会，君主是"天子"，被等同于终极意义上的天，也就是说，政治共同体的最高领导人被神圣化为某种超自然存在。采取这一视角，说历史上儒家所维系的官僚制大帝国是一种合理化程度相当高的政教合一政体，像在伊斯兰教世界所常见的那样，并无不可。

如此看来，完全可以把儒家视为一种宗教。这在很大程度上就是为什么"儒教"这个概念今天虽已不常用，但晚清以来却一直受到某些学者的青睐。考虑到儒家不仅从一开始就信"上帝"、"神"或者"天"，而且一直都有祭拜天地山川、圣人和祖宗的仪式传统，甚至在清朝终结、停止举行国家祭祀仪式之后一百多年的今天，中国官方依然在组织祭祀黄帝（甚至祭祀孔子）的活动，普通中国人——尤其是农村地区的中国人——依然在祭祖，似乎就更有理由将其视为宗教，称为"儒教"了。从历史上看，儒家在东亚世界维系社会政治秩序长达两千年之久，如此优异的表现，或许只有近代以前的伊斯兰教、公元 6、7 世纪以前印度的佛教，以及欧洲中世纪的基督教勉强可比，古希腊罗马被称之为"哲学"的精神体系——如毕达哥拉斯主义、柏拉图主义、伊壁鸠鲁主义、斯多亚主义等——以及任何一种现代哲学都望尘莫及。

既然如此，就不难明白为何孔子像被置于天安门区域后，很快又被移走了。如果这么做真是为弘扬孔子精神乃至中国文化，为何不将孔子像理直气壮地立于天安门广场中轴线的某一点，而是暧昧地置于广场东北角的国家博物馆广场？

三 儒家不等于中国文明

从宏观历史的角度看，儒家与政治权力的割离，是一种不可逆的文明史事件。如果采用一种不那么宏观的视角，则不难发现，孔子像立而后废的事件是突兀的，造成了政治、社会和文化精神后果。

鸦片战争后，民族生存危机越来越深重，结构性改革势在必行，因此1905年的废科举只是巨大压力下的一个必然选择。1912年"共和"以后，救亡图存的压力并没有因此而有所减轻，故而之后激进主义思潮波诡云谲，风雷激荡，变法、革命乃至形形色色的"运动"此起彼伏，中国因而翻江倒海地折腾了大半个世纪。正是在这一过程中，中国文明发生了深刻转型，甚至可以说是脱胎换骨的巨变，传统儒家被不可逆转地边缘化了。即使文明复兴形势下出现了新一波"国学热"，也不可能终结这种局面。

由于儒家与政治权力的分离，由于现代意识形态迅速引入及迅猛崛起，由于儒家几乎转瞬间便被迫从中心位置退出，所以一直以来都有论者悲叹，儒家"花果飘零"了，甚至儒家已成为"孤魂野鬼"。若采用宏观历史的视角，不难看出所谓"花果飘零"论、"孤魂野鬼"论，其实都是晚清以来屈辱所致的一种受气包心态的反

映。今天，这个时代一去不复返了。随着文明的复兴，国家不断崛
起、成为世界舞台上一支主导性力量，受害者心态已然过时，继续
沉湎其中有百害而无一益。认清了这一大形势，就不会认识不到，
儒家走出庙堂下到社会、学院和个人心中，自此仅在伦理道德或心
性层面、学术领域扮演一个适当的角色，一个不那么起眼、远不如
从前那么重要、那么风光的角色（须知，除佛教、道教、基督教、
伊斯兰教等外，现又增添了林林总总的现代意识形态的竞争），是
一种必得付出的代价。考虑到西方和亚洲先发国家无一不经历了一
个宗教与政治权力脱钩的过程，这一点就更清楚了。

　　事实是，历史上儒家的功能相当于欧美的基督教、中东等地的
伊斯兰教、南亚次大陆的印度教等，尽管与它们相比，儒家总的说
来性格更温和，也表现得更开明、更开放。可无论怎么强调也不过
分的是，儒家只是一种哲学或宗教，或一个精神体系，在中国文化
主体性的构成和存续上虽起到了核心作用，却并不等于中国文明本
身。对于这个极具包容性和规模性[1]的超大历史实体来说，文明
精神的维系和传承不仅依靠儒家（甚至主要依靠儒家），也有佛教、
道教、伊斯兰教、基督教，遑论种种民间宗教。更何况一个文明除
了有思想、文化、习俗等精神维度，还有经济力、科技力、政治
力、军事力等更"硬核"、更重要的维度。一个超大的文明或历史
文化共同体更是有其规模性和总体力量，或者说文明规模、文明
力[2]——这同样不仅包括该共同体的精神、思想、文化等"软"
性要素，更包括其经济力、科技力、政治力、军事力等更为"硬"

---

　　[1] 这里的"规模性"即文明规模。关于"文明规模"，参阅本书"释义"部
分的相应词条。
　　[2] 参见"释义"部分的"文明力"词条。

性的要素。

也应看到，在欧美，宗教与国家紧密结合状态之被打破，即政教分离，是一个相对漫长和缓慢的过程，长达三四百年，故而其所造成的社会振荡明显不如晚清以降的中国那么剧烈。相比之下，一百多年来，由于儒家与政治权力的脱钩异常突然（不妨以1905年废科举为脱钩时间点），由于驱逐列强、实现现代化之"保种保国"的压力，由于一波波激进主义思潮的冲击，再加上国内革命战争和抗日战争等，中国社会经历了一百多年的政治振荡、社会失序和价值失范。直到今天，这种状况也不能说已完全终结，这是任何一个执政者、学者乃至普通中国人都必须面对的事实。

尽管问题成堆，甚至乱象丛生，迄今为止，中华文明是西方文明以外第一个整体性实现现代化的文明，中国是第一个能与西方超级大国在经济、政治、军事等多个方面展开系统性竞争的大国，而且在可见的未来，世界权力关系的天平必将进一步朝中国倾斜。因此很清楚，儒家与政治权力分离，不仅是历史的必然，最终说来对中国文明未必不是好事。如果悲情主义地认定，学习西方后儒家就"花果飘零"了，以儒家为精神内核的中国文明本身的位置如何摆？考虑到近代以来各大宗教无不经历了一个与权力分离，被科技工商文化和世俗主义价值观边缘化的过程，这一点就更清楚了。欧美固然有现代性所带来的诸多问题，相对于亚洲甚至处于持续衰落的过程中，但欧美知识人会哀叹基督教"花果飘零"吗？

至于儒家是"封建"专制主义的帮凶一类说法，就更站不住脚了。只要尊重常识，对国际学术界主流立场有一个基本了解，就不会继续沉湎于旧思维，对儒家作这种基于现代意识形态的否定了。儒家所主导的中国社会固然没能率先开出西方式的议会民主，但早

早就发展出了为其他文明所艳羡的经济自由主义，早早就基本废除
了以血统分配权力、占有资源的贵族制度，早早就开出了科举制这
种使社会各阶层得以相对自由流动的社会政治制度，从而为华夏政
治秩序的稳定做出了关键性贡献，更为从传统体制中转出现代经济
自由和政治民主打下了一个深厚基础。在当今西方发达国家，现代
自由、平等、民主之所以成为可能，稳定的社会政治秩序是前提、
关键。迄于目前，凡尚未开出稳定社会政治秩序便西施效颦地搞了
西方式自由民主的发展中国家，无一成功的先例。

如我们所知，儒家是一种重精神的生命形态，儒家教诲的传承
历来重心传而非形传。既然如此，就没有必要在敏感场所立一尊孔
子像以高调宣示儒家精神，更何况一个历史文化共同体本身比其所
包含的宗教或哲学宏大得多，而任何一个精进健动、生生不息的文
明，都应是一个不断扬弃旧我，重构新我，日日新又日新的
文明。[1]

四　今日中国人、海外华人都是儒家传人

晚清至今，中国文明经历了一种人类历史上可能是绝无仅有的
剧变。从短期看，这种变局对中国人来说虽意味着屈辱、失落、痛
苦，更意味着思维方式的急剧转型、社会政治格局的激烈动荡，但
从长期看，这种变化是全球化情境中文明互动的大格局所决定的。
因为中国文明在一种缺乏刺激的地理环境中自主演进，已实在太

---

[1] 参见《文明研究》系列卷一《文明理论》第四章"文明的基本特质"之
相关讨论。

久，而任何一个文明要保持生命活力，都得有足够强的军事、政治、经济和文化刺激，都得不断扬弃旧我，构建新我。任何一个文明就其本质而言，都应是一个既能守持其同一性又不断演进的历史文化体系，一个开放包容、不断吐故纳新的有机体。唯其如此，文明才可能长久生存并发展壮大。

近代以来，不仅各非西方文明都经历了一个脱胎换骨的现代化过程，文艺复兴以降的西方文明本身也经历了一个脱胎换骨的过程。尽管如此，当今伊斯兰、印度、中国和西方文明等依然是其所是，其同一性依然为伊斯兰、印度、中国和西方文明的历史文化和精神气质所规定。期间，各大文明当然发生了诸多变化，甚至是巨大而深刻的变化，但其本质特征却依然是成立的。从精神形态的角度看，以儒家、佛教、印度教、伊斯兰教等为精神内核的各主要非西方文明并未因为大量吸纳西方元素，而丧失其既有特质；西方文明也并没有因为文艺复兴、宗教改革、科技革命、启蒙运动、英法资产阶级革命等而丧失其既有同一性。事实上直至今日，"轴心时代"即已定型的各大文明无不成功地保持了其基本精神特质。[1]

另一方面，一个健康的文明必须具有一种遗忘或"删除"机制。只有不断摈弃那些在新形势下已丧失现实相关性的旧要素，才能进行一种"日日新，又日新"的精神重构。正是因了这种"删除"旧信息，"输入"新信息或者说"吐故纳新"的机制，一个文明才可能长久地葆有其青春活力。换句话说，任何一个文明——尤其是那些起伏跌宕、历经沧桑却仍充满了生机的文明——的同一性并非静止不动，而总是处在演进和成长的过程之中。在很多情况

---

[1]　参阅《文明理论》第四章"文明的基本特质"之相关讨论。

下，一个文明基本特质的重大变化恰恰肇始于外来要素的结构性注入。

印度文明藉佛教传入华夏世界后，与儒家、道家经过上千年的碰撞磨合，最后与本土精神和制度要素水乳交融地杂合在一起，从而大大丰富和提升了中国文明，就清楚地说明了这一点。同样，晚清以来的中国文明一直在大规模、结构性、创造性地吸纳利用西方文明乃至日本新的理念、文化及制度要素。在此过程——仅持续了一百多年，比印度文明藉佛教融入中土的速度快得多——中，既有华夏要素与外来文化水乳交融地整合起来，文明复兴因而成为可能。从此，中国文明的品质不同于以往，而已打上现代精神的烙印。由此，中国文明成为人类现代文明一个重要组成部分，却仍是中国文明。

古代西亚地中海世界的情形同样能够说明问题。在希腊人大举入侵西亚前，这里叙利亚文明[1]的成长所依靠的，不仅是巴勒斯坦十来个犹太人部落的自我更新，而且是它们对两河流域两千多年文化积累的不断汲取，对伊朗高原文化要素的不断吸收，还有对波斯帝国所提供的和平环境、基础设施和制度资源的利用。希腊人占领西亚北非后，不仅叙利亚文明再次经历了更新，希腊文明本身也因与其接触而很大程度摈弃了先前的精神特质。在此过程中形成的文明是西亚地中海世界一个全新的文明，即以叙利亚文明为基质，摄入希腊罗马要素的基督教文明。中世纪至今，正是基督教构成了西方文明同一性的核心成份。

考虑到历史上中国文明的优异表现，考虑到这个文明一度衰落

---

[1] 关于"叙利亚文明"，参见本书"释义"部分相关词条。

后又能在如此短暂的时间内如此强势地复兴,中国人应感到欣慰才是。晚清以降,儒家固已不同于以往,但以儒家为精神内核的中国文明依然是中国文明。尽管不能说中国知识人仍是其先前所是的"儒家"或文人士大夫,但今日中国文明无疑仍然是一个儒家气质的文明,一个其核心规定性为儒家精神的文明,正如西方文明仍是一个基督教气质的文明,一个其核心规定性为基督教精神的文明那样。少数西方人会说,19世纪中叶以降,中国文明已不再是中国文明,而已是西方文明的一部分,但这显然是不对历史进行思考的懒人、庸人的话。

历史上的儒家既然塑造了从古到今包括反传统论者在内的绝大多数中国人和海外华人,无论自己乐意与否,都是儒家传人。故此,只要不否认自己仍是中国人或华人,而非属于其他什么族群的人,只要不否认中国文明依然存在,仍在发展,甚至在迅速复兴这一事实,便不必悲情主义地假定儒家"花果飘零"。

文明互动中的民族主义

1997 年 4 月 20 日，深圳广播电台第二台"文化之旅"栏目举行了一次访谈，受访人为阮炜，采访人为记者朱克奇。以下为此次访谈记录。

记者：你是一位长期从事文化和文明比较研究的学者。中西文化比较研究是一个非常大的话题，甚至可以说是一个包罗万象的话题或研究领域。目前中国学者在中西文化比较方面主要关注哪些话题呢？

受访人：这个问题，我觉得不太好回答。不过可以首先回顾一下 1840 年以来，中国知识分子对这个问题的关注经历了哪些变化。

记者：你似乎认为，我这个问题需要纳入整个中国近代史的框架中来思考，才能给出一个答案。

受访人：是这个意思。只有在这个大背景之下，才能更清楚地把握最近中国知识分子所关心问题的实质。

记者：也就是说，你认为我们首先需要意识到，中西比较文化研究是一门当代显学，应该对这门显学的历史背景有所把握。

受访人：可以这样讲。但是最好不要把它叫做"显学"。因为实际上这个问题每个人都在想，似乎并不是一种专门的"学问"。1840年以后，中国在船坚炮利的西方人手上屡吃大亏。大家知道，中国人在鸦片战争中败得一塌糊涂，签订了一系列不平等条约，又割了土地出去，像香港；还开放了许多港口，即所谓"五口通商"。于是士大夫阶层觉悟到，中国现在面对着一个非常强大的文明，这个文明在根本上挑战中国了；这是以往几千年都没有遇到过的，即所谓"三千年未有之大变局"；中国非改革不可。

记者："此三千年未有之大变局也"这么一个判断句，可以说是很准确地勾勒了当时的那种情形，或历史境遇。

受访人：但是在以往历史上，中国文明也不是没有遇到过外族侵略和外国文化的挑战，例如北方游牧民族的侵入和佛教的进入。北方游牧民族历来就南下入侵中原富庶的农业文化区。这个过程很早就开始了。在秦代以前就已开始了。春秋战国时期不光中原人之间有战争，中原人和游牧民族之间也在打仗。可以说在清以前的历史上，游牧民族一直在对中原农业文明进行骚扰。越到后来，这种侵入就越系统，越有力。游牧民族最初只建立了一些局部的割据政权，但最后终于建立了两个全国统一政权，即元朝和清朝。元朝还不太有经验，只存在了九十多年。但清朝作为一个少数民族建立的政权，竟延续了近三百年，而且还做了那么多事情。这是一个相当成功的少数民族政权，或者说满汉"共生"政权。

记者：可以说在康乾盛世达到了中国封建社会的一个顶峰。

受访人：完全可以这样讲。但这并不意味着中国人在文化上遇到了根本的挑战。因为征服中原农业文明区的北方少数民族，最后在文化上统统被其所征服的人们同化了。那么为什么说西方人兵临城下，使中国人遇到了"三千年未有之大变局"呢？因为在这以前虽然遇到的很多挑战，但都不足以从根本上动摇中国人对华夏文化的自信。但到了上世纪中叶后，特别是到了中日甲午战争中国被成功地学习西方的日本战败以后，这个问题一下变得非常突出起来。这时人人都意识到中国遇到了非常强劲的挑战，对中国文化的信心受到异常强烈的冲击。在这种冲击下，中国不变不行，非变不可。后来，在一战后的巴黎和会上，作为战胜国的中国被其欧洲"盟友"出卖，要它把战败国德国在山东经营的土地转让给另一个战胜国日本，这就成为五四运动的直接原因。1931 年日本出兵占领东北三省；1937 年"七七"事变，全民性的抗日战争爆发，并持续了八年之久。因此可以说，在这样的历史背景中，中西文化比较几乎是每个知识分子，每个稍稍有点民族意识和民族主义情感的知识分子都在思考的问题。因此最好不要说它是"显学"。这个问题太大了，很难成为一种专门化的"学"，而是人人都在思考。例如你的专业本来是法律，你也会遇到这个问题——中国以前的法律现在一下子就显得太陈旧了，就非按西方模式改革不可了，甚至必须将西方法律成套引入中国。

记者：是这样的。但中国知识分子目前在关注哪些问题呢？

受访人：我觉得，一个问题是民族主义。这很热门。还有一个是对五四运动的重新评价，最近几年也比较热。但我认为最主要的一个方面是"国学"的复兴，即 90 年代初开始的"国学"的复兴。

记者：这些文化现象都可以纳入中西文化比较这一背景或框架中来分析。

受访人：完全可以。

记者：你刚才提到了"民族主义"。实际上，民族主义在一般人的看法里，好像在去年出了几本书之后，大家才开始关心这个问题，或者说这个问题才引起了大众的关注。但实际上，在知识界，对于民族主义的关注或热情，应该说在很久以前就已经开始了。

受访人： 这样说是符合事实的。民族主义的情感一直存在。例如 1894 年中国战败，中国面临着割地赔款这么一种严重局面。在这种情况下，稍稍有一点民族意识、国家意识的士大夫或官员，或者说一般读书人，都会有异常强烈的危机感。但如果说那个时候就已经有了民族主义，这个问题我觉得需要探讨。因为民族主义与现代民族国密切关联，而很难说 1894 年中国已成为一个现代民族国，甚至中华民国的成立也不意味着现代民族国形成了。把 1949 年看作民族国最终形成的年份也许更合适。"民族主义"这个词涵义相当窄。例如在法国大革命以前，还不能说欧洲已有近代意义上的民族主义。可能有一些类似于近代民族主义的观念、态度或情感。例如效忠国王。效忠于英王的人为国王去打法兰西人，或者效忠于法王的人在法国国王驱使下，去打那些意大利或日尔曼的小国。

记者： 忠君爱国这种情形，你说是爱国主义可以，说是愚忠也可以，说是古典或古代的民族主义也可以。这种东西在中国历史上实际上也存在着。例如汉代名将卫青或霍去病讲过一句话，"匈奴不灭，何以家为"。后来，有岳飞的"精忠报国"。很多人把这些情形指斥为民族主义，甚至指斥为狭隘的民族主义。但可以说，在古代条件下，民族主义、爱国主义或"忠君"这些思想、意识和情感，实际上是很难分辨的。

受访人： 完全正确。在古代，这些现象都是很难分辨的。说古代就有现代意义上的民族主义，那显然是荒谬的。

记者： 所以我们现在谈民族主义，一定是现代意义上的民族主义。

受访人：对，是现代意义上的民族主义。现在我们还是回到法国人的民族主义这个问题上来。大革命时期的法国民族主义为什么被称作现代意义上的民族主义呢？它有两个特点。第一，国王没有了。在大革命中，国王被推上了断头台。国王被砍了头，并不等于法兰西人就没有效忠对象了。他们现在效忠的，已不是一个具体的个人，而已成为一个更大的对象，甚至已成为一个抽象概念，这就是国家或民族。国家和民族在西语里是 nation。国王或许可以代表一个民族或国家，他可以被砍头，但是对国家民族的效忠，却是不会改变的。从前是通过效忠国王来效忠国家，这是世界上大多数民族历史上都经历过的情形。现在可以完全撇开国王，绕过国王，直接效忠民族和国家。在这种情况下，现代民族主义才正式产生。第二，民族主义是一种意识形态化了的观念。如果了解一点法国大革命史，便不难看到当时法国的知识分子、军队、或效忠于革命的一般人，都有一种非常强烈的民族认同感。他们就是要为法国而战。

记者：为法兰西而战。

受访人：对，为法国而战。在民族主义观念的作用下，法国的民族动员力量可以说是爆发性的。这就是拿破仑取胜的一个很重要背景因素。拿破仑本人多少还是有一些军事天才的，但这只是法国人取胜的一个原因。一个更重要的原因是，法兰西人的民族动员程度在当时欧洲是最高的，可能只有英国是例外，因为英国是岛国，与欧洲大陆多少处于隔离状态，发展的路径很是不同。

记者：现代意义上的民族主义意识最初是在法兰西觉醒的。在当时的一些其他国家，如普鲁士、俄罗斯，还并没有兴起现代意义上的民族主义。

受访人：它们实际上都是效忠自己的国王的。但是法国军队表现出非常强大的战斗力，每个法国人都富于自我牺牲精神，在这种情况下，法国取得的军事优势就非常明显。这就刺激其他国家进行前所未有的民族动员。也正如马克思所说，在这个过程中，封建堡垒在法国军队的炮火中一个个被摧毁，法国军队所到之处，封建君主一个个地被推翻、被打倒。因此，可以把法国大革命看作一种酵素，一种催生素，它所到之处，封建小国迅速崩溃，被一些更大的政治实体"吃"掉。

记者：法国大革命在当时的欧洲催生了一大批现代民族国家。

受访人：对。当然这些民族国家也是几十年后甚至第一次"世界"大战后才最终形成，但这个过程在大革命和拿破仑时期便已开始了。现代意大利和德国都是在这个过程中形成的。这些国家以前都分裂成许多小的封建王国。作了这样的背景介绍后，我们再回过头来谈中国的民族主义，就会看得更清楚一点。我觉得，中国在甲午战争中战败，对于中国民族意识的形成，起了一种很强的刺激作用。但是否从此以后民族主义在中国就成为一种根深蒂固的全民意识？显然不能这么讲，但此后便开始了相对迅速地形成现代民族主义的过程。

记者：或者说现代民族主义意识开始在中国形成。

受访人：对。这种民族主义的特点与法国民族主义比较相似。它不以个人为认同或效忠的对象，至少在理论上是这样。

记者：是否可以说，现代民族主义在中国崛起的过程，是1894—1895年中国打败了甲午战争之后才开始的？

受访人：这样讲是不是太简单了一点？我觉得甲午战争是一个很重要的契机。

记者： 还不能把它当作一个标志性的东西。

受访人： 把它当作一个标志不太合适。如果这样讲，那多少也可以把鸦片战争看作一个标志。不过这个问题并不那么重要。我是说甲午战争以后开始形成的民族主义观念或态度，与现代意义上的民族主义非常相似。这以后还发生了戊戌变法、义和团运动和辛亥革命。皇帝被推翻了，现在大家是对国家效忠，而不是对君主或皇帝效忠。你会发觉北伐军的战斗力相当强，因为它是用三民主义这种现代意识形态来调动大家的献身精神的。你会发觉在北伐战争中，北伐军简直势如破竹，而军阀却没有一种现代意识形态资源可供利用，他们的军队也就不可能具备强大的战斗力。军阀长期以来积累了很大势力，控制了大量地盘，又有钱、有枪、有炮，还有大量人力可以利用，但北伐军却所向披靡。

记者： 实际上，我们刚才所谈的都是中西文化比较学界所关心的话题，这实际上是一个背景。

受访人： 对，是一个背景。可是为什么最近大家又对民族主义那么感兴趣、那么关心呢？你可能会想到是否在很长一段时期内，大家对此并不是太关心？事实并非如此。只不过1949年至1979年，中国人的民族主义只是表现形式不同罢了。

记者： 我想在一种封闭的环境中，不可能产生一种现代意义上的民族主义情感。

受访人： 在那种情况下，个人公开表达民族主义的情感是不被鼓励的，但你可以在一种被各方面认可的前提下，在单位或有关部门组织下表达民族主义情感。例如原子弹爆炸了，卫星上天了，或者庄则栋得了世界冠军，于是大家在一种共同的情绪中，自发或由单位组织上街游行，以示庆祝。这种情况多次发生，你不能说这不是民族主义。但这显然又是一种受到调控、有节制的民族主义情感。但 1949 年到 1979 年期间，政府是否就没有表现出某种民族主义的立场？这个问题的提出本身就有问题。因为很简单，中国政府所代表的对西方帝国主义的抵制态度，比个人更有力。比方说，1949 年以后很快就打了朝鲜战争。实际上这是近代以来中国在与西方国家的较量（抗日战争另当别论）中第一次没有吃败仗。

记者： 对，而且是第一次打到国外去了。

受访人： 但从根本上说，那是为了保卫自家的和平，但也必须看到，朝鲜以前是清朝的藩属国，甲午战争的起因就是朝鲜的归属问题。

记者： 藩属国的归属问题。

受访人： 中华人民共和国成立不久，就打了这么一个大仗。回想起来，在抗美援朝中，整个中国大陆的民族动员程度是非常高的。这时中国经历了长期战争和分裂后刚刚统一，可以说是百废待兴。在国力还非常弱的情况下，从知识分子到一般老百姓，到国家机关干部，到军队，都表现出了非常强烈的奉献精神。当时大家不是在热热闹闹地"捐"飞机吗？商人捐飞机……

记者： 演员也捐飞机，甚至小学生也在捐飞机。

受访人： 实际上，所捐的东西还很多，远不止飞机。还在机关和学校动员大家炒面，用细长的袋子缝起来，送到朝鲜前线给"最可爱的人"即浴血奋战的战士吃。这种情景可以说历历在目。这在电影里边也看得见。这都说明当时民族动员的程度很高，说明民族主义在中国进入了一个新阶段。但另一方面，必须注意到这么一个事实，即民族主义情感的表达在当时是受到调控的、有节制的。但 1979 年后情况大变。现在，你多多少少可以用自己的方式来公开表达民族感情了。当时个人表达民族主义情绪的比较引人注目的方式，就是所谓"体育爱国主义"。在整个 80 年代，在"振兴中华"这一口号下，出现了以大学生为主体、围绕重大体育赛事的民族主义。可称之为"体育民族主义"。中国体育队可能赢球，也可能输球，两种情况下学生当中都可能爆发民族主义情绪。出现过赢球输球都摔瓶子、砸桌子、烧毯子的情形。1989 年以后，民族主义进入了一个新阶段。由于政治上的一些原因，知识界对 80 年代的激进主义思潮进行了较为深刻的反思。1996 年初以来更出现了极端民族主义的"说不"系列丛书。实际上，事情远不是这么简单，不能由几个人关在屋子里酝酿酝酿情绪，或冥思苦想一阵子，然后出来兴高采烈地说：答案有啦！我们现在只要用民族主义来统一思想，一切问题就会迎刃而解。中国所面临的问题，或中国究竟应不应当说"不"，或在何种意义上说"不"，也并非几本情绪化的畅销书能够加以回答的。

记者：这是思想的简单化，也是对国家民族发展的误解。

受访人：他们把国情简单化了，把异常复杂的国际关系问题简单化了。

记者：这里面也有一种对国家民族的发展不负责任的态度。

受访人：可以这样讲。不能用民族主义来取代现有的一切思想意识。中国人的思想意识一直在发生变化，1979 年以前与 20 世纪 80 年代不一样，1989 年以来又不一样。从近代史上的教训来看，全盘更换思想意识既不可取，也不可能，而且还可能造成灾难性后果。因此与其全盘性剧变，不如一点一滴地渐变。把民族主义作为国家意识形态之所以有问题，也因为近代以来民族主义情感一直存在着，无论哪个政府当政都不可能逃避国家主权、民族利益这些大问题。就连军阀政府也与帝国主义进行了较量。张作霖与日本人进行了或隐蔽或公开的激烈斗争。但近年来的民族主义热还有一个国际背景。邓小平南方讲话以后,中国经济发展得非常快。

记者: 所谓国际背景,实际上就是许多国家不希望看到中国强大。

受访人: 西方有点着急了。这么大一个国家,12亿人口,还有这么深厚的文化,一下子这么迅速地发展起来,它们能不感到恐慌吗?西方人不是圣人。很多西方人着急了,甚至有点惶惶不可终日,好像世界格局不能有一丁点更变,只能由某些民族永远强下去。但历史从来不是这样的。总的说来,历史虽然是有升有降,有降有升,起起落落,循环往复,但也是得道多助,失道寡助,得道者更能长久。

记者:"江山代有才人出,各领风骚数百年。"

受访人: 近年来一个说法很引人注意,这就是"三十年河东,三十年河西",即下个世纪,将是中国文化的世纪。这个提法我不会用,我宁愿谨慎一点。但这个提法有一定的合理性,即用简单的话说出了世界格局一定会发生变化这个深刻道理。世界格局在不断发生着变化,发生着力量的分化改组、起落消涨。这些都是客观的"势"使然,没有哪个个人或者国家能阻止其发生。

记者: 但是我总觉得民族主义是一把双刃剑,可能被用来伤害别人,但完全也可能伤害到自己。

受访人: 对。这点人人都应该明白。刚才你提到有些人士企图用民族主义来取代现有意识形态,这是不负责任的。民族主义无疑是一把双刃剑。一方面你可以利用它来达到民族动员的目的,另一方面它也可能造成危害,走到极端就会出现希特勒或墨索里尼之类的人物。我认为，20 世纪 50 年代后期至 1976 年期间中国所遭受的困厄和挫折，在很大程度上其实是政治民族主义造成的。在民族理念的宰制下，理性思维往往受到压制。可以说，没有那种深层次的强烈的民族主义情绪，就不可能发生个人崇拜或对个人的愚忠，就不可能发生对原则的践踏，因而就不可能发生那些荒谬的事情。这些荒谬事情其实都可以看作中国人为自己的民族主义情绪所付的代价。可是从另一方面看，在很多方面，西方人特别是美国人现在的民族主义情绪也很严重。我觉得这实在没有必要。这说明美国一般公众还很天真。如果中国人均收入达到了美国的一半（这可能发生在大半个世纪甚至一个世纪以后），在许多国际事务上就可以从容不迫，应付自如。

记者：你认为美国人的民族主义情绪也很强，有哪些例证？

受访人：你只要看一看美国人在去年奥运会上的那些表现就明白了。美国人没有表现出应有的大国风度。这是从民众方面看。从政府方面来看，美国就更显得没有大家气度。你看，只要有哪个国家说的话或做事有点跟他们不一样，就总是摆出一副老大的样子，要么通过媒体，要么通过政治手段来教训它们，甚至用经济制裁或军事手段来干预它们，打击它们。

记者：现在可否谈一谈近年来的热门话题"文明的冲突"及"文化霸权"？

受访人：哈佛大学教授亨廷顿在《外交季刊》1993 年夏季号发表了《文明的冲突？》一文。文章发表后，立即引起了全球性争论。中国学界发表的批驳文章不少，其中较有分量的，后来又被收入中国社科院美国研究所所长王缉思先生主编的《文明与国际政治》一书中。不仅在华语圈，在伊斯兰世界也出现了许多抗议的声音。甚至西方内部也出现了异议。应当说，亨廷顿本人更像一个策士。他似乎不是一个思想家，而更像一个谋略家。

记者：亨廷顿给人的感觉有点像诸葛亮，而不太像基辛格。

受访人：因所处时代不同，基辛格比诸葛亮更有思想一些，视野更是要开阔得多。但基辛格本人并不是思想的首创者。大体上，他只是一个思想的实践者。如果要追溯基辛格思想的源流，我们会发现，它的源头在汤因比那里，甚至更远一点，在斯宾格勒那里。不过，基辛格还是很了不起，因为他将先前哲学家的思想付诸国际政治实践。虽然斯宾格勒和汤因比早在几十年以前就预言过非西方文明的兴起，但在中美关系的解冻上，基辛格毕竟立下了汗马功劳。亨廷顿就远没有表现出这样的气度和能力。

记者：亨廷顿还没有达到基辛格的高度。

受访人：没有。不过，亨廷顿多少还是一个学者。他做了不少事情。他写的书在 80 年代中国知识界很有影响，如《变化社会中的政治秩序》。他的《文明的冲突?》出笼的背景可以这样描述："冷战"结束后，也就是苏联解体，东欧政体发生变化以后，许多人认为西方资本主义终于胜利了，共产主义终于证明是失败了；虽然中国仍是一个社会主义国家，但中国已经搞了许多年改革，似乎已不是先前意义上的社会主义国家了，由此看来，西方似乎取得了最终胜利。这就是亨廷顿的文章出台的背景。他认为，事情并非那么简单，而在以后的国际政治格局中，冲突将以文明的形势来表达。这是他的独特之处。他看到了非西方文明崛起的不可避免性。尽管他的着眼点是消极的，但毕竟从反面承认了非西方文明的价值。这甚至不妨看作从反面对西方中心论的否定。他认为，世界将不再像从前那样，分成东西两大阵营，即社会主义阵营和资本主义阵营，而会出现这样的情形：在西方文明与伊斯兰教文明、儒家文明之间，将发生大的冲突。在这种文明冲突的未来景观中，亨廷顿把中国看作一个主要的假想敌。他的文章之所以在中国人当中引起强烈反响，这可能是一个最重要原因。难以理解的是，为什么要把中国看作一个最大的假想敌？亨廷顿有些话太赤裸裸了，一点不加掩饰。例如，他说中国的崛起对西方来说，是一个最大的威胁；伊斯兰世界对西方也是很大的威胁，但还不如中国；现在西方要做的事情，就是要挑唆伊斯兰国家和中国的矛盾，如果没有这种矛盾，就要制造矛盾，要让他们自己打起来。一个学者说出这些话，就已经不是一个学者，而成了一个下流的谋士。这使人想起《三国演义》人物的斗智，斗的是小人之智，是登不上大雅之堂的。亨廷顿并未站在全人类共同发展、共同繁荣、共同幸福的高度看问题，而是以美国一国赤裸裸的私利为转移的。从全人类的立场看，这是一种不负责任的态度，所以引起了各国学者的激烈批评。但这些批评主要还是来自学理方面。各国学者，包括很多西方学者摆出了许多事实，指出从古到今重大的冲突往往发生在文明内部，例如在西方文明内部。事实上两次世界大战都在欧洲爆发，都是以欧洲为主要战场的。

记者：是在西方文明内部爆发的。

受访人：是的，在西方文明内部爆发，以及离欧洲较近的殖民地北非。虽然其他国家或地区间也有冲突，例如日本在 1931 年就侵吞了中国的东北三省，但是两次世界大战的主要角色实际上是西方各民族国家。

记者：所以，正是因为这样，欧洲打完了第一次世界大战以后，中国的许多学者也看到，你们欧洲的文明这么发达，但还是爆发了这样惨绝人寰的大战。

受访人：你这个提醒非常有意思，我最近来做的事情就跟这点有关。一战结束以后，梁启超、张君劢等思想家到欧洲走了一趟，回国后发表了一些文章和讲话。他们认为，欧洲文明并不是像五四时期中国知识界想象的那么完美。当然，当时有些人把他们欧游归国后的新感悟简单地归结为欧洲文明破产论，直到最近一些学者仍不能原谅他们，甚至嘲笑他们，说他们盲目乐观，说欧洲文明远未破产，而是仍表现出很强的生命力。实际上，梁氏和张氏的观点并不是简单化的、浅薄的欧洲文明"破产论"，或科学"破产论"。他们想要传达的信息其实是：西方文明并非尽善尽美。这一认识，我认为，直到现在也远未过时，现在仍然有必要加以强调。现在，大多数中国人仍然觉得西方文明是非常完美的，而并不去思考它是否有什么重大缺陷。为什么如此惨烈的两次世界大战肇始于西方国家，也主要发生在西方国家之间，而不是非西方国家之间？这个问题大家都不愿意多思考，而只愿看到西方的科技是多么先进，商业多么兴盛，体育多么发达，文艺多么繁荣，思想多么深刻。回头看，梁启超、梁漱溟等人作为五四时代主流思潮之外的另一种声音，现在非常有必要重新评估和研究。有必要把他们当时的思路接续起来。

记者：那么现在请你谈谈西方的文化霸权，好吗？

受访人：所谓"文化霸权"，当是指西方人在重要的观念、制度的产生等方面所享有的优势及滥用权力的现象。西方的霸权从 15 世纪末开始建立来的。随着西方人在全球的殖民活动，在全球进行经济和军事扩张，西方文化霸权也逐渐在全球建立起来。但是到了 20 世纪，特别是第二次世界大战结束后，这种霸权遭到了根本性的冲击。这是五百年以来第一次出现的局面。

记者：这对西方文化来讲，可谓几百年未有之"大变局"。

受访人：可以这样讲。可以把俄罗斯看作非西方文明。至少汤因比、亨廷顿等人是这样看的。他们把俄罗斯看作东正教文明。在他们看来，东正教文明并不属于西方文明，虽然二者有很多相似之处。俄罗斯的继承者前苏联可以建立幅员这么大，军事和经济力量这么强的一个国家。在一个时期内，甚至出现了以它为中心的整个社会主义阵营。另一方面，中国作为一个巨型民族国家崛起了，印度作为一个巨型民族国家也出现在国际舞台上。近年来又有东亚四小龙和东南亚国家的兴起。日本的崛起就更早了，尽管今天的日本在政治和经济上很大程度上已被归入西方阵营。在1905年对马海战中，日本人打败了俄国人。这对许多非西方国家是一种鼓舞。

记者：它们从这件事情看到了一缕曙光。

受访人：对，它们受到了很大的鼓舞。像土耳其、伊朗，以及许多阿拉伯国家，都从这一事件受到了鼓舞。他们看到，白种人并非不可战胜。

记者：从西方文化或西方人的霸权来讲，他们恐怕也得对这些挑战做出一些回应。

受访人：但他们的回应显得不是那么有建设性。对中国，他们打压；对俄罗斯也暗中实行遏制政策。应当看到，苏联解体以后，俄罗斯虽在制度和文化上向西方大幅度靠拢，但与西方仍有极大差别。准确地说，是有矛盾。俄罗斯虽大体上承袭了源于西方的宗教、文化和制度，甚至在市场经济、议会政治、民主选举等方面全面模仿西方，在所有制方面的改革即私有制化方面照抄西方的步子就更大了，但实际上，俄罗斯与西方的文明间矛盾是极难消除的。

俄罗斯人甚至很快就发觉，在诸多利害关系上，他们与西方并不一致。

记者：包括现在的北约东扩这个问题。

受访人：对，北约东扩是个很大的问题。西方人从自身的完全利益出发，老是不放心俄罗斯，企图把北约边界推进到几百年来一直属于俄国的势力范围。但北约东扩只是俄罗斯面临的来自西方的诸多问题中的一个。美国还用经济手段和其他手段来削弱俄罗斯。俄罗斯也并非没注意到这一点，所以最近它的民族主义情绪是相当强的，出现了苏联解体以来最强劲的民族主义反弹。在俄罗斯政坛上，先前只有共产党或观点相近的左翼各党表现出针对西方的民族主义立场，而近一两年来，左、中、右三方面的政治势力都聚集到民族主义的旗帜下了。于是，西方不得不做一些让步来安抚俄罗斯人。

记者：那么，你是怎么看待西方文化霸权的呢？

受访人：由于西方人的文化霸权受到了挑战，习惯了霸权地位的他们自然会有反应。

记者：从我们的立场来看，对这些反应也没必要大惊小怪。

受访人：是的，不应大惊小怪，但实际上这是一个斗争的过程。中国政府乃至一般知识分子，对西方打压中国不吱声。要据理力争，该说的话就得说出来。事实上，早在80年代初，中国为了否决美国提名的人选，推出受发展中国家欢迎的联合国秘书长德奎利亚尔，就连续十几次使用安理会常任理事国否决权。另一方面，也需要看到西方内部在发生变化。西方知识界是清醒的。近年来西方知识界出现了一股强大的思想潮流，即要充分认识非西方文明的内在价值，要跟这些文明展开真诚的对话，充分尊重它们，不能把西方自由主义观念不加区别、不加选择、不分场合地强加在一切非西方国家头上，或者说以西方的自由主义观念为尺度来权衡打量一切非西方事物。在这种思潮的影响下，就连亨廷顿也变了调子。在1996年11—12月期的《外交》上，亨廷顿发表了《西方文明：是特有的，还是普适的》一文。在这篇文章中，他的策士形象依然如故，但已经淡化了许多，文明冲突论的调子也降低了。他甚至表现出了一种对中华文明理解的态度，说世界上的伟大文明大多已有了几千年的历史；这些文明都有一个为加强自身生存机会而借鉴其他文明的记录；中国人为自己的目的和需要而吸收印度的佛教，可这并没能使中国"印度化"，刚刚相反，还造成了佛教的"中国化"；明朝后期以来，西方人一直要使中国人基督教化，可迄今为止未能实现；如果在某个时候基督教确实被某些中国人接受了，也极可能出现这样的结果，即中国人将按中国文化的核心理念对它进行吸收和利用。从最近十多年西方国家一些重要出版物中，不难发现西方知识界正在发生深刻变化。虽然不能寄过大的希望，但西方人中不乏有识之士无疑。这些人与政客是有明显区别的。由于所从事工作性质的缘故，西方政客的认识水平一般说来比知识界低。

记者：也就是说，要低于这些学者。

受访人：低于学术界，也晚于学术界。可能要晚五年至十年。政客的话往往更难听，但是如果能下功夫，研究一下西方学界的思想状况，会发现至少某些人并非不具有勇气修正一直奉为圭臬的观念。这是值得欢迎的。

图书在版编目（CIP）数据

再造文明：巨变时代的文化主体性问题/阮炜著. —上海：
上海三联书店，2025.1
ISBN 978 - 7 - 5426 - 8536 - 0

Ⅰ．①再…　Ⅱ．①阮…　Ⅲ．①中华文化－研究
Ⅳ．①K203

中国国家版本馆 CIP 数据核字（2024）第 107716 号

再造文明：巨变时代的文化主体性问题

著　者/阮　炜

责任编辑 / 李天伟
装帧设计 / 一本好书
监　制 / 姚　军
责任校对 / 王凌霄

出版发行 / 上海三联书店
　　　　　（200041）中国上海市静安区威海路 755 号 30 楼
邮　　箱 / sdxsanlian@sina. com
联系电话 / 编辑部：021 - 22895517
　　　　　发行部：021 - 22895559
印　　刷 / 上海颛辉印刷厂有限公司

版　　次 / 2025 年 1 月第 1 版
印　　次 / 2025 年 1 月第 1 次印刷
开　　本 / 890 mm×1240 mm　1/32
字　　数 / 240 千字
印　　张 / 10.25
书　　号 / ISBN 978 - 7 - 5426 - 8536 - 0/K·786
定　　价 / 68.00 元

敬启读者，如发现本书有印装质量问题，请与印刷厂联系 021 - 56152633